August Seidel

Systematisches Wörterbuch der Suahilisprache in Deutsch-Ostafrika

nebst einem Verzeichnis der gebräuchlichsten Redensarten

Verlag
der
Wissenschaften

August Seidel

Systematisches Wörterbuch der Suahilisprache in Deutsch-Ostafrika

nebst einem Verzeichnis der gebräuchlichsten Redensarten

ISBN/EAN: 9783957004017

Auflage: 1

Erscheinungsjahr: 2015

Erscheinungsort: Norderstedt, Deutschland

Hergestellt in Europa, USA, Kanada, Australien, Japan
Verlag der Wissenschaften in Hansebooks GmbH, Norderstedt

Cover: Foto ©Lothar Henke / pixelio.de

Systematisches Wörterbuch

der

Suahilisprache

in

Deutsch-Ostafrika

nebst einem

Verzeichnis der gebräuchlichsten Redensarten

von

A. Seidel,

Herausgeber der Zeitschrift für afrikanische, ozeanische und ostasiatische Sprachen.

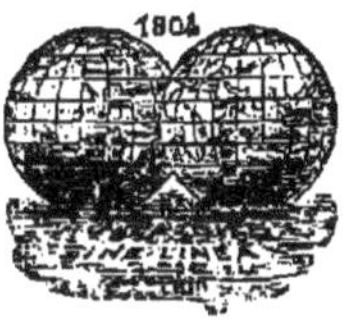

Julius Groos' Verlag.
Heidelberg, Paris, London, Rom.
1902.

Dem Direktor

der Kolonialabteilung des Auswärtigen Amtes

Herrn Wirklichen Geheimen Legationsrat

Dr. Stuebel

in vollkommenster Hochachtung

zugeeignet.

Vorwort.

———

Das vorliegende Vokabular der Suahilisprache soll in erster
Linie dem Zwecke dienen, demjenigen, der sich mit dem gram=
matischen Gerippe dieser Sprache an der Hand meiner „Sua=
hili Konversations=Grammatik" (Heidelberg, Julius
Groos' Verlag, 1900) vertraut gemacht und einen kleinen
Schatz der gebräuchlichsten Wörter gedächtnismäßig angeeignet
hat, das Material zu systematischer Ausbreitung seiner Wörter=
kenntnis in bequemer Form zugänglich zu machen. Es ist also
zunächst zum Memorieren bestimmt. Die übersichtliche An=
ordnung des Stoffes in fünfzehn Hauptgruppen und 150 Unter=
abteilungen, wie ich sie schon in meinem „Systematischen
Wörterbuche der Nordchinesischen Umgangssprache"
(Oldenburg und Leipzig, Schulzesche Hofbuchhandlung, 1901)
befolgt habe, ermöglicht es indessen auch, das Werk als Nach=
schlagebuch zu benutzen, wenn man einen Ausdruck aus einer
bestimmten Gedankensphäre sucht.

Von den neun Dialekten des Suahili ist hier wie in der
oben erwähnten Grammatik derjenige behandelt worden, der
mit der Bezeichnung Kiunguja, Sprache von Unguja, d. i.
Zanzibar, belegt wird und für das deutsche Schutzgebiet am
wichtigsten ist. Man unterscheidet außerdem die Hauptdialekte
des Kigunya und des Kimvita, sowie die weniger wichtigen
des Kiamu (in Lamu), des Kingazija (auf den Komoren),
des Kivumba (in Wanga und Wassini), des Kipemba (auf
Pemba), des Kimrima (an der Küste von Wanga bis Kilwa,

mit Ausnahme der größeren Städte, wo mehr Kiunguja ge=
sprochen wird) und des Kimngao (an der Küste von Kilwa
bis Mozambik). Der älteste ist das Kigunya, noch heute auf
der Insel Patta und an der gegenüberliegenden Küste ge=
sprochen und in der Poesie, besonders der epischen, bevorzugt.
Kimvita ist der Dialekt von Mombas und nach dem Sansibar=
dialekt am wichtigsten. Ein kurzes Wörterbuch des Lamu=
dialektes habe ich in meiner Zeitschrift für afrikanische und
ozeanische Sprachen (Jahrg. I, S. 169 ff.) veröffentlicht, auch
sind in diesen Dialekt bereits Teile des neuen Testaments über=
setzt worden. Sonst ist nur der Sansibardialekt des Suahili
bisher eingehender erforscht worden. Nur hin und wieder ist
in den Anmerkungen des vorliegenden Buches auch auf andere
Dialekte Bezug genommen; die einzelnen Dialekte sind dann
durch die Beisätze Momb., Lam., Kimr. gekennzeichnet. Was
dem Arabischen entlehnt ist, habe ich hier, wie in der Gram=
matik, mit einem Sternchen ausgezeichnet, aber nur einmal an
der Stelle, wo es seiner Bedeutung entsprechend hingehört,
nicht dagegen, wenn es nur gelegentlich sonst vorkommt.

Die Benutzung des Buches, namentlich das etymologische
Verständnis des Wörtermaterials wird erheblich durch ein
vorgängiges Studium des Abschnittes über die Wortbildung
in meiner Grammatik (S. 234 ff.) erleichtert werden, das ich
daher dringend empfehlen möchte.

Abkürzungen sind nur in geringem Maße verwandt worden
und meist ohne weiteres verständlich. Es bedeutet s. = siehe,
w. = wörtlich, etw. = etwas, js. = jemandes, jm. = je=
mandem, jn. = jemanden, Pl. = Plural.[1]

Die Zeitwörter sind ebenso wie die veränderlichen Eigen=
schaftswörter ohne Präfix aufgeführt und statt dessen vorn
mit einem Bindestrich versehen.

---

[1] Noch ist zu merken, daß in Fällen wie „-gumu — ugumu, hart,
fest — Härte" zu lesen ist: -gumu, hart, fest; ugumu, Härte.

Die Klaſſenzugehörigkeit der Hauptwörter iſt nur in zweifelhaften Fällen beſonders angegeben worden u. z. durch beigeſetzte römiſche Ziffern nach der Zählung in meiner Grammatik, S. 210.

Die Schreibung der Wörter iſt dieſelbe, die ich auch in meiner Grammatik befolgt habe. Vergl. darüber S. 1—5.

Berlin.

A. Seidel.

Inhaltsverzeichnis.

I. Abschnitt: Allgemeine Begriffe.

Seite.

1. Das Ding, die Existenz 1
2. Die Ausdehnung 2
3. Die Form 2
4. Die Zahl 3
5. Die Farbe 4
6. Sonstige allgemeine Eigenschaften 5
7. Beziehungsbegriffe 5
8. Allgemeine Handlungen und Zustände 6
9. Verschiedene Abstrakta 9
10. Die Zeit 13

II. Abschnitt: Gott, Religion, Kirche.

11. Gott, seine Eigenschaften u. s. w. 17
12. Religion, Gottesdienst 17
13. Religionsbekenntnisse 19

III. Abschnitt: Welt, Erde, Himmelserscheinungen, Wetter.

14. Das Weltall, Himmelsgegenden 22
15. Die Elemente 22
16. Die Gestirne, Sonne und Mond 23
17. Licht und Finsternis 24
18. Die Erde. Allgemeines 24
19. Das Gebirge 25
20. Meer, Seen, stehendes Wasser 26
21. Fließendes Wasser 26
22. Die Ebene. Verschiedenes 27
23. Das Wetter 27

IV. Abschnitt: Die Naturreiche.

24. Das Tierreich. Säugetiere 30
25. Vögel 33
26. Fische, Amphibien, Reptilien u. dergl. 36
27. Gliedertiere 38
28. Das Pflanzenreich. Allgemeines 39
29. Obstbäume und -sträucher 40
30. Cerealien, Küchengewächse, Gewürzpflanzen . . . 43

Seite.

31. Sonstige Bäume und Nutzpflanzen, Arzneikräuter,
     Zierpflanzen, Giftpflanzen, Gräser u. s. w. . . . 45
32. Das Mineralreich 47

V. Abschnitt: Der Mensch. Körper und Seele.

33. Der menschliche Körper und seine Teile 49
34. Funktionen des menschlichen Körpers und seiner
     Teile 53
35. Eigenschaften des menschlichen Körpers 56
36. Alter, Geschlecht, Geburt, Leben, Sterben 56
37. Die fünf Sinne 59
38. Geist und Seele. Allgemeines 60
39. Geist und Seele. Freundliche und angenehme Ge-
     fühle und Empfindungen 62
40. Geist und Seele. Unfreundliche und unangenehme
     Gefühle und Empfindungen 64
41. Geist und Seele. Wahrnehmung und Denken . . 66
42. Die Sprache 70

VI. Abschnitt: Der moralische Mensch.

43. Tugenden. Gute Eigenschaften. Allgemeines . . 73
44. Die Tugend der Güte 74
45. Die Tugend der Gerechtigkeit 76
46. Die Tugend der feinen Sitte 76
47. Die Tugend der Weisheit 77
48. Die Tugend der Treue 78
49. Sonstige Tugenden und gute Eigenschaften . . . 79
50. Laster, Untugenden, Fehler, schlechte Eigenschaften.
     Allgemeines 80
51. Die Selbstsucht 81
52. Die Ungerechtigkeit 81
53. Die Unhöflichkeit 82
54. Die Thorheit 83
55. Die Lüge 83
56. Andere Laster, Fehler, Untugenden und schlechte
     Eigenschaften 84

VII. Abschnitt: Der kranke Mensch.

57. Körperliche Fehler und Gebrechen 87
58. Befinden, Unpäßlichkeit 88
59. Krankheiten, Krankheitssymptome 90
60. Verletzungen u. dergl. 91
61. Arzt, Heilmittel 92

VIII. Abschnitt: Familie und Verwandtschaft.

62. Die Familie, die nächsten Blutsverwandten . . . 94
63. Ehe und Hochzeit 95
64. Weitere Verwandtschaft 96
65. Haushaltung, Dienerschaft 96
66. Erbschaft 97

IX. Abschnitt: Menschliche Bedürfnisse.

Seite.

67. Nahrung, Mahlzeiten, Allgemeines 98
68. Lebensmittel 99
69. Gewürze 101
70. Getränke 101
71. Tischgerät 102
72. Küche und Küchengerät 103
73. Kleidung. Allgemeines 106
74. Kleidung des Mannes 106
75. Kleidung der Frau 107
76. Gebrauchsgegenstände des Mannes 107
77. Putz und Schmuck des Weibes und Mannes . . 108
78. Toilette 108
79. Die Wäsche 109
80. Weibliche Handarbeiten 109
81. Der Schneider 110
82. Der Schuhmacher 111
83. Der Wäscher 112
84. Wohnung. Allgemeines 112
85. Die Stadt 113
86. Die öffentlichen Gebäude und Anlagen 114
87. Das Haus 114
88. Die Zimmer, Thür und Fenster 115
89. Möbel 117
90. Hausgerät 117
91. Heizung 118
92. Beleuchtung 119
93. Hausbau 119

X. Abschnitt: Schule. Bildung.

94. Unterricht. Allgemeines 121
95. Lesen 122
96. Schreiben 122
97. Briefschreiben 123
98. Rechnen 123
99. Rechtschreibung 124
100. Grammatik 124
101. Fremde Sprachen 125
102. Geometrie 126

XI. Abschnitt: Die menschliche Arbeit.

103. Arbeit. Allgemeines 127
104. Viehzucht 127
105. Das Pferd. Reiten 128
106. Jagd. Fischfang 129
107. Ackerbau 129
108. Gartenbau 131
109. Handwerk. Allgemeines 131
110. Handwerker 132
111. Industrie 135

Seite.
112. Handel. Allgemeines 136
113. Kaufleute 137
114. Die Waren 137
115. Geld 138
116. Geldverkehr 138
117. Buchhaltung 138
118. Der Krebit 139
119. Wechsler 140
120. Maße und Gewichte 140
121. Hafen und Zollamt 141
122. Reise und Verkehr 142
123. Die Karawane 143
124. Wagen, Eisenbahn 145
125. Schiffahrt 145
126. Teile und Zubehör eines Schiffes 146
127. Schiffsmannschaft 148
128. Seereise. Hafen 148
129. Zeitung. Telegraph 150

XII. Abschnitt: **Der Staat. Die Obrigkeit.**

130. Das Volk. Die Nation 151
131. Völker und Staaten 151
132. Sociale Unterschiede 152
133. Herrscher und Unterthan 153
134. Der Sultan 153
135. Regierung, Verwaltung 154
136. Das Recht, der Prozeß 154
137. Verbrechen und Vergehen 156
138. Strafen 157

XIII. Abschnitt: **Krieg und Frieden.**

139. Heer. Waffengattungen 159
140. Offiziere und Unteroffiziere 159
141. Die Uniform 160
142. Waffen 160
143. Der Dienst. Musikkorps 162
144. Militärische Kommandos 163
145. Krieg und Frieden 163

XIV. Abschnitt: **Kunst und Wissenschaft.**

146. Die Wissenschaften 165
147. Die Künste 165

XV. Abschnitt: **Vergnügungen. Spiele. Feste.**

148. Vergnügungen 167
149. Spiele 167
150. Feste 168

Häufige Redensarten.

	Seite
1. Fragende Sätze	169
2. Bejahende Sätze	173
3. Verneinende Sätze	174
4. Befehle, Bitten	175
5. Verbote, Abmahnungen	176
6. Abschlagen, Verweigern	177
7. Danken	177
8. Ausrufe	177
9. Grüße, Erkundigung nach dem Befinden und Glückwünsche	178

Syſtematiſches Wörterbuch.

I. Abſchnitt.
Allgemeine Begriffe.

1. Das Ding, die Exiſtenz.

kitu, Pl. vitu, Ding, Sache,
Gegenſtand.
>nina kitu, ich habe etwas.
>sina kitu, ich habe nichts.

jambo, Pl. mambo; neno,
Pl. maneno, Sache, Ange=
legenheit.
>hu jambo?)
>ob. gewöhnl.} geht's gut?
>jambo?)
>baba yako ha jambo? wie
>geht es deinem Vater?
>ha jambo kidogo, es geht
>ihm etwas beſſer.

hali*, Pl. hali, Umſtand.

-wa, ſein.
>kuwako, kuwapo, daſein,
>exiſtieren; irgendwo ſein,
>ſich aufhalten.
>kuwamo, darin ſein.

-kaa, verweilen, ſein (ir=
gendwo).

makao, Exiſtenz.

kweli (III.), Wahrheit; (als
Adv.) wahrhaftig, wirklich,
in der That.
>-a kweli, wahr, wirklich.

hakika* (III.), Wahrheit,
Wirklichkeit; (als Adv.)
wahrlich, wirklich, in der
That.

yamkini*, möglich.
>-wezekana, möglich ſein.
>lab(u)da*, huenda, shid-
>da*, möglicherweiſe, viel=
>leicht.

nasibu* (III.), bahati* (III.),
Zufall.
>kwa nasibu, \ zufällig
>kwa bahati, / (Adv.)

haina buddi*, hapana buddi
(= es giebt keinen Aus=
weg), es iſt notwendig.
>sina buddi, ich muß.[2]

---

[1] Gewöhnliche Begrüßungsformel, wörtlich: haſt du nichts? fehlt
dir nichts? — die Antwort iſt: si jambo (ich habe nichts), gewöhnlich
zu jambo verkürzt. Zu mehreren Perſonen ſagt man ham jambo?
— Antwort: hatu jambo.

[2] Über die Konſtruktion vergl. Gramm. § 145.

kitu cha ásili*, Grundstoff, Element.

nguvu (III.), Kraft. Stärke.

kutokuwapo, abwesend sein.

hayuko, hayupo, er ist abwesend.

2. Die Ausdehnung.

nafasi* (III). — mahali* (V.) Raum. — Platz, Ort, Stelle.[1]

-kubwa (spr. kúba), groß.[2]
 -kuu, groß (in übertr. Sinne).
 bora (unveränd.), groß, bedeutend, beträchtlich.
 ukubwa, ukuu, Größe.[3]

-dogo. — udogo, klein.[4] — Kleinheit.
 kidogo, wenig; ein wenig. etwas.

-refu. — urefu, lang; hoch, groß. — Länge; Höhe.
 si -refu, niedrig.

-fupi. — ufupi, kurz; klein. — Kürze.
 utepe urefu wake mikono miwili, ein Band von zwei Ellen Länge.
 ... urefu wake wapataje? wie lang ist ...?

-a kwenda chini sana (= sehr in die Erde gehend =) tief.

-nene. — unene, dick, groß. — Dicke, Größe.

-embamba, dünn, schmal.

pana. — upana, breit. — Die Breite.
 -finyu, -mefinyana, schmal, eng sein.

3. Die Form.

umbo (V.), sura* (III), namna (III.), Form, Gestalt.

mviringo (II.), duara* (III.), Kreis.
 -a mviringo, } (kreis=)
 -a kiviringo, } runb.
 -viringa(na) runb sein.
 hisabu barábara (ob. kamili), kiwango, runde Zahl.
 -enyi sura ya yai (Eiform habend), eiförmig, oval.

upande, Pl. pande, Seite.

ubavu, Pl. mbavu, Seite des Körpers.

upande wa kuume, rechte Seite.

upande wa kushoto, linke Seite.

pande zote, auf allen Seiten.

mrabba, Pl. mirabba*, das Viereck.
 -a mirabba }
 minne, } viereckig.
 mrabba* }

sawa*, sawasawa*, -a kunyo-

---

[1] Über die Ableitungsformen, welche den Ort eines Vorgangs bezeichnen, vergl. Gramm. § 24 (II. Teil).
[2] Von der Körpergröße sagt man -refu (lang).
[3] Die relative Größe ist kiasi* (III.) oder cheo (IV.).
[4] Von der Körpergröße meist -fupi (kurz).

ka, -enyi kunyoka, -li-on-
yoka, gerade, aufrecht.
-a kawaida*, -li-o na ka-
waida, -enyi kawaida, regel=
mäßig.
tao, Pl. matao, krumme Linie,
Krümmung.[1]
  -wa na tao,
  -fanya tao } krumm sein.[2]
  (matao)
  -tia tao, krümmen.
pindi, Pl. mapindi, Krüm=
mung.
  -pinda, krümmen.
  -pindika,
  -pindamana, } sich krüm=
men, krumm sein.
-potoka, a) krumm werden, b)
verdorben werden (Mensch).
kizingo, Krümmung, Win=
dung.[1]
-peta, -petamanisha, krümmen,
beugen.

-petamana, sich krümmen,
krumm werden.
-inama, sich beugen (unter
einem Druck zur Erde).
  -inika, -inamisha, (nie=
der=)beugen.
  -inama kichwa, den Kopf
beugen.
  -piga magoti, das Knie
beugen.
hanamu, mshazari, schief.[3]
  -kata hanamu, schief
schneiden.[4]
  -wa na kombo, schief,
krumm sein.
ńcha, Pl. ncha, Spitze.[5]
  -chongoka, spitz sein.
  -chongva, spitz machen.
pembe, Pl. pembe, Ecke,
Winkel; Horn.
  pembeni, in der Ecke, im
Winkel.

4. Die Zahl.

hisabu*. — -hisabu, Zahl. —
zählen, rechnen.
  -fanya hisabu, = kuhi-
sabu.
-ingi, tele. — wingi, viel. —
Menge.
kidogo, haba, -chache, wenig.
  kitu kidogo, si kitu, das
ist wenig.

watu kidogo, wenig Leute.[6]
-la kidogo, wenig essen.
siku chache(haba), wenige
Tage.
akili chache, wenig Ver=
stand.
kiasi* gani? wieviel? (der
Masse, dem Maße, dem
Werte nach).

---

[1] z. B. eines Flusses.
[2] z. B. njia hii ina tao sana oder njia hii inafanya matao,
dieser Weg ist krumm.
[3] Dafür auch -a upande (Adverbial upande).
[4] Auch kukata upande, kukata kombo.
[5] Einer Waffe, chembe (Pl. vyembe); eines Berges, Baumes,
ncha, kilele.
[6] Auch watu haba, watu wachache.

-ngapi? wie viele? (der Zahl
nach).[1]
-moja -moja, einzeln.
peke yangu (yako, yake ꝛc.),
ich (du, er) allein.

wala hatta -moja, nicht ein
einziger; auch nicht einer.
baadhi ya (ein Teil von =)
einige.[2]

5. Die Farbe.

rangi (III.). — -tia rangi,
Farbe. — färben.
  -fifia rangi, die Farbe ver=
  lieren.
-eupe, weiß.
  rangi nyeupe, weupe, die
  weiße Farbe, das Weiße.
  -tia rangi nyeupe, weiß
  färben.
  mvi (III.), weiße Haare,
  weißer Bart.
  mzungu, ein Weißer, Euro=
  päer.
  kiini cheupe cha jicho,
  das Weiße im Auge.
  ute wa yai, das Weiße
  im Ei.
-eusi, schwarz.
  rangi nyeusi, weusi, die
  schwarze Farbe.
  -vaa nguo nyeusi, sich
  schwarz kleiden.
  mtu mweusi, ein Schwar=
  zer.
  ana kihoro, er sieht alles
  schwarz.
jivujivu, -a kijivujivu, -a
kiwivuivu, grau.
  rangi ya jivu, aschfarben.
rangi 'a samawi, samawi,
(himmel=)blau.[3]

  rangi 'a bahari, (meer=)
  blau.
  rangi'a nili, (indigo=)blau.
chanikiwiti (w. frisches Blätt=
chen) grün.
  -bichi, unreif, grün.
(-a ob. -enyi) rangi ya kimanjano, -a kimanjano,
  gelb.
  kiini cha yai, das Gelbe
  (im Ei).
  rangi ya dhahabu golbgelb.
-ekundu rot.
  wekundu, rangi, nye-
  kundu, chekundu, rote
  Farbe, Röte.
  -ona haya, erröten (vor
  Scham).
  Bahari ya Shām, das rote
  Meer.
maji 'a kunde (w. Bohnen=
wasser) braun.
  rangi ya kahawa, kaffee=
  braun.
  rangi ya khudhurungi,
  braun.[4]
(-a) rangi ya chungwa, orange=
farben.
urujuwani*, rangi ya bendera
(w. Fahnenstofffarbe) pur=
purfarben.

---

[1] über die Abwandlung von -ngapi vergl. Gramm.
[2] Aber „einige Tage" = siku kidogo (chache, haba).
[3] 'a nach i verkürzt aus ya.
[4] khudhurungi ist ein beliebter Stoff für kanzu's.

6. Sonstige allgemeine Eigenschaften.

-zito. — uzito, schwer[1] (vom Gewicht). — Schwere, Ge=wicht.

-epesi. — wepesi, leicht[2] (vom Gewicht). — Leich=tigkeit.

uzani, Gewicht[3] (das ein Gegen=stand hat).

-pima, wägen.

uzani (uzito) wake ratli alfu, es wiegt 1000 Pfund.

-a moto, warm, heiß.[4]

maji ya moto, heißes Wasser.

naona harri, naona jasho, mir ist heiß, warm.

jua kali, jua li moto, die Sonne ist heiß.

-a uvuguvugu, warm, lau.[5]

-a baridi, kalt, kühl.

baridi* (III.), ubaridi, Kälte, Kühle.

majimaji, -enyi maji, kimaji (-maji), naß, feucht.

-kavu, yabisi*, trocken.

-kausha, trocknen (transf.).

-kauka, trocken werden, trocknen.

-anika, zum Trocknen aus=breiten.

ukavu, uyabisi, Trocken=heit.

-gumu. — ugumu, hart, fest. — Härte.

imara*, thabiti*, hodari, fest (= nicht zerbrechlich, stark).

-ororo, weich.

laini*, glatt, eben, weich.

-jaa, voll werden, sich füllen.

kimejaa, es ist voll.

-jaza, füllen.

-tupu, -wazi, leer.

-a uvurungu, hohl.

7. Beziehungsbegriffe.

juu, oben.

-panda, hinaufsteigen.

-pandisha, hinaufsteigen lassen, hinaufbringen.

chini, unten.

-shuka, hinabsteigen.

-shusha, hinabbringen.

nyuma. — mbele, hinten. — vorn.

ndani. — nje, darin, drinnen. — draußen.

kati, Mitte.[6]

kati ya, katikati ya, in=mitten.

---

[1] aber auch „schwierig", z. B. kazi nzito; „schwierig" wird auch durch -gumu (hart: kazi ngumu) oder -a (-enyi) shidda* gegeben.

[2] aber auch soviel wie „nicht schwierig": kazi nyepesi; in letzterer Bedeutung gebraucht man auch rakhisi* oder -si-o na shidda, -si-o na udhia; es ist nicht leicht, pana udhia.

[3] dagegen in der Bedeutung „Wagestein": jiwe la mizani, kipimo.

[4] Hitze: moto (Feuer), umoto, vuguto (V.), uvuguto, harara*, uharara.

[5] Wärme: uvuguvugu, ujotojoto.

[6] in der Mitte, kati, katikati.

ukingo. — mpaka (II.), Rand.
— Grenze.
mwanzo (II.), Anfang,
-anza, anfangen.
mwisho (II.), Ende.
-isha, endigen (tr. u. intr.).
-maliza, -timmiza*, be-
endigen.
asili* (III.), Ursprung.
sababu* (III.), ajili* (III.),
Grund, Beweggrund, Ur-
sache.
kwa sababu ya, kwa ajili
ya, wegen.
kwa sababu gani? aus
welchem Grunde?
pasipo sababu, bila sa-
babu, ohne Grund.
hojja*(III.), kissa*(IV.), maana* (III.), Grund, Vor-
wand.
mbali, weit, fern, entfernt.
-toka mbali, weit her-
kommen.
-ona mbali, weit sehen.
-ona kwa mbali, von
weitem sehen.
-enda zake, -ondoka, sich
entfernen.
-toa, -ondoa, etw. ent-
fernen.

karibu*, nah.
-karibu, näher treten.
-karibia, -jongea, sich
nähern.
-karibisha, näher bringen.
mwendo (w. Marsch), Ent-
fernung[1] (zwischen zwei Orten).
tafauti* (seltener ikhtilafu*),
Unterschied.
-wa mbalimbali, verschie-
den sein.
kutokuwa sawa, kutolin-
gana, nicht gleich sein.
-tafautiana, sich von einander unterscheiden.
-pambanua, -fafanua, unterscheiden.
-fafanisha, -fananisha, -sha-
bihisha, -piganisha, ver-
gleichen.
-fanana na kitu, einer Sache
gleichen.
-wa na sura moja, ein
gleiches Aussehen haben,
sich gleichen.
sehemu* (III.), fungu (V.),
Teil.
kipande, Stück.
pande, ein großes Stück.
-gawanya, teilen.

8. Allgemeine Handlungen und Zustände.

a) Sagen, sprechen u. s. w.

-nena. — -mw-ambia mtu,
sagen. — jm. sagen.
-sema, sprechen.
-sema kwa sauti kubwa,

-paliza sauti, (die Stimme
erheben =) laut sprechen.
-sema kwa sauti ndogon-
dogo, leise sprechen.

---

[1] 3. B.: wie groß ist die Entfernung zwischen Sansibar und Masingini, mwendo wa saa ngapi toka Unguja mpaka Masingini.

-tuliza (kupunguza) sauti,
(die Stimme senken =)
leise sprechen.
-sema kiswahili, Suahili
sprechen.
-piga kelele, schreien, laut
rufen.
-ita, rufen; nennen.
-imba, singen.
-uliza. — jibu*, fragen. —
antworten.
-omba, bitten.

-ambia ahsanti, danken, Dank
sagen.
-fundisha, -funza, -elemisha.
lehren, unterrichten.
-ji-funza, -ji-fundisha, lernen.
-onyesha, zeigen.
-mw-onyesha njia, jm. den
Weg zeigen.
-sema uwongo, (eine Lüge
sprechen) lügen.
-danganya, betrügen.

b) Denken, fühlen, wollen u. s. w.

-waza, -fikiri, -tafakkari, den=
ken, nachdenken.
-dhanni, -ona, denken, meinen.
-ota, träumen.
-jua, wissen, kennen; können.[1]
-tambua, kennen, erkennen.
-fahamu*, verstehen, wissen,
kennen.
-sikia, (Gesprochenes) ver=
stehen.
-tafuta, suchen.
-pata, erlangen, finden.
-pima, messen.
-saddiki*, glauben.
-penda, lieben.
-tamanni*, -tarajja*, -tumai*,
hoffen.
-taka, wollen, wünschen, fordern,
verlangen.

-kumbuka, sich erinnern.
-kumbusha (jn.) erinnern.
-ngoja, -ngojea warten, er=
warten.
-ogopa, -fanya khofu, sich
fürchten.
-ona haya, (Scham empfinden)
sich schämen.
-heshshimu, ehren.
-ogofisha, -ogofya, -tia khofu,
-khofisha, (jn.) erschrecken.
-fadhaika*, sich ängstigen, er=
schrecken (intr.).
-furahi*, sich freuen.
-wa na hasira, -fanya hasira,
-kasirika, zornig werden.
-chukia, hassen.
-sahau*, vergessen.
-kosa, irren.

c) Leben, Körperfunktionen.

-zaa, gebären, hervorbringen,
tragen (Früchte).
-kua, -ota, wachsen.
-wa mzima, -wa hai*, leben
(= lebendig sein).
-ishi*, leben.

-wa na njaa (Hunger haben),
-ona njaa (Hunger fühlen),
hungern, hungrig sein.
-la, essen.
-uma, beißen.
-shiba*, satt werden.

[1] Im Sinne von „verstehen", sonst -weza.

-wa na kiu, -ona kiu, bürſten,
  durſtig ſein.
-nywa, trinken.
  -lewa, ſich betrinken.
-osha; -oga, waſchen; baden.
-chafya, -piga chafi, -enda
  chafi, nieſen.
-kohoa, huſten.
-lala, ſchlafen.
  -singizia, ſchlummern.
-amka, erwachen, aufwachen.
  -wa macho, wach ſein.
   -amsha, wecken.
-ponya, heilen (tranſ.).

-lia, -toka machozi, weinen,
  ſchreien.
-cheka, lachen.
-lamba, lecken.
-toka harri, -fanya harri,
  -toka jasho, -fanya jasho,
  ſchwitzen.
-fa. — -ua, ſterben. — töten.
-ona. — -angalia, ſehen. —
  anſehen, anblicken.
  -tazama, hinſehen, ſchauen,
   blicken.
-sikia, hören.
-onja, koſten, ſchmecken.

d) Bewegung.

-enda, -enenda, gehen.
-enda zake, fortgehen.
-ja, kommen.
-kuta mtu, jm. begegnen, jn.
  treffen.
  -onana na mtu, mit jm.
   zuſammentreffen, jm. be=
   gegnen.
-shuka pwani, (an die Küſte
  ſteigen) landen.
-fuata. — -fukuza, folgen. —
  verfolgen.
-fika, -wasili*, ankommen, an=
  langen.
-peleka, ſchicken; (hin=)bringen.
-leta, (her=)bringen.
-piga mbio, laufen.
-kimbia, entlaufen, fliehen.
-ruka, a) fliegen, b) ſpringen.

-ingia nyumba, in ein Haus
  hineingehen, eintreten, ein
  Haus betreten.
-toka nyumba, aus einem
  Hauſe herauskommen.
  -toka mahali, von einem
   Orte her kommen.
-panda, hinaufgehen, hinauf=
  ſteigen.
-shuka, hinuntergehen, hinun=
  terſteigen.
-ondoka, aufſtehen.
  -amka, (vom Schlaf) auf=
   ſtehen.
-tetema, -tetemeka, zittern.
-anguka, fallen.
-ogelea; (von Gegenſtänden)
  -elea, ſchwimmen.
-vimba, anſchwellen.

e) Ruhe.

-kaa, ſich aufhalten, verweilen,
  bleiben, wohnen.
amekaa kitako, er ſitzt.
-kaa kitako, ſich ſetzen.

-simama, ſtehen.
-lala (v. Lebeweſen), liegen.
  -weka, -tia, ſtellen, legen,
   ſetzen.

f) Vermischte Zeitwörter
(alphabetisch nach dem Deutschen geordnet).

-anza, anfangen.
    mwanzo (II.), Anfang.
-bisha mlango, -gonga (-gota) mlango, -piga hodi, anklopfen.
-vaa nguo, ein Kleid anziehen.
    -vika mtu, jn. ankleiden, anziehen.
-washa moto, Feuer anzünden.
-fanya kazi, -tenda kazi, arbeiten.
-tandika zulia, einen Teppich ausbreiten.
-jenga, bauen.
-isha, -maliza, -timmiza*, beendigen.
-amuru*, -agiza, befehlen.
-adhdhibu*, -adhdhibisha, bestrafen.
-lipa, bezahlen.
-waka, brennen.
-leta (her=), -peleka (hin=), bringen, (jn. wohin) führen.
-tumikia mtu, jm. dienen.
-pata, erhalten, bekommen.
    -pewa, (gegeben) bekommen.
    -letewa, (gebracht) bekommen.
-fagia, fegen.
-vua samaki, Fische fangen, fischen.
-jaza, füllen.

-toa; (jm.) -pa, geben.
-oa (vom Manne); -olewa (vom Weibe), heiraten.
-pika chakula, Essen kochen. maji yanachemka, das Wasser kocht.
-nunua. — -uza, kaufen. — verkaufen.
-fanya, -fanyiza, machen, thun.
-saga. — shona, mahlen. — nähen.
-twaa. — -fungua mlango, nehmen. — die Thür öffnen.
-sugua. — -okoa, reiben. — retten.
-piga. — -noa, schlagen. — schleifen, wetzen.
-kata, schneiden.
-cheza. — -choma, spielen. — stechen.
-iba. — -gawanya, stehlen. — teilen.
-chukua. — -uma, -umiza, tragen. — verletzen.
-poteza. — -fuma, verlieren. — weben.
-tupa. — -piga kura, werfen. — das Los werfen.
-vunja (transf.); -vunjika (intr.), zerbrechen.
-vuta. — -piga mstari, ziehen. — eine Linie ziehen.
-shindika (Thür); -funika (Buch), zumachen.

9. Verschiedene Abstrakta.

ikanijia (ikanipata) msiba*, es ist mir ein Unglück zugestoßen.

umepatikana na nini? was ist dir passiert?

bahati* — -enyi bahati, Glück, Zufall. — glücklich.[1]
    bahati ngema, glücklicher Zufall, Glück.
    bahati mbaya, Unglück.
    kwa bahati, zufällig.
heri*, das Gute, das Glück.
    kwa heri, (mit Glück =) lebwohl!
nasibu*, Geschick, Schicksal, Glück.
    nasibu ngema, Glück.
    nasibu mbaya, Unglück.
khatari*, Gefahr.
msiba*, Unglück(sfall).
    neno la msiba, Unglücksfall.
usitawi*, uneemefu*, Wohlfahrt, Gedeihen.
    -stawi, -ongoka,] gedeihen
    -fana,   } (v. Ding.)
sina lazima nacho kitu hiki, ich brauche dies nicht.
ukosefu, Mangel.
    -koseka(na), -adimika*, mangeln, fehlen.
    -m-kosa, -m-kosekana,
    -mw-adimikia, jm. fehlen.
    si mkosefu wa akili, es fehlt ihm nicht an Geist.
-seidia*, -tia] helfen,
  shime, -auni*,} unterstützen,
-nusuru*   ] beistehen.
  shime, msaada*)
  (II.)   } Hilfe.[2]
  auni*, nusura.*)

sharti* (sherti), Pl. masharti, Bedingung.
    kwa sherti, unter der B., daß.
    -fanya masharti, ausbedingen.
jinsi* (III.). — tabia* (III.), die Art (Art und Weise). — Natur, Beschaffenheit.
yaliomo, (was darin ist) Inhalt (z. B. eines Gefäßes).
desturi*, Sitte, Gebrauch, Gewohnheit.
mazoea, mazoezi, mazoezo, Gewohnheit.[3]
    mzoevu, gewöhnt.
    -zoea, sich gewöhnen an.[4]
matengeneo, tar(a)tibu*, Ordnung.
    -tengeneza, in Ordnung bringen.
    -wa baráb(a)ra, in Ordnung sein, stimmen.
    kwa tartibu, ordentlich, ordnungsgemäß.
fujo, kifujofujo, Unordnung.
    -a kifujofujo, unordentlich.
amri* (III.), agizo (V.), Befehl.
    -amuru*, -amrisha, befehlen.
    -simamia, befehligen, beaufsichtigen.
ajabu*, Wunder, auffällige Erscheinung.

---

[1] asiye na bahati unglücklich; sina bahati, ich bin unglücklich.
[2] Hilfe rufen, -piga yowe (mayowe, kiyowe), -ita shime; Hilfe! shime!
[3] Die Gewohnheit ist eine zweite Natur = paka wa nyumbani hawingwi.
[4] Wenn es mit Vorsatz geschieht: -ji-zoeza.

-a ajabu, -enyi ajabu, sonderbar, wunderbar.

-ona ajabu, sonderbar finden.

-geuka, -badilika*, sich ändern.

-geuza, -baddilisha, -baddili*, } ändern, wechseln.

-baddili fedha, -vunja fedha, } Geld wechseln.

-baddili (-sha) nguo, die Kleidung wechseln.

-geuza mwendo, sein Betragen ändern.

-baddilika (-geuka) dhahabu, sich in Gold verwandeln.

mageuzo, mabaddilisho, Änderung, Wechsel.

-geukageuka, oft wechseln, sich oft ändern.

-baddilifu, veränderlich.

kawaida*(III.), kanuni*(III.), Regel, Vorschrift.

-a kawaida, regelmäßig.

mtu mwenyi kawaida, ein pünktlicher Mensch.

-si-o katika kawaida, unregelmäßig.

-fuasa kawaida, der Regel folgen.

-to-fuasa kawaida, von der Regel ausgenommen sein.

isipokuwa watu watatu, mit Ausnahme von drei Leuten.[1]

mfano, mithili*, Beispiel.

kuna mafundisho, das ist eine Lehre.

mfano wake, zum Beispiel.

chelezo (IV.), cheo (IV.), Vorbild, Muster.

kufuasa mwendo wa (oder mifano ya) mtu, jm. nachahmen, nacheifern.

-iga, nachäffen.

kiasi*, Maß.

kiasi gani? wieviel?

kadiri*, kadri* (III.), Quantität, Menge, Maß.

kadri ya, kiasi ya, nach Maßgabe von.

kusudi* (III.), makusudi*, nia* (III.), azima* (III.), Absicht, Plan, Zweck.

(kwa) kusudi, makusudi, mit Absicht, absichtlich.

-kusudia, -azimu, -ania, beabsichtigen.

kwa nia ngema, in guter Absicht.

kwa nia mbaya, in böser Absicht.

mwisho mwema, (das gute Ende =) der Erfolg.

nimepata kukutana nae, es ist mir gelungen, ihn zu treffen.

faragha* (III.), nafasi* (III.), Gelegenheit.

sikupata faragha (nafasi) ya, ich habe keine Gelegenheit gehabt zu . . .

katika (mambo) hayo, katika hali hiyo, wakati huo } bei dieser Gelegenheit.

majarribu*, Versuch.

---

[1] Statt isipokuwa auch einfach ila.

-jarribu*, versuchen.[1]

-jitahidi*, mit allen Kräften versuchen zu.

-wa mjuzi wa mambo, mwenyi maarifa*, erfahren sein.

maarifa*, hekima, Kenntnisse, Wissen, Weisheit, Erfahrung.

njia (III. = Weg), hila* (III. = Kunstgriff, List), Mittel (zum Zweck).

mafaa, nafuu* (III.), Nutzen, Vorteil.

-faa, nützen, nützlich sein.

faida* (III.), Nutzen, Vorteil.

-a kufaa, -enyi mafaa, nützlich.

vifaa, nützliche Dinge.

bure (Adv.), vergeblich, unnütz, nutzlos.

-a bure, batili*,] unnütz
-si-o-faa,   ] (Adj.).

hasara* (III.), madharra*, ukharabu*, Schaden.

kutia hasara, Schaden zufügen.

-hassiri* (-sha), -dhurru*, schaben, schädigen.

-ondolea hasara, entschädigen.

(ki)zuizo, kizuizi, (ki)zuio, mgogoro (im Wege), Hindernis (eig. und übertr.).

-zuia, hindern.

-m-zuia katika shughuli yake, jn. bei seiner Arbeit stören.

starehe, laß dich nicht stören.[2]

-zuia mazumgumzo, das Gespräch stören.

-katiza, unterbrechen.

-m-katiza maneno yake, jn. unterbrechen (i. Reden).

-m-katiza usingizi wake, jn. im Schafe unterbrechen.

-katiza mazumgumzo, die Unterhaltung unterbrechen.[3]

-koma, aufhören.

-komesha, aufhören lassen, abbrechen, unterbrechen.

kelele, makelele, Geschrei, Lärm.

-laumu*, -gombeza, -patiliza, tadeln.

malauma*, lauma*, ulaumu*, magombezo, Tadel, Vorwurf.

-sifu*, loben.

masifu*, sifa*, Lob.

-wa mash(u)hūr*, maarufu*, maalūm*, -wa na sifa, berühmt sein.

khabari* (III.), Nachricht, Kunde, Mitteilung.

-m-pa khabari, -m-pasha khabari, jn. Nachricht geben, Mitteilung machen.[4]

---

[1] Aber wenn es soviel ist wie kosten: -onja.

[2] Die gewöhnliche Erwiderung auf die Einladung zum Nähertreten (karibu).

[3] -katiza bedeutet eigentlich: abschneiden lassen, daher die Konstruktion mit doppeltem Objekt.

[4] -pata khabari, Nachricht erhalten; -uliza khabari (ya), nach Nachricht(über) fragen, sich erkundigen; -wa na khabari, Nachricht haben.

-arrifu*, -khubiri*, benachrich=
tigen, Kenntnis geben.
-kata maneno, eine Sache
entscheiden.
-alika, -ita, einladen.
mwaliko, Einladung.
-karibisha, zum Eintreten
einladen.
shauri* (III. oder V.), Pl.
mashauri, Rat, Beratung,
Entschluß, Plan, Ansicht,
Angelegenheit.
-taka shauri (ya ob. kwa),
um Rat bitten.[1]
-fanya shauri, Rat halten.
-pa shauri, Rat geben.
-shauri watu, Leute be=
raten, ihnen Rat geben.
nasaha*, guter Rat.
-nasihi*, (gut) raten, er=
mahnen.
-kataa, ablehnen (Angebotenes).
makatao, Ablehnung.
-nyima, -katalia, -kana, -ka-
nia, sich weigern (Verlang=
tes zu thun), jn. abweisen.

mnyimo, (ma-) } Weige=
kanio, kikano } rung.
-pokea, annehmen (Angebote=
nes).
-kubali*, -kubalia*, -ridhia*,
einverstanden sein, anneh=
men (Vorschläge), zustimmen.
ukubali, uradhi, Einver=
ständnis.
rukhsa*, rukhúsa*, Erlaubnis.
-pa rukhsa, Erlaubnis
geben, erlauben.
-taka (-omba) -rukhsa,
um Erlaubnis bitten.
-wa na rukhsa, die Er=
laubnis haben, dürfen.
-kataza, -piga marfuku*, et=
was verbieten.
marfuku*, verboten.
haramu*, (religiös) verboten.
mwana wa haramu, ein
außereheliches Kind.
-harrimu*, -harrimisha,
verbieten.
halali*, (religiös) erlaubt.
-halalisha, erlauben.

10. Die Zeit.

wakati*, Pl. nyakati, Zeit.[2]
majira* (Pl. V.), Zeit=
(lauf).
zamani* (III.), Zeit (bes.
historische); (adverbial)
längst, schon.
mudda* (II.), Zeitraum, Frist.
mudda wa siku tatu,
eine Frist von drei Tagen.[3]

faragha* (III.), nafasi* (III.),
freie Zeit, Muße.
sina nafasi, sina faragha,
ich habe keine Zeit.
kitambo, wakati kidogo, zamani kidogo, kurze Zeit,
eine kleine Weile.
siku nyingi (viele Tage), lange
Zeit, lange.

---

[1] Auch -omba (-uliza) shauri kwa mtu oder -m-taka (-mw-omba)
shauri; mshauri, Ratgeber.
[2] ni wakati wa kutoka, es ist Zeit auszugehen.
[3] Auch muhulla* (II.) wa siku tatu.

-pita, vergehen, verfließen.
 baada ya siku tatu ku-
 pita, nach Verlauf von
 drei Tagen.
zamani za kale, alte Zeiten,
 Vergangenheit[1]; (adv.) in
 alten Zeiten.
 -me-kwisha, -me-pita,
 vergangen sein.
 watu wa kale, die Alten,
 hapo kale, in alten Zeiten.
 -a kale, alt.
wakati wa sasa, die Jetztzeit,
 Gegenwart.[2]
 sasa, jetzt, eben.
 -a sasa, jetzig, gegen-
 wärtig.[3]
 hatta sasa, mpaka sasa,
 bis jetzt.
 tangu (toka) sasa, von
 jetzt ab, künftig.
zamani za mbele, siku za
 mbele, die Zukunft.[4]
 -a baadaye, künftig (als
 Adjekt.).
baadaye, baada* yake. —
 kisha (statt kiisha), kesha
 (statt kaisha). — khalafu*
 (yake), darauf, danach,
 später; künftig.
mbele (yake), kwanza (yake),

auwali (yake), kabla yake,
 vordem, vorher, früher.
mwaka, Pl. miaka, Jahr.[5]
 siku ya mwaka, Neu-
 jahrstag.[6]
 kigunzi, der letzte Tag
 des (Suahili)=Jahres.
 sanata* (mwaka) alfu wa
 tisa mia, im Jahre 1900.
 mwaka jana, das letzte,
 das vorige Jahr.
 mwaka kesho, das nächste,
 das folgende Jahr.
 killa mwaka, jedes Jahr,
 alljährlich.
mwongo, Pl. miongo, Dekade
 (des Sonnenjahrs).
mwezi, Pl. miezi, Monat.
 mwanzo wa mwezi, Mo-
 natsanfang.
 mwisho wa mwezi, Mo-
 natsende.
 mwandamo wa mwezi,
 mwezi mwandamo,
 a) Neumond, b) der nächste
 Monat.
 mwezi mwandamo[7],
 mwezi kamili*, ein voller
 Monat (von 30 Tagen).
 mwezi mpungufu, ein
 Monat von 29 Tagen.

---

[1] „Vergangenheit" kann auch durch wakati uliopita (uliokwisha),
mambo ya jana, zamani za kwanza oder einfach yaliyopita (yaliy-
okwisha) gegeben werden.

[2] Auch zamani zetu, siku hizi, siki zetu u. s. w.

[3] Natürlich auch -a leo, -a siku hizi u. s. w.

[4] Auch siku zitakazokuja, mambo yatakayokuja.

[5] Man unterscheidet das Suahili=(persische) Jahr (ein Sonnen-
jahr) vom arabischen Mondjahr. Das erstere hat 365 Tage, eingeteilt
in miongo (Dekaden), das letztere 355 Tage und 12 Monate mit
29—30 Tagen.

[6] Des Suahili=(persischen) Jahres neruzi (pers.).

[7] Oder mwezi mwangamu.

majina ya miezi. Die Namen der Monate.

Suaḥili.	Arabiſch.
1. mfunguo wa mosi[1],	shauwál.
2. mfunguo wa pili,	dhilkáada.
3. mfunguo wa tatu,	dhilhájj.
4. mfunguo wa nne,	muhárram.
5. mfunguo wa tano,	saſr.
6. mfunguo wa ˙sitta,	rabſ iláuwal.
7. mfunguo wa saba,	raḥſ ilákher.
8. mfunguo wa nane,	jemād iláuwal.
9. mfunguo wa kenda,	jemād ilákher.
10. mfunguo wa kumi ober rajabu*,	rájab.
11. mlisho ober shaabán,	shaabán.
12. ram(a)dhani*,	ramadhán.[2]

kumi la kwanza, die erſten zehn Tage des Monats.

kumi la kati, die mittleren zehn Tage des Monats.

kumi la kwisha, die letzten zehn Tage des Monats.

mwezi wa ngapi?(was iſt für tarikhi* gani? ſein Datum?

mwezi tatu, der dritte.

juma*, Pl. majuma, Woche.

siku, Pl. siku, Tag (von 24 Stunden).

juma*, Freitag.[3]

juma mosi, Sonnabend.

juma pili, Sonntag.

juma tatu, Montag.

juma nne, Dienstag.

juma tano, Mittwoch.

alkhamísi*, Donnerstag.

ma(n)garibi*, Abendgebet zur Zeit des Sonnenunter= gangs.[4]

mshuko wa magaribi[5], etwa 6½ Uhr abends.

esha* (isha), Nachtgebet, die Zeit von 6½—8 Uhr abends.

mshuko wa esha, das Herauskommen v. Nacht= gebet = 8½ Uhr.

nuss(u)* ya usiku, kati ya usiku, Mitternacht.

karibu na (ya) alfajiri*, kurz vor Tagesanbruch (zwiſchen 3 und 4 Uhr).

alfajiri*, uſajiri, die Morgen=

---

[1] Statt mfunguo wa ſpricht man mfungúoa.

[2] Für die Umrechnung der arabiſchen in die chriſtliche Zeitrechnung iſt zu empfehlen: Wüſtenfeld, Vergleichungstabellen der muhamme= baniſchen und chriſtlichen Zeitrechnung. Leipzig 1854, und deren Fort= ſetzung von Mahler, Leipzig 1887.

[3] Der Feſttag der Woche nach muhammebaniſchem Ritus.

[4] Ungefähr 6 Uhr abends. Um dieſe Zeit beginnt der neue Tag (siku).

[5] Das Herauskommen vom Abendgebet.

dämmerung, der Tagesan=
bruch, die Morgenröte.
  alfajiri mkuu, (die große
  M.) gegen 4 Uhr mor=
  gens.
  alfajiri mdogo, (die kleine
  M.) gegen 6 Uhr mor=
  gens.
assubuhi* (seltener usubuhi),
Morgen; morgens.
  assubuhi na mapema,
  früh morgens.
  leo assubuhi, heute morgen.
  mapema, na mapema,
  früh.
mafungulia ng'ombe, das
Herauslassen der Rinder,
die Zeit 8 Uhr morgens.[1]
jua kichwani[2] (w. die Sonne
zu Häupten) Mittag 12 Uhr.
adhdhuhuri* (III.), Mittags=
zeit (12—3).
  auwali adhdhuhuri, die
  Zeit von 12—1 Uhr.
alasiri* (III.), Nachmittag (3
bis 5).
  alasiri kasiri, Spätnach=
  mittag (5—5½).
jioni (III.), Abend.
  kasiri, spät abends.
mchana, der Tag (im Gegen=
satz zur Nacht); am Tage.

mchana na usiku, Tag
und Nacht.[3]
mchana kutwa, den ganzen
Tag.
kunakucha, es wird Tag[4],
es tagt.
kunafanya kweupe, es
wird hell.
usiku, Nacht; nachts.
usiku kucha, die ganze Nacht.
kumekuwa usiku, es ist Nacht
(geworden).
  kunakuwa jiza, es ist
  dunkel.
saa* (III.), Stunde[5], Uhr (Zeit=
maß).
dakika* (III.), Minute.
saa ngapi sasa? wie spät
(wieviel Uhr) ist es jetzt?
  saa ya[6] kwanza u nussu
  (die 1. Stunde und eine
  halbe), 7½ Uhr.
jana, gestern.
  juzi, vorgestern.
leo, heute.
  tangu leo, von heute ab,
  in Zukunft.
kesho, morgen.
  kesho kutwa, übermorgen.
  mtondo, überübermorgen.
sasahivi, marra*, marra
moja, soeben, sogleich, sofort.

---

[1] Man unterscheidet m. ng'. makuu (etwas vor 8) und madogo
(etwas nach 8).

[2] Auch jua kitwani.

[3] Auch kutwa kucha.

[4] anga la mchana, Frühlicht.

[5] Man zählt sie von 6 Uhr abends, sodaß saa kwanza (erste
Stunde) unserm 7 Uhr entspricht.

[6] ya wird in dieser Verbindung jedoch meist ausgelassen oder
zu a verstümmelt.

II. Abschnitt.

Gott, Religion, Kirche.

11. Gott, seine Eigenschaften u. s. w.

muungu (I.), Pl. miungu, Gott.[1]
  mola* (V.), der Herr.
  jabbari* (V.), der Gewal=tige, Starke, Mächtige.
  mwenyiezi*, der Allmäch=tige.[2]
  wahhabu*, der Allgütige.[3]
  mannani, der Allgütige.
amri ya muungu, der Wille Gottes.
muumba, muumbaji, mu-khuluku*, der Schöpfer.
  -umba, -khuluku*, schaf=fen.
isimu* (-ismu IV.), der Name (Gottes).
  bismillāh* (errahmān er-rahīm), im Namen Gottes (des barmherzigen Er=barmers).

mbingu (Sing. uwingu), sa-mawati*, Himmel.
  -a mbinguni, himmlisch.
utakatifu, Heiligkeit.
  mtakatifu, heilig.
-rúzuku*, den Lebensunterhalt schenken (von Gott gesagt).
  ríziki* (III.), Lebensunter-halt.
néema* (III.), wema (VI.), Gnade, Güte.
rehema*(III.), ruhuma*(III.), Barmherzigkeit.
  -wa na rehema, barm-herzig sein.
  -enyi ruhuma, barmherzig.
usamehe*, masamaha*, ghó-fira* (III.), Vergebung.
  -samehe*, -achilia, ver-geben.
malaika* (V.), Engel.

12. Religion, Gottesdienst.

dini* (III.), mambo ya mu-ungu, Religion.
ibada*(III.), Anbetung, Gottes-dienst, Religion.
  -abudu*, -sujudia*, anbeten.

utawa, kitawa, Frömmigkeit.
  -tawa, fromm.
ukosefu wa dini (Mangel an Religion), kutompenda

---

[1] Bei den Muslims auch allah; inshálla(h), so Gott will, hoffent=lich, vielleicht; elhámdilláh (statt elhamdu lilláh), Gott sei Lob = Gott sei Dank.

[2] Auch mwenyi nguvu yote oder mweza vyote; der allmächtige Gott, mwenyi ezi muungu (ezi* = Macht).

[3] Wörtlich: Der Schenkende.

muungu (Gott nicht lieben), Gottlosigkeit.
  si -tawa, -si-o-shika dini, gottlos.
imani* (III.), Glaube.
  mwenyi imani, gläubig.
  -amini*, -saddiki*, glau= ben.   [glauben.
  -aminia muungu, an Gott
  -ungama, -kirri*,bekennen.
ukafiri*, Unglaube.
  kafiri*, Pl. makafiri, Un= gläubiger, ungläubig.
khofu* ya muungu, uchaji wa muungu, kicho cha muungu, Gottesfurcht.
  mcha muungu, gottes= fürchtig.
sala*(III.), dua*(III.), Gebet.[1]
  -omba, -salli*, beten.[2]
korbani* (III.), dhabihu* (III.), Opfer.
  -dhabbihu*, opfern.
nadhiri* (III.), Gelübbe.
  -weka nadhiri, ein Gelübbe thun.
sadaka*(III.), Almosen, Opfer.
  -toa sadaka, Almosen ge= ben, opfern.
mwujiza* (II.), ajabu* (III.), Wunder.
baraka* (III.), Segen.

  -bariki*, segnen.
laana* (V.), Fluch.
  -laani*, verfluchen.[3]
unajisi*, Gotteslästerung.
  mnenea muungu, Gottes= lästerer.
dhambi* (III.), khatiya* (III.), Sünde.
  mwenyi dhambi, Sünder.
  -fanya dhambi, Sünde thun, sündigen.
ukhalifu*, das Zuwiderhan= deln, die Sünde.
  wovu, ubaya, Schlechtig= keit, Bosheit.
  kosa (V.), Fehler, Sünde.
imani ya uwongo, Lügen= glaube, Aberglaube.[4]
  -fanya upuzi, abergläu= bisch sein.[5]
mchawi, Zauberer, Medizin= mann.
  -fanya uchawi, Zauberei treiben.
mnajjimu*, Sterndeuter.
kahini* (V.), Wahrsager.
  -agua, wahrsagen.
pepo mbaya (III.), böser Geist.
jinni* (V.), Dämon, Ginn.
shetani*, iblfs*, iblisi*, Satan, Teufel.[6]

---

[1] Auch saláti (III.).

[2] Zu Gott beten, -mw-omba muungu, -m-sallia muungu; für jn. beten, -mw-ombea mtu, -m-sallia mtu; beten lehren, -sallisha.

[3] -laanisha mtu, Fluch über jn. bringen.

[4] Auch dini ya upuzi (Religion des Unsinns) oder ibada ya kishenzi (heidnische Anbetung).

[5] nämlich -tazama ndege (nach dem Vogelflug sehen), -piga bau (im Brettspiel losen), -vaa hirizi (Amulette tragen), -abudu pepo (Geister anbeten); kiapo (Gottesurteil).

[6] waswās* oder uwaswasi, Einflüsterungen des Teufels (vergl. Koran, Sure 114).

wongofu, Bekehrung.

mwongofu, Bekehrter.

-ongoa, bekehren.

-ongoka, sich bekehren.

toba* (III.), majuto, Reue.

-tubu,* -juta, bereuen.

13. Religionsbekenntnisse.

taifa* (V.), die Religionsge=
meinschaft.[1]

myahudi, der Jude.[2]

-a kiyahudi, jüdisch.

mkafiri*, mshenzi, mjinga,
der Heide.[3]

-a kikafiri, -a kishenzi,
heidnisch.

ushenzi, ukafiri, Heiden=
tum.[4]

sanamu* (III.), Götze(n=
bild).

miungu ya uwongo,
Lügengötter, Götzen.

islám*, is(i)lamu, der Islam.

-a kiislamu, islamisch,
muhammedanisch.

dini ya Muhammadi,
Muhammedanismus.

mwislamu*, muslamu*,
islamu (V.), Muslim.

msikiti* (III.), Moschee.[5]

korani* (III.), Koran.[6]

nabii* (V.), Prophet.

-tabiri*, -bashiri, prophe=
zeien.

unabii*, Prophetentum,
Prophezeiung.

walii* (V.), Heiliger.

hadithi* (III.), Tradition,
Überlieferung.

sunna* (III.), die Sunna.[7]

mmasihiya*, Christ.

-a kimasihiya, christlich.

---

[1] Monotheismus, imani ya muungu mmoja tu; Polytheismus, dini ya kwabudu miungu mingi.

[2] Ibrahímu*, Abraham; Musa*, Moses; Daúdi, David; Sulemáni, Salomo. — Synagoge, kanisa* la kiyahudi. — Beschneidung, tohara* (III.); beschneiden, -tahhiri*. — der Pentateuch, torati*.

[3] Die muhammedanischen, freigeborenen, halbkultivierten Küsten= leute nennen sich selbst wangwana und im Gegensatz dazu die heidnischen, wilden Buschleute: washenzi.

[4] Auch ibadi ya kishenzi, kwabudu sanamu oder miungu ya uwongo.

[5] Auch meskiti, moskiti gesprochen (arab. mésjid).

[6] Mißbräuchlich auch kurnani; msahafu, eine Koranabschrift, ein Koranexemplar.

[7] mwaddini* (mwadhdhini) oder mpiga adana*, Gebetsrufer; -adhdhini, zum Gebet rufen; adana*, Gebetsruf; mnara* (II.), Minaret; alfajiri*, die erste Gebetsstunde (4 Uhr morgens); alasiri*, Nachmittags= gebet (3 Uhr), maghrebi*, magaribi*, Abendgebetsstunde (6 Uhr); msalla*, Gebetsmatte; tesbihi*, Rosenkranz; jenna*, Paradies; äk= hera*, jenseits; sura* (III.), Korankapitel; fátiha*, die erste Sure; -silimu*, Muslim werden; kíh(u)la*, Gebetsrichtung; wudhu*, rituelle Waschung; -tawadhdha*, die rituellen Waschungen verrichten; zaka*, der Zehnte (als religiöse Abgabe).

dini ya kimasihiya, chriſt=
  liche Religion.
kanisa*, Pl. makanisa, Kirche.
madhabahu*, Altar.
kassisi* (V.), padri (V.), Geiſt=
  licher.[1]
kitabu kitakatifu (das heilige
  Buch), die Bibel.
  maandiko matakatifu,
    die heilige Schrift.
  mwagano mpya,⎫ das neue
  agano jipya,   ⎬ Teſta
  maaganomapya,⎭ ment.
  mwagano wa⎫
    kale,   ⎪ das alte
  maagano ya⎬ Teſtament.
    kale,   ⎭
  mlango, bāb* (III.), sura*
    (III.), Kapitel.
  zaburi* (III.), Pſalm.
  injili* (III.), Evangelium.
utatu, Dreieinigkeit.
roho mtakatifu, der heilige
  Geiſt.
mwana wa muungu, Gottes
  Sohn.
Isa Masiya, Jeſus Chriſtus.
  mwana adamu, Menſchen=
    ſohn.
mkombozi, mwokozi, Er=
  löſer.
  -komboa, loskaufen, er=
    löſen.
  wokovu, die Erlöſung,
    das Heil.
  -m-jia muungu, zu Gott
    kommen.
  -okoa, erretten.

  -okoka, errettet werden.
mpatanishi, Mittler.
  ampatanisha   muungu
    nasi, er verſöhnt Gott
    mit uns.
mwombezi, Fürſprecher.[2]
-sallibu*, -sulubu*, -sulibi-
  sha*, kreuzigen.
  sálaba* (III.), Kreuz.
bikira Maryamu, die Jung=
  frau Maria.
mtume, Pl. mitume, Apo=
  ſtel.
mbingu. — motoni, Himmel.
  — Hölle.
  mahali pa adhabu (Ort
    der Strafe), Hölle.
  -ingia motoni, in die Hölle
    kommen.
siku ya mwisho, der jüngſte
  Tag.
kiyama* (III.), Auferſtehung.
  -fufuka, auferweckt werden,
    auferſtehen.
  -fufua, auferwecken.
  ufufuo wa wafu, die Auf=
    erweckung (Auferſtehung)
    der Toten.
hukumu* ya muungu (Got=
  tes Gericht), das jüngſte
  Gericht.
  -hukumia watu kwa ka-
    dri ya kazi zao, die
    Menſchen richten nach
    ihren Werken.
uzima wa milele, maisha*
  ya milele, das ewige
  Leben.

---

[1] askofu (V.), Biſchof.
[2] amekufa kwa dhambi zetu, er ſtarb für unſere Sünden; ame-
tufia sisi, er ſtarb für uns.

milele (III.), Ewigkeit.

-a milele, ewig.

maneno ya muungu, das Wort Gottes.

mafundisho, Lehre.

-fundisha, lehren.

sheria* (III.), das Gesetz.

amri* (III.), Gebot.

maanguko ya dhambi, der Sündenfall.

deni ya dhambi, die Sündenschuld.

ufunuo, ufumbulio, die Offenbarung.

-fumbulia, offenbaren.

-fumbulika, -onekana wazi, offenbart werden.

-dhahiri*, offenbar sein.

-khutubu*, predigen.

khutuba* (III.), Predigt.

khatibu* (V.), Prediger.

III. Abfchnitt.
Welt, Erde, Himmelserfcheinungen, Wetter.

14. Das Weltall, Himmelsgegenden.

ulimwengu[1], dunia* (dunya III.), die Welt, das Welt=
all, die Natur.

samawati* (III. Pl.), Himmel.
-a samawati, himmelblau.

uwingu, leichte Wolfe.
mbingu (Pl. von uwingu), Himmel.

anga (V.), der lichte Himmels=
raum, Licht, Atmofphäre, Luft(raum).
anga la mwezi, Mond=
fchein.
ndege za anga, Luftvögel.

junubi* (III.). — kuzi, der Süden. — Südwind.

kuzini, im Süden, füblich.

mashariki*, der Often.
kunapokucha, wo es tagt, der Morgen, der Often.
mao (maawio) ya jua, Sonnenaufgang, Often.

mag(a)ribi*, mangaribi*, der Weften.
matueo ya jua, Sonnen=
untergang, Weften.

shemali* (III.), der Norden.
kaskazi (III.), Nordwind, Norden.
kaskazini, im (nach, von) Norden, nörblich.

upeo wa macho, Horizont.

15. Die Elemente.

moto (II.), das Feuer.
ulimi wa moto (Feuer=
zunge), mwali, Flamme.[2]
cheche (V.), Funfe.

jifu* (V.), Afche.[3]
kaa la moshi, Ruß.
moshi, Rauch.[4]
-waka, brennen.

---

[1] ulimwengu ift eigentlich das blaue Himmelsgewölbe, das die ganze Welt zu umfaffen fcheint, dann die Welt, befonders im Gegenfaß zu ákhera* (das Jenfeits, die andere Welt), endlich die Summe der Befonderheiten und Sonderbeziehungen der individuellen Exiftenz, „die Kleine Welt" eines jeden (vergl. Steere, Suahili tales, S. 296: akakaa katika ulimwengu wake, und er lebte in feinem Kreife u. f. w.). — -fariki* dunia, die Welt verlaffen = abfcheiden, fterben. — Was wird die Welt fagen, watu watanena nini?

[2] mwako, helles Feuer, Brand.

[3] kijifujifu, afchfarben.

[4] dummi (III.), Rauchfäule; — rauchen (z. B. Schornftein) -fuka moshi, -toka moshi; (Tabaf) -vuta tumbako.

maji (V.), das Wasser.
  maji matamu, frisches
    Wasser.
  maji ya pepo, süßes
    Wasser.
  maji ya baridi, kaltes
    Wasser.
  maji ya moto, heißes
    Wasser.

mvua (III.), Regenwasser.[1]
tone (V.), Tropfen.[2]
povu (V.), Schaum.[3]
nchi (III.), mchanga (II.),
  Erde, Erdboden.
hawa* (III.), hewa* (III.),
  Luft..
  ubadili wa hawa, Luft=
    veränderung.

16. Die Gestirne, Sonne und Mond.

nyota (III.), Stern.[4]
  kimwondo, nyota ya
    kwanguka, Stern=
    schnuppe.
  (nyota ya) zóhora* (III.),
    Morgenstern.
  rihani*, nyota ya maga-
    ribi, Abendstern.
  kilimia, Plejaden.
ukungu, Pl. makungu} Mor=
ukungu wa elfajiri / genröte.
utando, ukungu wa jioni,
  Abendröte, Abendhimmel.
jua (V.), Sonne.
  kengee ya jua, Sonnen=
    scheibe.
  kutu ya jua, Sonnen=
    flecken.[5]
  -cha, -toka, aufgehen.
  -chwa, -tua, untergehen.
  machueo (matueo) ya jua,
    Sonnenuntergang.[6]

  maawio ya jua, Sonnen=
    aufgang.
jua latangamuka (linaangaza),
  die Sonne scheint.
  jua kali sana leo, die
    Sonne ist heute sehr heiß.
  jua lapatwa[7], es ist eine
    Sonnenfinsternis.
mwezi, Mond.
  mwangaza wa mwezi,
    Mondschein, Mondlicht.
  balamwezi, mbaamwezi,
    Mondschein.
  kutu ya mwezi, Flecken
    im Monde.
  uzungo wa mwezi, tum-
    ba la mwezi, Hof um
    den Mond.
mwezi unangala, unaanga-
  (z)a, der Mond scheint.
  mwezi mwandama, Neu=
    mond.

---

[1] Auffangen, -kinga.
[2] kitone, Tröpfchen. — tröpfeln, -tona, -dururika, -nyotanyota.
[3] majimaji, naß, feucht; rátaba* (III.), rutuba* (III.), Nässe,
Feuchtigkeit; funsu (V.), Trübung des Wassers; maji ya tibutibu, trübes
Wasser.
[4] Firstern, thábita, Pl. thawábit; Planet, saiyára, Pl. saiyárát;
Komet, zū zuába, sämtlich rein arabische Ausdrücke, da Suahili-
Bezeichnungen fehlen.
[5] Wörtlich: Rost der Sonne.   [6] kajua, untergehende Sonne.
[7] W. die Sonne wird erreicht, erfaßt.

mwezi kongo, die erste
schmale Sichel.
mwezi mchanga, das erste
Viertel.
mwezi mpevu, mwezi
kamili*, mwezi mduara,
Vollmond.[1]

mwezi unakonda (una-
punguka), der Mond
nimmt ab.
mkokoto wa kondoo wa Is-
mail, njia nyeupe, Milch-
straße.

17. Licht und Finsternis.

anga (V.), mwanga, Licht (als
Leuchtkraft).
mwangaza, Licht (im Gegensatz zur Dunkelheit), Hellig-
keit.
    chumba hiki kina mwan-
    gaza, dies Zimmer hat
    Licht, ist hell.
nuru* (III.), Licht[2] (in beiden Bedeutungen).
    enyi anga (nuru, mwan-
    gaza), hell, leuchtend, er-
    leuchtet, licht.
-angaa, -angaza, -ngala[3], -nu-
    risha, Licht verbreiten, leuch-
    ten, hell sein.
    ungara, (Licht) Glanz.
    -a kungaa, enyi kungara,
    leuchtend, glänzend.
    -angavu, klar (durchsichtig),
    hell.
kunakucha, es wird hell
    (Tag).

mchana, heller Tag.
kumekuwa kweupe, es
    ist hell (Tag).
kunapamba(z)uka, es klärt
    sich auf, es wird hell, es
    tagt.
jiza (V.), giza, Dunkelheit,
    Finsternis.
    -a jiza, -enyi jiza, dunkel,
    finster.
    penyi jiza, ein dunkler
    Ort.
    maneno yako yana jiza,
    deine Worte sind dunkel.
    -tia jizani, verdunkeln.[4]
usiku unakuja (die Nacht
    kommt), es wird dunkel.
mvuli (III.), kivuli, vuli (V.)
uvuli, Schatten.
    -enyi mvuli, schattig.
    penyi mvuli, ein schattiger
    Platz.

18. Die Erde. Allgemeines.

nchi (III.), die Erde, das
Land.

-a dunia hii, irdisch (im
    Gegensatz zur andernWelt).

---

[1] Mondsucht, soda* (III.).
[2] Dagegen ist Licht in der Bedeutung „Kerze" = mshumaa, in
der Bedeutung „Lampe" = taa.
[3] Auch -ngara oder -ngaa.
[4] Z. B. mawingu yanatia jua jizani, die Wolken verdunkeln
die Sonne.

barra (III.), das feste Land,
 Festland, Kontinent, Erdteil.
 barra ya Afrika[1], Afrika.
 barra ya watu weusi, der
  schwarze Erdteil.
 Ulaya, Europa.
 barra Marekani, Amerika.
 barra ya Asia, Asien.

bahari* (III.), Meer, Ozean.
elimu* ya nchi (Wissenschaft
 von der Erde), Geographie.
 taswira* ya nchi, Land=
  karte.[2]
mtetemo wa nchi, tetemo
 la nchi, Erdbeben.

Einige geographische Bezeichnungen in arabischer
Sprache.[3]

kúrat elárd, die Erdkugel, der
 Globus.
elkútb eshshemáli, der Nord=
 pol.
elkúth eljenúbi, der Südpol.
 elkutbēn, die beiden Pole.
khatt elistiwá, der Äquator.
elmíntaka, die Zone.

elmíntakat elmunjámide,
 die kalte Zone.
elmíntakat elhárra, die
 heiße Zone.
elmíntakat elmoatádile,
 die gemäßigte Zone.
ettúl, die (geogr.) Länge.
elárd, die (geogr.) Breite.

19. Das Gebirge.

mlima, kilima, Berg.
 kilima kidogo, Hügel.
nchi ya mpanda, das Hoch=
 land.
 kilele, (Berg=) Gipfel.
 shina (V.), Fuß.
teremuko (V.), Steilhang,
 Abfall, Schlucht, Gebirgs=
 paß, Thal, Flußbett.
 boromoko (V.), Abhang.
bōnde (V.), Thal.

jébali* (jabali, III.), mwamba (im Wasser), jiwe (w.
 Stein), Fels.
 ngurunga, großer Fels.
 tumbawe (V.), genge (V.),
  Korallenfels.
-chongoka, steil, abschüssig sein.
 -kweleka, ersteigbar sein.
shimo (V.), Abgrund.
 pango (V.), mvungu (II.),
  Höhle.

---

[1] Afrikaner, mtu wa Afrika; afrikanisch, -a Afrika; Europäer,
mzungu; europäisch, -a Ulaya, -a kizungu; amerikanisch, -a kimarekani;
asiatisch, -a Asia.

[2] Krapf (A Dictionary of the Swahili Language) giebt auch
rakhmani.

[3] Im Suahili fehlt ein entsprechender Ausdruck.

20. Meer, Seen, stehendes Wasser.

bahari* (III.), das Meer.

maji kujaa na kupwa, die Gezeiten.

  maji yanajaa. es ist Flut.[1]

  maji yanakupwa, es ist Ebbe.[2]

  maji yanaanza kujaa, die Flut kommt.

  maji yakijaa, bei Flutzeit.

ziwa (la maji), Pl. maziwa, (Binnen)see, Teich.

mkondo (II.), mto (II.), die Strömung.

wimbi, Pl. mawimbi, Welle, Woge.

  mawimbi ya mkoba, Dünung.

  wimbi lenyi povu, wimbi la kuumka, Brecher, Brandung.[3]

  viwimbi, kleine Wellen, Kräuselwellen.

mwamba (II.), kiamba, Klippe, Riff.

fungu (V.), Sandbank.

  kiraka*, makupa, Untiefe.

bahari kuu, umbu la maji, die hohe See.

pwani (von pwa, das seichte Wasser am Strande), Küste, Ufer, Gestade, Strand.

  ng'ambo (III.), das andere Ufer von Flüssen.

  ufuo, mfuo, der weiße Sand am Strande.

ghubba* (V.), Meerbusen, Golf, Bucht, Bai.

kilango cha bahari, enge Durchfahrt, Meerenge.

  mto wa bahari, Meeresarm.

  hori (III.), schmaler Meeresarm.

  tao la bahari, Kriek, kleiner Meeresarm.

ukopwe, Pl. kopwe, Kanal.

rās* (III.), rasi* (III.), Vorgebirge, Kap.

kisiwa, Insel.

tope, Pl. matope, Sumpf, Pfuhl, Moor.

  kinamassi, Sumpfland, Moorboden.

wangwa, Pl. nyangwa, Lagune (auch Wüste).

21. Fließendes Wasser.

jito (V.), mfo (II.), Strom.

mto (II.), Fluß.

  kijito, Bach.

jicho la maji, chémchem*, Quelle.

teremuko (V.), Bett.

kizingo (-zingo), Windung, Krümmung.

panda, Gabelung.

kanwa, mlango, Mündung.

---

[1] Springflut, maji makuu, bamvua (III.); Nippflut, maji mafu, maji ya kimbuyu.

[2] Felsen und Sandbänke, die bei Ebbe trocken fallen, heißen kipwa, zurückbleibende Lachen kidimbwi.

[3] -chachuka, branden.

ng'ambo (III.), ng'ambo ya pili, das jenseitige Ufer.

  ng'ambo ya hapa, das diesseitige Ufer.

  kando, Ufer.

  kandokando ya, längs, entlang.

kivuko, Furt, Überfahrt=stelle.

  -vuka mto, überschreiten, passieren.

  -vukika, überschreitbar sein.

-furunga maji, das Wasser durchwaten.

mchilizi wa maji, boromoko la mto, Wasserfall.

ghárika*, mafuriko ya maji, Überschwemmung.

  -ghariki*, überschwemmt werden.

  -gharikisha*, überschwem=men.

  -tawanyika, -mwagika, -furika, austreten, sich ergießen.[1]

22. Die Ebene. Verschiedenes.

(nchi ya) tambarare, uwanja, Ebene.

  mahali kitelele, offener Platz.

wangwa (VI., Pl. nyangwa), jangwa (V.), (Sand)wüste, große Wüste.

unyika, nyika (V.), Einöde, Wüste, Steppe, Wildnis.

pori (III. ob. V.), Grassteppe mit spärlichem Baumwuchs.

kiwala, kiwara, kahle Salz=steppe.

mwitu (seltener msitu), Wald, Forst.

  kisháka, ki(ji)mwitu, ki-situ, Wäldchen, Gebüsch.

  kiguta, Hain.

  utengwa wa barra, weu[2], Lichtung.

  makoko, Dickicht, Busch.

  magugu, Unterholz.

23. Das Wetter.

tabia* ya nchi (w. die Natur des Landes), Klima.

hawa* (III.), Luft, Wetter.

kumekuwaje, kweupe ao kumefanya mawingu? Was für Wetter ist es? Ist es hell oder bewölkt?

  kweupe, es ist schönes Wetter.

pembe za mwaka, die Jahres=zeiten.

  kaskazi, die Zeit des Nord=ostmonsuns (Dezember bis Februar).

  kusi, die Zeit des Südost=monsuns (April bis Okt.).

  musimi*, die heiße Zeit, Sommer.[3]

---

[1] maji yametawanyika katika nchi yote, das Wasser hat das ganze Land überschwemmt.

[2] Pl. nyeu.

[3] Zur Zeit des Nordostmonsuns.

masika, die große Regen=
zeit.[1]

mvuli, mvua ya mvuli,
die kleine Regenzeit.[2]

kipupwe, die kalte Zeit.[3]

tanga mbili, malelezi, die
Zeit wechselnder Winde im
März.

demani, die Zeit wechseln=
der Winde im August bis
November.

nyakati nne za mwaka, vi-
pindi vinne vya mwaka,
die vier Jahreszeiten.

upepo (Pl. pepo), pepo (III.),
Wind.[4]

mvuto wa pepo, Wind=
richtung.

nguvu ya pepo, Wind=
stärke.

mpepea (II.), Windzug,
Zug.

zunguzungu (III.), kiny-
amkera, Wirbelwind.

pepo za barra (nchi),
umande, Landwind.

-vuma, wehen.

shwari (III.), Windstille.

-ja (kommen), sich erheben.

-tulia, sich legen.

-geuka, -zunguka, sich
drehen.

pepo inavuma, kuna pepo,
es ist windig.

upepo mkali sana, es ist
sehr windig.

kaskazi (III.), Nord(ost)wind.

matlai* (III.), Ostwind.

kipupwe, pepo za kipupwe,
kalter Ostwind.

papazi (Pl. VI.), matlai-
kusi, Südostwind.

kusi (III.), Südwind.

mwana-shanga (I.), Nord=
(west)wind.

dháruba* (III.), tufani* (III.),
Sturm.

tutapata dháruba, wir
werden einen Sturm be=
kommen.

dháruba imekuwa kali
sana, der Sturm war
sehr stark.

itakuja tufani, es wird
ein Gewitter kommen.

wingu, Pl. mawingu, Wolke.

kuna mawingu, es ist be=
wölkt.

ghubari* (V.), Regenwolke.

kiwingu, (kleine) Wolke.[5]

radi* (III.), Blitz(schlag), Don=
ner (nahe).

inapiga radi, es blitzt.

umeme (VI.), Blitz(schein).

mngurumo (II.), ngurumo,
Donner[6] (ferner).

-nguruma, donnern.

kuna ngurumo tu, es
donnert nur.

mvua (III.), Regen.

-nya, regnen.

---

[1] März—Mai, im Norden später.
[2] Juni—August.
[3] Im Oktober und November.
[4] Auch baridi (eigentlich Kälte).
[5] Z. B. von Staub, Dampf u. dgl.
[6] Seltener mtutumo oder mtitimo.

itakuja mvua, es wird regnen.

manyunyu, Regenschauer.[1]

kianga cha jua, klares Wetter nach dem Regen.

-pamba(z)uka, sich aufklären.

-anuka, zu regnen aufhören.

upindi wa mvua, Regenbogen.[2]

mvua ya mawe, Hagel.

inakunya mvua ya mawe, es hagelt.

ukungu, kungu (III.), Nebel.

makungu, dichter Nebel.

umande, Früh= oder Abendnebel, Tau.

kuna kungu leo, es ist heute nebelig.

jua limeitawanya kungu, die Sonne hat den Nebel zerteilt.

mvua ya unga (w. Mehlregen), thelji* (III.), theluji* (III.), Schnee.

inakunya thelji, es schneit.

barafu* (III.), Eis.

-gandana, -gandamana, gefrieren.

-yeyuka, schmelzen (intr.).

baridi* (III.), Kälte, Frost.

kuna baridi, es ist kalt.

nina baridi, mich friert.

-tetema kwa baridi, vor Frost zittern.

harara* (III.), harri* (III.), Hitze, Wärme.

nina harri, mir ist warm.

kipimo cha harri, Thermometer.

ukavu, uyabisi*, Trockenheit.

-kavu, trocken.

-kauka, trocknen (intr.), trocken werden.

-kausha, trocknen (tr.).

---

[1] nyonyota la mvua, mvua ya rasharasha, rasharasha la mvua, urasharasha, Sprühregen.

[2] Auch kisiki cha mvua.

IV. Abschnitt.
Die Naturreiche.

24. Das Tierreich. Säugetiere.

nyama (III.), seltener haya-
wani* (III.), das Tier.[1]

nyama ya mwitu (Tier
des Waldes), wildes
Tier.

nyama ya nyumbani,
Haustiere.

mfugo (II.), gezähmtes
Tier.[2]

dume (V.), ndume (III.),
mume (I.), fahali* (V.),
Männchen.[3]

jike (V.), Weibchen.

kö (V.), Muttertier.[4]

mtamba, junges weibliches
Tier, das noch nicht ge-
boren hat.[5]

ndama (III.), Junges.

maksái* (III.), verschnit-
tenes Tier.[6]

ngozi (III.), Haut, Fell.

(u)nywele, manyoya,
Haare.

ngozi ya manyoya, Pelz.

madoadoa, gefleckt.

mlia (II.), Streifen.

waa (V.), kiwaa, do (V.),
Flecken.

marakaraka, große Flecken.

mkia, Schwanz, Schweif.

Vierhänder.

kima (III.), schwarze Meer-
katze, auch für Affe im allgemeinen gebräuchlich.

tumbili (III.), lichte Meer-
katze.[7]

mbega (III.), Colobus
palliatus.[8]

nyani (III.), Pavian, Ba-
buin, Hundskopfaffe.

ngedere (III.), kleiner
schwarzer Affe.

komba (III.), Galago,
Nachtaffe.

---

[1] Auch das Fleisch; nyamafu, ein Tierkadaver.

[2] Auch nyama ya kufuga; zähmen, -fuga; zähmbar sein, -fugika.

[3] Von Rindern, Schafen, Ziegen, Pferden auch korobesa (V.).

[4] Z. B. ko la ng'ombe, ko la mbuzi, ko la kuku = Mutter-
kuh, Mutterziege, legende Henne.

[5] Z. B. mtamba wa ng'ombe, Färse; dieselbe Bedeutung hat
mfarika, das aber veraltet ist.

[6] Z. B. ndama ya ng'ombe, Kalb; ndama ya mbuzi, Zicklein;
ndama ya kondoo, Lamm. — Bei manchen Tieren (z. B. Löwe,
Pferd, Hund) ist kinda (V.) gebräuchlich.

[7] Grün mit hellblauem Bauch.

[8] Schwarz mit weißem Haar an Schulter und Schwanz.

Handflatterer.

popo (III.), Pl. popo und mapopo; kipopo, Fledermaus.

Raubtiere.

sunje (sange), kirukanya, Spitzmaus.
kanu, Marder.
fungo (V.), Zibethkatze.
  ngawa (III.), eine hellere Art.
  zábadi* (III.), miski* Zibeth, Moschus.
  -zabbidi*, der Katze das Zibeth entnehmen.
kidete, Wiesel.
mbwa (III.), Hund.[1]
  -lia, bellen.
  -uma, beißen.
  -tikisa[2] mkia, mit dem Schwanze wedeln.
  mbwa dume, Rüde.
  mbwa jike, Hündin.
mbwa (wa) mwitu, Schakal.
  nguruvu (III.), Art mit buschigem Schwanz.
  mbwa (wa) koko, verwilderter Hund.
mbweha (III.), Fuchs, Schakal.

nyegere (III.), kinyegere, Dachs, Honigdachs.
perere (III.), Klippschiefer.
fisi (III.), Hyäne (gestreift).
  kingubwa, gefleckte Hyäne.
paka (III.), Katze.
  dume la paka, paka dume, shume (V.), Kater.
  paka jike, weibl. Katze.
  -lia nyau nyau, miauen.
  -kuna, -paruza, kratzen.
gala (V.), wilde Katze.
chui (III.), Leopard.
  chui kimango[3], ausgewachsener L.
simba (III.), Löwe.
  ngurumo (III.), Brüllen, Gebrüll.
  -nguruma, brüllen.
  ukucha (Pl. kucha), Klaue.
  shungi (V.), Mähne.
  kinda la simba, junger Löwe.
dubbu*, Bär.

Nagetiere.

nungu (III.), Stachelschwein.
sungura[4] (III.), kitungule, Hase, Kaninchen.
  kititi, Kaninchen.
  kisungura, Häschen.

panya (III.), Ratte.
  buku (V.), große Hamsterratte.
  panya miski, Moschusratte.

---

[1] Jagdhund, mbwa wa kusaka; jibwa, großer Hund; kijibwa, Hündchen.

[2] Auch -sukasuka, -tupia mkia.

[3] Pl. chui vimango.

[4] Das schlaue Tier der Suahili-Fabeln, unserem Reineke Fuchs entsprechend.

ndezi (III.), Rohrratte.
panya mdogo, Maus.
muhanga (I.), Erdferkel.
-tefua (-tibua) utope, im
Schlamm wühlen.

mchiro (I.), nguchiro (III.),
Manguſte, Zebramanguſte.
cheche (III.), braune Manguſte.

Dickhäuter oder Vielhufer.

tembo (III.), ndofu (III.),
Elefant.
mwiro (II.) (wa ndofu),
Rüſſel.[1]
pembe (III.), Elefanten-
zahn, Elfenbein.
kifaru, faru (V.), Nashorn.
pusa (V.), das Horn des
Nashorn.
kiboko, boko (V.), Flußpferd,
Nilpferd.

jivi, gwaze, nguruwe-mwitu,
Wildſchwein.
nguruwe (III.), nguuwe,
Schwein.
jike la nguruwe, nguru-
we jike, Sau.
nywele za nguruwe,
Schweinsborſten.
-lia, grunzen.
ngiri (III.), mbango (III.),
Warzenſchwein.

Einhufer.

f(a)rasi* (V.), Pferd.
-lia, wiehern.
kwata (V.), Huf.[2]
shungi (V.), Mähne.
singa za mkia, Schwanz-
haar.
dume la frasi, farasi
mume, Hengſt.

jike la frasi, Stute.
kinda la frasi, Fohlen.
punda (III.), Eſel.
(punda) kiongwe, Galla-
eſel.
punda milia, Zebra.
baghala* (III.), nyumbu
(III.), Mauleſel.

Wiederkäuer.

nyumbu (III.), Gnu.
dondoro (III.), Springbock-
Antilope.
kuro (III.), Waſſerbock.
kuguni (III.), Hartebeeſt.
pofu (III.), Elen-Antilope.
shikiro, sikiro (III.),
Kudbu.
tohe (III.), Sumpfantilope.

paa (III.), Moſchusanti-
lope.
swala (III.), Gazelle,
Grants, Antilope.
kongoni (III.), Kaphirſch.[3]
ngamia* (III.), Kamel.
mgongo, Höcker.
twiga (III.), Giraffe.
mbuzi (III.), Ziege.

---

[1] Auch mkono wa ndofu.

[2] Kleiner Huf, ukwata; ausſchlagen, -piga makwata, -piga teke.

[3] Andere Antilopenarten ſind z. B. bara (auch mbala, bawara, mbawala), funo, kulungu, palahala, kungu, malu, shambi u. ſ. w.

buzi (V.), große Ziege.
beberu (III.), Ziegenbock.
kŏ la mbuzi, Mutter=
ziege.
kiwele, maziwa (Pl. V.),
Euter.
ndama ya mbuzi, Zick=
lein.
toi (III.), wilde Ziege.
kondoo (III.), Schaf, Hammel.
kikondoo, Schäfchen,
Lamm.
kŏ la kondoo, Mutter=
schaf.
dume la kondoo, kondoo
dume, Widder.
ndama ya kondoo, mwa-
na (wa) kondoo, Lamm.
manyoya, Wolle.[1]

ng'ombe (III.), Rind.
ng'ombe ndume, fahali*
(V.), Stier, Bulle.
zao la ng'ombe, junger
Stier.
(ng'ombe) maksái, mak-
sái wa ng'ombe, Ochs.
ng'ombe jike (oder mke),
Kuh.
mtamba (wa ng'ombe),
mori (III.) ya ng'ombe,
junge Kuh, Färse.
ndama (ya ng'ombe),
Kalb.
goa (V.), mgoa (wa ng'-
ombe), Wamme.
pembe (III.), Horn.
kiwele, wele (V.), Euter.
nyati (III.), Büffel.

Wale.

ngumi (III.), mgumi (II.),
mnyangumi (II.), Walfisch.

gulegule (III.), Delphin.
sansuri, Narval, Schwertfisch.

25. Vögel.

ndege (III.), Vogel.
mdomo (II.), domo (V.),
Schnabel.
firi(n)gisi (III.), kibofu,
Kropf.
bawa (V.), Flügel.[2]
ubawa, Pl. mbawa, unyoya,
Pl. nyoya, nyoya (V.),
Feder.[3]
-ruka, fliegen.
-papatika, flattern.
-puruka, fortfliegen.

tundu, Pl. tundu und ma-
tundu, Nest.
nyumba ya ndege, Vogel=
nest.
kioto (kiota), Nest (am
Boden), Legeplatz.
yái (V., weniger gut yayi),
Ei.
ganda la yai, Eierschale.[4]
ute wa yai, Eiweiß.
kiini cha yai, Eigelb.
-zaa mayai, Eier legen.

---

[1] Handelswolle, Wollstoff, sufi* (III.).
[2] Flügelknochen, ubambo (Pl. mbambo).
[3] mleli (II.), Schwanzfeder.
[4] Die leere Schale, kăkă (V.).

-atamia, brüten.

-atamisha, brüten laſſen, Eier unterlegen.

kozi (auch kosi, V.), Adler.
  kwazi (V.), Seeadler.

tai (III.), Geier.[1]

kipanga, panga, Falk.

mwewe (II.), Gabelweihe[2] (falco milvus, milvus parasiticus).

bundi (III.), Eule.
  baba wa waana, eine Eulenart.[3]

gogota, kigogota, Specht.

kas(u)ku (III.), (grauer) Papagei (psittacus erythacus), kwaru[4], grüner Sittich (pionias fuscicapillus).
  gongonda der (grüne) Kakabu (corythax Livingstonii).

kitwitwi, Bachstelze (dryoscopus thamnophilus).

kunguru (III.), Rabe, Krähe (corvus scapulatus).

njiwa (III.), Taube.
  njiwa Manga, Haustaube.
  njiwa ya mwitu, wilde Taube.
  hua, Pl. hua und mahua, Turteltaube (turtur semitorquatus).

ninga (III.), grüne Papageitaube.

mwigo, Pl. waigo, große schwarze Art mit weißem Hals und rotem Schnabel.

pugi (III.), im Momb. kipure, Zwergtaube(chalchopeleia afra).[5]

kwale (kware,III.), Rebhuhn.[6]
  kering'ende (III.), rotfüßiges Rebhuhn (francolinus Granti).

tausi* (III.), Pfau.

kuku (III.), Haushuhn, Geflügel, Henne.
  jogoo (V.), jimbi (V.), Hahn.[7]
  tembe (III.), Henne (die noch nicht gelegt hat).
  ko (V.) la kuku, Bruthenne, Legehenne.

faranga (V.), junges Huhn.

kifaranga (cha kuku), Küchlein.
  -pekua, -takura, scharren.
  -tetea, gackern.

mbuni (III.), buni (III.), Strauß.

---

[1] Andere Raubvögel ſind z. B. furukombe, kipungu, pungu (V.), koho u. ſ. w.

[2] In Lamu kengewa.

[3] Eine graue Art heißt kunguyu.

[4] Im Mombasdialekt kwenzi oder kibibi.

[5] Andere Arten ſind: pugi wa nyika oder pugi upembe = peristera tympanistria; tetere oder teteri (turtur capricola); fukwa; tipitipi, in Momb. gude (centropus superciliosus).

[6] Der Name bezeichnet mehrere Arten, beſonders pternistes infuscatus.

[7] undu, Pl. nyundu, Hahnenkamm (auch kilemba cha jogoo, ujimbi oder mlole); pembe (III.), kipi(a), Hahnensporn; -wika, -lia, krähen; pora (V.), kipora, junger Hahn, der noch nicht kräht.

korongo (III.), ndege ya pwani, Kranich[1], Reiher, Storch.

kwarara, Jbis.

batta* (V.), Ente.

batta dume, Enterich.

batta la Bukini, Gans.[2]

batta (la) mzinga, Trut=hahn.

chuchungi (III.), batta ziwa, Möve.

kanga (III.), Perlhuhn (numida mitrata).

kororo(V.), Geierperlhuhn, geschopftes Perlhuhn (numida cristata).

kondekonde, Bienenfresser (merops philippensis).

ndege ya kibanyani, symplectes Kerstenii, euplectes flammiceps.[3]

tomboro[4], Wachtel (turnix lepurana).

sululu (III.) oder sururu (in Lamu mbilingii), Strand=

läufer (numenius phacopus).

kipila, Strandläufer, Regenpfeifer.

zawaridi(III.), mauru, Reis=vogel, Javasperling.

barawái (III.), kigumba-mshare, Schwalbe.[5]

hajawa, Pelikan.

kakatua, indischer Kakadu, indischer Sittich.

kijogoo wa shamba, Wiede=hopf.

kwembe, kwembekwembe, Nashornvogel (bucerus melanoleucus).

mdiria, Eisvogel (alcedo).

mkata-sanga, ugawa, wayo, Ziegenmelker(caprimulgus).

nakhoza (w. Kapitän), Kor=moran.

nyamkuta, Marabu (leptoptilos crumenifer).

yangeyange, Reiher.[6]

---

[1] In Momb. koikoi (goigoi).

[2] W. Madagaskar=Ente.

[3] In Momb. mbaruwai, in Lamu mbayuwayu (III.), im Kim=rima cheche.

[4] Auch banyani mkubwa genannt; banyani mdogo ist euplectes nigriseatris.

[5] Krapf giebt tombo und tombokoro.

[6] Andere Vogelarten sind: mbalawala (Momb. bilawala), boyabo (Momb. Lamu), chigi, cherika, chiriku (crithagra butyracea), chimbule, chokoe (Kibitz?), chore (pycnonotus nigricans), chore-wanda (passer Swainsoni), chozi oder chozi-katembo (nectarinia gutturalis), chozi-mhogo (nectarinia collaris), chupi, chuni (langbeiniger Wasser=vogel), delekatwi (Singvogel), deredere (klein, grau), dira, fumbwe (Kimr.), furuili (Fam. macrodactyli), gaugau, hadiye (Momb.), hohihudi (bei Sacleur mit der Angabe „Arabisch", = kijogoo wa shamba, etwa hudihudi, vom arab. hudhud, Wiedehopf??), hondo-hondo (buceros pholidophalus?), horohoro, katala (= tumbuzi), ki-bundi-matua (eine Eulenart, Momb.), kidoso oder kidoshe (cisticola), kilele (ein Geier), kiloti, kimburu, kimngu (Momb. Lam.), kinan-gunangu, kibuyo (Lam.), kijuni-bara (Lam.), kipururu (kimngu

26. Fische, Amphibien, Reptilien u. dergl.

samaki* (III.), Fisch.

  pesi (V.), chapa (IV.), Flosse.

  kibawa, Seitenflosse.

  mamba (III.), gamba (V.), Schuppe.

  mwiba wa samaki, Gräte.

  mbegu ya samaki, Fisch-rogen.

mkunga (II.), Aal.[1]

papa (III.), Haifisch.[2]

panzi (V.) la bahari, fliegen-der Fisch.

pomboo (V.), Schweinsfisch.

nguru (III.), Seebarbe.[3]

kasa, Pl. kasa und makasa, dufi (III.), Seeschildkröte.

  kobe, Pl. kobe und ma-

Kimr.), kironge (Momb.), kirobo (Kimr.), kiropo, kishaka-mwinyi (Mal.), kisuji (Mal.), kitiati (Momb. kitorondo), kitiati-majasi (Momb.), kitirihanga (Momb.), kitiriri (Momb.), kitozi (Momb., Lam. = chozi), kitema (kleiner Falk), kitorondo (ein Prachtfink?), kiwinga-ndembo (Kimr.), kongo-mile (Lam., Ibis?), kongota (Kimr. = gogota?), koti (Lam. hyphantornis), kozi-mwamba (Lam. mlamba), kukui (Lam. = mdondoa-kupa), kuku-ziwa, kula-stara (Seevogel), kurukuru (corythaix), kurumbizi (oder . . . iza, ein Singvogel), kuzi (Momb.), kwamba oder kwamba-kwamba (enrystomus afer), kwanya, kwete (V.), kwikwi (Momb.), lwanga, makame (Momb.), mauru (amandia oryzivora), mbango (mit großem Hakenschnabel), mbera (Mal.), mbwewe (Momb.), mjumburu (colius leucotis), mdondoa-kupa (buphaga?), membe, miko (Lam. platalea), mkatala-tumbuzi, mlamba (dicrurus fugax), mlembe (Momb., indicator), mnana (andropodus flavescens? hyphanthornis aureoflavus?), mnandi (Seevogel), msala (Mal.), msekuku = mjumburu, msenge (Mal.), msese (vidua), msumari (Lam., tantalus ibis), msumari-gomba (Lam., mycteria senegalensis), mumbi (bucorax abyssinicus), mwana wa iya (Lam., dendrocygna viduata), mwazi (anthropoides virgo), mwazi-gongo = banyani mdogo, mwigo, mzingwi oder mzengwe (scopus umbretta), nala (Mal.), ndege wa asali = mlembe, ndiwa-mwitu (Mom. = hua), njara-mgusi (Pangani tai), ndowerowe, ndorowero (Seevogel), ngandi (Mom.), ngego-mea (irrisor erythrorynchus), nguo (meristes olivaceus), nomvi, nyanda (Mom.), nyangenyange (= mdondoa-kupa), panjapanja (Kimr.), pitipiti (Lam. = tipitipi), pomboo (Kimr. = tomboro), rui (V., Kimr.), ghurabu* (Lam. = kunguru), saambembe, salawati (Mal.), shakwe (Seevogel), sheshere (V.), shingo-nyoka (Lam.), shomoro (V., Mom.), shongwe (Lam., pentheria axillaris?), shudu (V., Momb.), shore (muscicapa), shukuku (Mom.), shura (Lam.), simba-rongwe (Lam., merops nubicus), teleka-tui (Mom. = chore), tendawala, tengenya, thathu (Art Dohle), tongo oder tongwa (spermestes), tongo-kanga (spermestes rufodorsalis), tongo-pofu (spermestes cucullata), tongo-simba (amaurestes fringilloides), tumbuzi (großer Geier), wamkatara (= tumbuzi), yunduyundu (Lam. = tipitipi).

[1] Die Arten mkunga swi und mkunga mbono werden gegessen, mkunga brahim und mkunga shokole dagegen nicht.

[2] papa pinguzi, Hammerfisch; papa upanga, Sägefisch.

[3] Weitere Fischnamen giebt Sacleux s. v. poisson.

kobe, kikui, Pl. kikui
und makikui, kiu (V.),
Landschildkröte.
ng'amba (III.), Karret=
Schildkröte.[1]
mjusi (II.), Eidechse[2] (die ge=
wöhnliche graue).
kenge (III.), mburukenge, Le=
guan[3] (varanus niloticus).
kinyonga, kigeugeu (lumb-
wi), Chamäleon.
mamba (III.), Krokodil.
nyoka (III.), Schlange.
   joka (V.), große Schlange.
   -piga mapindi, sich win=
   den.
   -uma, -beißen.
   uchungu, Gift.
chatu (III.), Python, Riesen=
schlange.[4]
chura (IV.), Frosch, Kröte.
mkamba (II.), dokozi (V.),
Hummer.
kamba (III.), Krebs, Languste,
Garnele.[5]

meno ya kamba, Krebs=
schere.
kaa, Pl. kaa und makaa,
Krabbe.
   chago (III.), ngadu (III.),
   Landkrabbe.
   mwanamizi(I.),Einsiedler=
   krabbe.
   kaa (III.) makoko, kleine
   Schlammkrabbe.[6]
   gando (V.), Schere der
   Krabbe.
konokono, Pl. konokono und
makonokono, Muschel (ein=
klappig).
   kombe ya pwani, Muschel
   (zweiklappig).[7]
chaza (III.), Auster.
   kome (V.), Perlauster.[8]
ngisi, kimwaga wino, Tinten=
fisch.[9]
kiti cha pweza, Seestern.
marijani* (III.), rote Korallen.
genge (V.), weiße Korallen.

---

[1] Liefert Schildpatt (ng'amba); die Schale, gome (V.), nyumba (III.), galili (V.).

[2] Man unterscheidet: mjusi islám (oder gorogondo, gorogondwa, mjomba-kaka) und mjusi-kafiri.

[3] Andere Eidechsenarten: kiuma mbuzi (eumoeces afer), guruguru (gerrhosaurus major) u. s. w.

[4] Schlangenarten: dili, fia (Art Spuckschlange), fundarere (V.), kibawa cha kanga (von der Farbe des Perlhuhns), kikwili, kundamanzi (weiß, kurz, dick), kwili, mkoko, momo (giftig), mtemazanje, pili, ukukwi u. s. w. Vergl. auch Sacleux s. v. serpent.

[5] Mit nur einer Schere.

[6] fufu (V.), Schale.

[7] mgó, großer Taschenkrebs.

[8] Die Perle, lulu* (V.), ushanga.

[9] Die Tinte desselben, wino wa ngisi; Fangarme, minyoo (Pl. II.), minyiri (Pl. II.).

27. Gliedertiere.

dudu* (V.), mdudu (I.), In=
  ſekt, Käfer, Wurm.
inzi, Pl. mainzi; nzi, Pl.
  manzi, Fliege.
  -vuma, ſummen.
  bunzi (V.), Stechfliege.
  usubi (VI.), Sandfliege,
  Mücke.
  chafua (III.), kipanga,
  giftige Pferdefliege.
nyuki (III.), Biene.[1]
  asali* ya nyuki, Honig.[2]
  mzinga wa nyuki, Bienen=
  ſtock.
  pumba la nyuki, kundi
  la nyuki, Bienenſchwarm.
  mfi (II.), ufi (Pl. nyufi),
  Stachel.
  -uma, ſtechen.
nyiga (V.), duduvule, Hor=
  niſſe.
pänge (III.), Bremſe.
mbu (III.) = imbu, Moskito.
kipepeo, Schmetterling.
  kiwavi, Raupe.
  nöndo (IV.), Motte.
panzi (V.), Grashüpfer.
kering'ende (III.), Grille,
  Heimchen, Libelle.[3]
nzige (III.), nyoye (III.), ba-
  rare (III.), Heuſchrecke.

papasi (III.), Holzbock, Zecke.
  kupa (III.), Rinderzecke.
mende (III.), Schwabe, Kaker=
  lake.
chungu (III.), Ameiſe[4]
  (ſchwarze).
  mchwa (II. oder III.),
  weiße Ameiſe, Termite.[5]
  maji ya moto, rotgelbe
  Ameiſe.[6]
  siafu (III.), braune (Wan=
  der)=Ameiſe.
  kumbikumbi (III.),
  Ameiſe im geflügelten
  Stadium.
boroshoa, (eine Art) Miſt=
  käfer.
kiroboto, Floh.
kunguni (III.), Wanze.
chawa (III.), Laus.
kimetimeti, kimurimuri,
  Leuchtkäfer.
kimungu, Kornwurm.
serdado, Holzwurm.
buibui (III.), Spinne.[7]
  tando la buibui, utando
  wa buibui, Spinngewebe.
nge (III.), Skorpion.
jongoo (V.), Tauſendfuß.[8]
  tändu (III.), Hundert=
  fuß.

---

[1] mbembe (I.), wilde Biene.
[2] Wabe, kamba (V.); Wachs, nta (III.).
[3] panzi simba, eine ſehr gefräßige, flügelloſe Heuſchrecke (pam-
phagus atrox). — Das Heimchen iſt auch chenene (IV.).
[4] chungu ufundo, ſehr große, ſchwarze und übelriechende A.;
sungusungu (III.), große, ſchwarze A.; sisimizi (III.), kleine ſchwarze A.
[5] Ameiſenhügel, kisugulu.
[6] Meiſt auf Bäumen.
[7] Auch kitungule.
[8] jongoo la pwani, Seewalze (ein wurmförmiges Strandtier).

chango (III.), mchango (II.), mnyoo (II.), nyungunyungu (III.), Wurm.[1]
buu (V.), funza (III.), Made.

tegu, mnio (I.), Bandwurm.
mruba (II.), Blutegel.
koa, Pl. koa und makoa, konokono, Schnecke.[2]

28. Das Pflanzenreich. Allgemeines.

miti na majani (Bäume und Gras), Pflanzen.[3]
-panda, pflanzen.
mpando (II.), mapando, das Pflanzen.
shina (V.), mzizi (II.), Wurzel, Baumstumpf.[4]
mzi (II.), Wurzelfaser.
chipukizi (III. oder V.), uchipuko, Wurzelschößling.
gogo (V.), siki (V.), kisiki, Baumstamm (besonders gefällter, ein Stumpf).
tanzu (V.), kono (V.), starker Ast.
utanzu, mittelstarker Ast.
kitanzu (kijitanzu), schwacher Ast.
tawi (V.), Ast, Zweig.
kitawi, kleiner Zweig.
panda (III.), Gabelung von Ästen.
kilele, Wipfel, Gipfel.

gome (V., harte); ganda (V., weiche), Rinde.[5]
mti (II.), a) Baum, b) Holz.
mti mbichi, grünes Holz.
mti mkavu, trocknes Holz.
kuni (Pl. VI.), Brennholz.
ugale, Splint.
pindi ya mti, Jahresring.
kiini cha mti, Mark.
jani (V.), Blatt.[6]
jicho, Pl. macho, Auge, Sproß.
tumba (III.), Knospe, Auge.
mche (II.), Ableger, Steckling, Sämling, Pflänzling.
ua, Pl. maua, Blüte, Blume.
-toa maua, -fanya maua, -chanua (maua), blühen[7] (von der Pflanze).
tumba ya ua, Blütenknospe, Blumenknospe.
kijiti, Bäumchen, Busch, Strauch.

---

[1] Würmerarten: kitewatewa (klein, dünn), kitewe, umbaumbi.

[2] Andere Insektenarten sind z. B. fundajungu (V., Art mantis religiosa?), jaŝi (brennt auf der Haut), kifamfani (stinkt), kifanongo (Käfer, der sich bei Berührung tot stellt), kitema kuni, komba miko u. s. w.

[3] Schlingpflanzen, miti mikwezi, miti ya kutambaa.

[4] In letzterer Bedeutung auch jiti (V.), mgolosa.

[5] Abschälen, -ambua, -puna.

[6] Der Banane, gomba; der Kokospalme, kuti (V.). — Abfallen, -pukutika; verwelken, -pooza; abwerfen (vom Baum gesagt), -pukusa.

[7] Von Cerealien: -chanua, -pasua, -fum(b)ua; (bildlich) -sitawi*.

ukono, Ranke.
  bugu (V.), Ranke, Liane.
  ubugu, Pl. mbugu, dünne Ranke.
chipukizi (III. oder V.), uchi-puko, kambu (III.), Schöß-ling, Sproß, Keim.
  -chipuka, sprießen.
  -ota, keimen.
  -otesha, zum Keimen brin-gen.
mwiba (II.), Dorn.[1]
tunda (V.), zao (V.), Frucht,[2] Obst.
  kidanga, a) kleine, unreife Frucht; b) unreif (von Früchten).
  kikonyo, Fruchtstiel.
  ganda(V.), Schale, Hülse.[3]
  kokwa (III., V.), koko (III., V.), ukonde, kon-de (III.), Stein.

kiini, kisa (cha) koko, Kern.
maji (V., Pl.), Frucht-saft.
-zaa, -vyaa, tragen, Frucht tragen.
  -akifu*, Ertrag geben, ein-bringen.
-bivu (-wivu), reif.
  -iva, reifen.
  ubivu, Reife.
  tōsa, fast ganz reif.
-bichi, -changa, unreif, grün.
  -via, noch unreif sein.
  kidanga, unreif (von Früchten).
  mapooza, unreifes Fall-obst.
mbegu (III.), Same, Saat.
  -panda, säen.[4]

29. Obstbäume und -sträucher.

mchungwa (II.), Orangen-baum, Apfelsinenbaum (citrus aurantium).
  chungwa (V.), Apfelsine.
mndimu (II.), Zitronenbaum.
  ndimu (V.), balungi (V.), Zitrone.[5]
mlimao (II.), Limonenbaum (citrus medica).

limao (V.), Limone, süße Zitrone.
mfurungu (II.), großfrüchtiger Limonenbaum.
  furungu (V.), große Limone.
mwembe (II.), Mangobaum.
  embe (III., V.), Mango-frucht.

---

[1] Großer, krummer, kikongo, kikwata.

[2] Abfallen, -pukutika; abwerfen (Baum), -pukusa; abpflücken, -konyoa; abschlagen, -bwaga; zu früh abgefallene Frucht, kipukuba; zu früh abgefallen (Adj.), kipukute, kipukuso; Hälfte einer Frucht, kizio.

[3] kaka (V.), leere, ausgepreßte Schale; dunge (V.), die grüne Schale mancher Früchte; Sch. der Kokosnuß, kifuu; des Affenbrot-baumes, ndoo; der Apfelsine, kaka.

[4] St. Paul giebt unzutreffend -banda zum Unterschied von -panda.

[5] m(n)dimu tamu, Pl. mi(n)dimu tamu, Limettenbaum (citrus limetta); (n)dimu tamu, Limette.

embe kinoo, kleine, sehr süße Art.

embe dodo, sehr große Art.

mtende (II.), Dattelpalme, Dattelbaum.

  tende (III.), Dattel.[1]

mnazi (II.), Kokospalme.

  kuti (V.), Blatt der K.[2]

  ukuti, Fieberblatt.[3]

  gubi (V.), Blattstiel.[4]

  upongwe, Blattrippe.

  utawi, tawi (V.), ushawi, shawi (V.), kole (V.), Fruchtstengel mit Nüssen.[5]

  upunga, Blüte[6] (und erste Nußbildung).

nazi (V.), reife Nuß.[7]

  nazi kavu (III.), der getrocknete Kern, Kopra.[8]

  kiufu, kifufu, (harte, innere) Schale.[9]

  kichilema, Palmkohl.[10]

  tembo (III.), Palmwein.[11]

mzabibu (II.), Weinstock.

  zabibu* (III.), Weinbeere, Rosine.

  kichala cha mzabibu, Weinstock.

---

[1] Ein Bündel D., tawi la mtende.

[2] kilifu (kidifu), Hülle der jungen Blätter. — kuti la kumbe, wenn die Fieberblätter eines ganzen Blattes verflochten werden (zu Einzäunungen), kuti la pande, wenn die Fieberblätter des längs der Blattrippe geteilten Blattes verflochten werden (zu Einzäunungen und zum Dachdecken); kuti la kiungo, wenn die vom Blattstengel abgerissenen Fieberblätter nebeneinander an einen Stock oder eine Blattrippe gebunden werden (zum Dachdecken); — Korb aus Blättern der K., pakacha (V.).

[3] Mittelrippe desselben, uchukuti.

[4] Bast aus der inneren Seite desselben, ununu.

[5] Ohne Nüsse, kanga (V.), kanga la mnazi.

[6] Holzige Blütenhülle, karara (V.); Blütenstengel, panda (V.).

[7] Man unterscheidet folgende Stufen in der Entwicklung der Nuß: kidaka (ganz klein, saftlos), kitale (unreif, ohne Kerne mit Wasser), bupu la dafu (auch punje la dafu, dafu la kukombe, urambirambi wa dafu, mit trinkbarem Wasser, aber noch ganz weichem, eben sich bildendem Fruchtfleisch), tonga la dafu (mit trinkbarem Wasser und etwas weiter ausgebildetem Kern), dafu (V., mit etwas Kern und trinkbarem Wasser), koroma (V., fast reif, mit nicht mehr trinkbarem, aber noch nicht klapperndem Wasser), nazi. — Eine Nuß ohne Kern und Wasser heißt kizimwi (kisimwi, nazi zimwi); reife Nuß ohne Wasser, mbata (III.), nazi mbata; Nuß mit weichem Kern, joya (V.), joya la nazi; halbe Nuß, kizio (cha nazi); die Milch (welche aus dem frischen Kern gepreßt wird), tui (V.).

[8] Der ausgepreßte geschabte Kern, chicha (III., V.); Kokosnußöl, mafuta ya nazi; Bodensatz dess., satta (la mafuta ya nazi).

[9] Ungereinigte Kokosfaser, kumbi (V.); gereinigte K., makumbi ya nsumba.

[10] Das Herz der Spitze des Baumes (wird auch als Salat gegessen), man nennt es auch moyo (II.), kilele (cha mnazi), shaha (III.).

[11] Die Hefe davon, sira (la tembo); P. zapfen, -gema tembo (oder mnazi).

mpapayi (II.), Melonenbaum.
 papayi (V.), Frucht des
 Melonenbaums.
mpera (II.), Guyavenbaum [1]
 (psidium pyriferum).
 pera (V.), Guyave.
mdanzi (II.), wilder Apfel-
 sinenbaum(citrus bigaradia).
 danzi (V.), wilde Apfel-
 sine, Bitterorange.
 danzi la kizungu, süße
 Apfelsine.
mchenza (II.), Mandarinen-
 baum (citrus nobilis).
 chenza (V.), Mandarine.
 kangaja (III.), kleine Mandarine.
mfinesi (II.), Jakfruchtbaum. [2]
 finesi (V.), Jakfrucht.
mtini* (II.), Feigenbaum.
 tini* (III.), Feige.
mtoffaha* (meist mtoffaa gesprochen), Apfelbaum, Jam-
 bulbaum.
 toffaha* (III., toffaa),
 Apfel.
mjozi* (II.), Walnußbaum.
 jozi* (III.), Walnuß.
mzeti* (II.), Olivenbaum.
 zeti* (III.), Olive.
mkoma Manga, Pl. mikoma
 Manga, Granatbaum (pu-
 nica granatum).

koma(V.) Manga, Granat-
 apfel.
mlozi* (II.), Mandelbaum.
 mkungu(II.), indischer M.
 (Terminalia catappa).
 lozi* (V.), Mandel.
mbalungi (II.), Pompelmus-
 baum (citrus decumana).
 balungi (V.), Pompelmuse.
mzambaráu (II.), Schweins-
 pflaumenbaum (Eugenia
 malaccensis).
mkuyu(II.), Sykomore, Maulbeerfeige.
mnyanya(II.),Tomatenstrauch),
 nyanya (III.), Tomate,
 Liebesapfel.
mstafeli (II.), mstofeli (II.),
 mtomoko (II.), Flaschen-
 baum [3] (anona squamosa).
 stafeli(III.),topetope(III.),
 konokono (III.), Frucht
 desf., Zimtapfel, Zucker-
 apfel.
mnanasi (II.), Ananasbusch.
 nanasi (V.), Ananas.
mgomba (II.), Bananenstaude.
 ndizi (III.), mazu (III.),
 Banane. [4]
 mkungu (II.), Frucht-
 stengel.
 tana (V.), Fruchtbündel.

---

[1] mpera wa kizungu, Rosenapfelbaum (Eugenia jambosa) oder Goldapfelbaum (spondias dulcis); pera la kizungu, dárabi (V.), Rosenapfel.

[2] mfinesi wa kizungu, Zibetbaum (Durio zibethinus); finesi la kizungu, dessen Frucht.

[3] mstafeli wa kizungu, anona muricata; stafeli ya kizungu, deren Frucht (saure Sobbe); mstafeli wa ajem, anona reticulata; stafeli ya ajem, deren Frucht (Ochsenherz).

[4] Arten: ndizi (ya) kisukari (= ndizi sukari), ndizi bungala, ndizi msusa, ndizi mjenga u. f. w.

30. Cerealien, Küchengewächse, Gewürzpflanzen.

nasaka* (III.), Getreide, Korn.
  tete (III.), halbreifes Korn (ober Reis).
  kibua, ubua, bua (V.), Halm.[1]
  suke (V.), Ähre[2], Rispe.
  punje (V.), chembe (III.), Korn.
  nyasi (Pl. VI.), Stroh.
  kapi (V.), kumvi (Pl. VI.), wishwa (VI.), Spreu[3], Häcksel.

shayiri* (III.), Gerste.

ngano (III.), Weizen.

mtama (II.), Kafferkorn, Negerkorn, Sorghum.[4]
  mtama mtindi, halbreifes Negerkorn.
  mtama tete, noch nicht ganz reifes N.
  kitopa, reifer Kolben.

muhindi (II.), Mais (die Pflanze).

hindi (V.), Mais(korn).

matindi (Pl. V.), grüner Mais.

bisi (III.), mbisi (II.), gerösteter Mais.[5]

gunzi (V.), Maiskolben.[6]

mpunga (II.), Reis (die Pflanze), unenthülster Reis.[7]

mchele (II.), enthülster Reis.[8]

wali (VI.), gekochter Reis.

mganda (II.), Ährenbündel.

mboga (III.), Gemüse, Küchengewächse.

kiazi (III.) (seltener badata), Süßkartoffel, Batate.[9]
  kiazi kikuu, Yamswurzel.
  kiazi cha kizungu, (europ.) Kartoffel.

muhogo (II.), Kassawe[10], Maniok (Pflanze und Knolle).
  hogo (V.), dicke Kassawewurzel.

---

[1] Auch „Stengel" des Negerkorns; der Stengel einer süßen Art heißt kota (V.), kikota.

[2] Leere Ähre oder leerer Kolben, ukumvi; leerer Mawelekolben, kununa la mawele.

[3] Von mawele: kununu (V.).

[4] Arten: mtama shungi (oder pumba, weiße Körner); mtama jebebe nyeupe (große weiße Körner); mtama fumba (oder kipaji), mtama Karachi, mtama runzi nyeupe (sämtlich mit kleinen, weißen Körnern); mtama paje (rote Körner); mtama ferere, mtama jebebe nyekundu (große rote Körner); mtama runzi nyekundu (kleine rote Körner).

[5] Meist bisi za muhindi.

[6] Auch mchewa wa muhindi; tauber Maiskolben, guguta (III.), kiguguta; Kolbenhülle, makumvi ya muhindi; junger Kolben, ngara (III.); (Kolben) abbrechen, -konyoa.

[7] Reisarten: búngala, kapwai, kitunari, madevu, mwanga, sifara, shindano, uchukwi, zena u. s. w. — [8] Auch runzi* (III.).

[9] Weißschalige Art, kiazi sena; rotschalige Art, kiazi kindoro.

[10] Arten: muhogo wa kindoro, muhogo wa bungala, muhogo nangwa, muhogo mweusi. Hinsichtlich der Unterschiede derselben vergl. St. Paul-Illaire, a. a. O., S. 391.

kopa (V.), Stück getrock=
nete Kassawewurzel.
gofi (V.), Schale der Kas=
sawewurzel.
figili* (III.), (weißer) Rettig.
Rabies (raphanus sativus).
kitunguu, Zwiebel, Scha=
lotte.
kitunguu thomu*, Knob=
lauch. [1]
kisibiti, Kümmel.
iliki* (III.), Kardamom.
zamda (III.), Anis.
mkarafuu*, mkarofuu (II.),
Gewürznelkenbaum.
karafuu (III.), Gewürz=
nelken. [2]
kikonyo, Blütenstengel
derselben.
nkungu (II.) Manga, Mus=
katnußbaum.
kungu (III.) Manga, Mus=
katnuß.
basbasi* (III.), Muskat=
blüte.
ntango (II.), Gurke (die
Pflanze).
tango (V.), Gurke (Frucht).
nboga (II.), Kürbispflanze.
boga (V.), Kürbis.

mumunye (V.), Flaschen=
kürbis. [3]
yoga (V.), kiyoga, Pilz,
Schwamm.
mtikitiki (II.), Wassermelone
(Pflanze).
tikitiki (V.), Wassermelone
(Frucht).
mkunde(II.), Bohne[4](npflanze,
phaseolus vulgaris, auch
vigua sinensis).
kunde (III.), Bohne
(braune).
dengu (III.), (indische) Erbse
(cicer arietinum).
jimbi (III.), Kolokasia, Arum
(colocasia edulis).
mawele (Pl. V.), Hirse (peni-
cillaria spicata).
mdodoki (II.), Luffapflanze.
dodoki (II.), Luffagurke.
mpilipili (II.), Pfefferstrauch
(piper nigrum, capsicum
annuum).
pilipili* (III.) Manga,
schwarzer Pfeffer.
pilipili hoho, roter Pfeffer,
mdalasini (III.), Zimtbaum.
dalasini, Zimt.

---

[1] Auch kitunguu thaumu.
[2] Nebenformen: karofuu, garofuu.
[3] Frucht der lagenaria vulgaris: mmumunye (II.).
[4] mfiwe (II.), phaseolus lunatus und radiatus; deren Frucht: fiwe (III., weiß); mcho(r)oko mchiroko, phaseolus mungo; deren Frucht: cho(r)oko (III.), chiroko (klein, grün); mbaazi (II.), Bohnen=
strauch (cajanus indicus).

31. Sonstige Bäume und Nutzpflanzen, Arzneikräuter, Zierpflanzen, Giftpflanzen, Gräser usw.

mbuyu (II.), Affenbrotbaum, Baobab.

buyu (V.), dessen Frucht[1], Kalebasse.

mbibo (II.), mkanju (II.), Akajunußbaum, Elefantenläusebaum (anacardium occidentale).

bibo (V.), kanju (V.), Akajubirne.

korosho (V.), Akajunuß, Elefantenlaus.[2]

mchikichi (II.), Ölpalme.

chikichi (V.), Frucht ders.[3]

mpopoo (II.), Betelpalme (areca catechu).

popoo (III.), Arekanuß.[4]

mkoche (mkohe, II.), mnyaa (II.), mwaa (II.), mkoma, Dumpalme (hyphaena crinata und coriacea).

mgume, junge Dumpalme.

mvumo (II.), Palmyrapalme (borassus aethiopicus).

mwale (II.), Raphiapalme (raphia pedunculata).

mkindu (II.), mlala (II.), Phönixpalme (phoenix reclinata).

kindu (V.), Frucht derselben.

mkadi (II.), Pandane (pandanus odoratissimus).

msandarusi (II.), mkumbi (II.), Kopalbaum.

sandarusi* (III.), Kopal.

mkwaju (II.), Tamarindenbaum.

ukwaju, Frucht dess.

mforsadi (mforsaji, II.), mtutu (II.), Maulbeerbaum.

forsadi (III.), tutu (III.), Maulbeere.

mpingo (II.), Ebenholzbaum, Grenadillbaum, Ebenholz, Grenadillholz.

msufi (II.), Baumwollenbaum, Kapokbaum.[5]

sufi*, Kapok, Pflanzenwolle.

mpamba (II.), Baumwollenstrauch.

pamba (III.), Baumwolle.

mkunazi (II.), Brustbeerbaum (zizyphus jujuba).

kunazi (V.), Brustbeere.

mhinna (II.), Hennabaum (Lawsonia alba).

hinna* (III.), Henna.[6]

mbunni (II.), Kaffeebaum.

bunni* (III.), Kaffeebohne.

mvinja (II.), Kasuarine (Casuarina equisetifolia).

---

[1] Deren Schale, ndoo (III.); das Mark, ubuyu; — kikuyu, kleine Kalebasse.

[2] Eine unreife Nuß, dunge (V.).

[3] Die Körner darin, kichikichi (IV.); Öl, mafuta; Öl auspressen, -shindika mafuta; die Presse, kinu, shinikizo.

[4] Deren Hülle: makumbi ya popoo.

[5] mparamuzi (II.), bombax ceiba.

[6] Zum Rotfärben der Nägel, Haare u. s. w.

mzingafuri (II.), Orleanbaum (Bixa orellana).

mkuyu (II.), Maulbeerfeige, Sykomore.

mtondoo (II.), Schönblatt[1] (Calophyllum inophyllum).
  tondoo (III.), Ölnuß desf.

mbarika (II.), mbono (II.), Rizinusstaube.
  ubono, Same derf.
  mafuta ya mbarika, Rizinusöl.

mchokochoko (II.), mchokichoki, Litschi (nephelium litschi).
  chokochoko (chokichoki), Litschifrucht.

msubiri, Aloe(pflanze).
  subiri*, sibiri* (III.), Aloe.
  gonge (V.), Faser der wilden Aloe.
  uudi* (VI.), Aloeholz (zum Räuchern).

mtoria (II.), Kautschukfeige (Landolphia Petersiana).
  kitoria, deren Frucht.

kilungwana, Landolphia Kirkii.

mbungo (II.), Kautschukliane (Landolphia florida).
  mpira (II.), Kautschuk.

bugu (V.), (eine Art) Weidenbaum.
  ubugu (Pl. mbugu), Weidenrute.[2]

msunobari* (II.), Fichte.

mbiliwili (III.), (eine Art) Dornstrauch.[3]

mchongoma (II.), Heckeneuphorbie.

mwata (II.), mwasa (II.), Kandelabereuphorbie.
  mbamba (II.), kibamba, eine kleinere Art.

mtupa (II.), mtongotongo (II.), Euphorbienarten.

mpungati (II.), eine Kaktusart.

muwa (II.), mua (Pl. mia), Zuckerrohr.
  sukari (III.), Zucker.
  asali ya miwa, Zuckersyrup.

unyasi, Pl. nyasi; utikiti, Rohr, Schilf.[4]
  mwanzi (II.), Bambusrohr.
  khenzirani (III.), spanisches Rohr.
  nyasi ya ondo, Rohrart, die zum Dachdecken benutzt wird.
  nyasi kavu, trockenes Schilf.

mkoko (II.), Mangrove[5] (rhizophora mucronata).

---

[1] Andere Baumnamen: mlilana (Frucht: kungurasi; Wurzel: kikua); mpo (Frucht po, kipo); mkoma (Frucht koma); mkomafi (Frucht komafi); mwafi (Frucht kungo); mkungo, mkunguma, mkwawa, mbamba kofi, mburuga, mdu, mfufu, mfule, mfunde, mdani, mfununu, mgando, mgosa, mgurure, mjanne, mkaa, mtomondo, mpia u. s. w.

[2] Zum Binden, Korbflechten u. s. w.

[3] Andere Sträucher: mbunduki, mtua (Frucht tua, als Arznei benutzt), mtunguja, mwango u. s. w.

[4] Knoten im Rohrhalm, kipingiti.

[5] Andere Arten: msinzi (Bruguiera gymnorhiza), mkoko mpya (Sonneratia acida), mkandaa (ceriops candolleana), mchu (Avicennia officinalis), mbia u. s. w.

mwafu (II.), wilder Jasmin.
  afu (III.), Jasminblüte.
  yasmini* (III.), gezogener Jas=
    min.
tumbako (III.), Tabak.[1]
ufuta, simsim* (III.), Sesam.
  mafuta ya uta, Sesamöl.
  shudu (V.), Ölkuchen.
bangi* (III.), Hanf, Flachs
    (wilder).
  katani* (III.), Hanf,
    Flachs.
mtambuu (II.), Betelpfeffer
    (piper betel).
  tambuu, das Blatt desf.
mnjugu (II.), Erdnuß (die
    Pflanze).
  njugu (III.), Erdnuß[2] (die
    Frucht).
kaomwa (III.), káuma (III.),
    Kalumbawurzel (jatrorhiza
    menispernum).
khardali* (III.), Senf.

mwani (II., wa bahari), See=
    gras.
wafi, Pl. nyafi, kiwafi, Nessel.
magugu (Pl. V.), Unkraut.
uwanga (VI.), Pfeilwurz.
  unga wa uwanga, kanji,
    Pfeilwurzmehl, Arrow=
    root, Stärke.
tangawizi (III.), Ingwer.
manjano (III.), Gelbwurz
    (curcuma longa).
mkweme (II.), Thalerkürbis[3]
    (Telfairia pedata).
malele (III.), Orseilleflechte.
majani (Pl. V.), nyasi (Pl. VI.),
    Gras.
  watu, griechisches Gras,
    Bockshorn.
  ukoka, kurzes Queckgras,
    Futtergras.[4]
yungiyungi (V.), Wasserrose.
waridi* (III.), Rose.
rihani* (III.), Basilikumkraut.

32. Das Mineralreich.

ma(a)dini* (III.), a) Metall,
    Erz, Mineral; b) Bergwerk.
  elimu ya madini, Mine=
    ralogie.
dhahabu* (III.), Gold.
  -a dhahabu, golden.
fedha* (III.), Silber.
  -a fedha, silbern.
chuma (IV.), Eisen.
  -a chuma, eisern.

pua* (III.), feleji* (III.),
    Stahl.
uzi wa chuma, Eisen=
    draht.
kutu (III.), Rost.
  -pata (-ota) kutu, rosten.
asmaku*, sumaku* (III.),
    Magnet.
shaba* (V.), sufuri* (III.),
    Kupfer, Messing, Bronze.

---

[1] kikwapa, ein Blatt, das der Tabakspflanze ausgebrochen wird,
damit fie sich besser entwickelt.

[2] Harte, njugu mawe; weiche, njugu nyasa.

[3] Aus seinem Samen wird Öl gepreßt.

[4] Andere Grasarten: ndago, kangaga (V.), mfagio, tule, chacha,
mwamba nyama, weni u. s. w.

shaba nyekundu, Kupfer.
shaba nyeupe, Meſſing.
uzi wa shaba, Kupfer=
draht.
kutu ya shaba, Grün=
ſpan.
mrututu (II.), Vitriol
(blaues).
risasi* (III.), Blei.
bati (III., V.), Blech, Zink.
zébakh*, zebáki* (III.), Queck=
ſilber.
zingefuri (III.), Zinnober.
wanja (wa Manga), Antimon=
(pulver).
bilauri (III.), Glas, Kriſtall.
jiwe, Pl. mawe, Stein, Fels.
kawe (III.), kijiwe (IV.),
kokoto (V.), Steinchen.[1]
mbwe (III.), Kieſel.[2]
mchanga (II.), Sand.
ufuo (VI.), mfuo (II.),
Sand am Meeresſtrande.
makokoto (V.), Kies.
(jiwe la) chokaa (III.), Kalk,
Kalkſtein.
chokaa ya moto, unge=
löſchter Kalk.[3]
chokaa iliyozimwa, ge=
löſchter Kalk.[4]

jiwe la marmar*, marmar*,
Marmor.
chaki (III.), Kreide.
udongo, Lehm, Thon.
udongo mwekundu, roter
Thon.
ngama (III.), weißer Thon.
chasi (III.), (eine Art) Bims=
ſtein.
makaa (Pl. V.). — kaa (V.),
Kohle. — ein Stück K.
kibiriti* (IV.), Schwefel.
magadi* (Pl. V.), (rohe) Soda.
shabbu* (III.), Alaun.
shura (III.), Salpeter.
chumvi (III.), Salz.
chumvi ya haluli, Bitter=
ſalz.
kito (IV.), Edelſtein.
almasi* (III.), Diamant.
akiki* (III.), Karneol,
Granat, Achat.
zumaradi*(III.), Smaragd.
yakuti* (III.), Rubin.[5]
feruzi* (III.), Türkis.
zarniki* (nyeupe, III.), Ar=
ſenik.
bereu (IV.), lammi (IV.),
Teer, Asphalt.

---

[1] Steinhaufen, chungu ya mawe, boma la mawe: ſteinigen,
-piga mawe.

[2] Kleiner, kibwe.

[3] Auch chokaa isiyozimwa.

[4] Kalkofen, tannuri* ya chokaa; Kalkhaufen, tano la chokaa.

[5] Saphir, yakuti rangi ya samawi; Topas, yakuti ya kimanjano.

V. Abschnitt.

Der Mensch. Körper und Seele.

33. Der menschliche Körper und seine Teile.

mwili, Pl. miili, Körper[1],
Leib (im Gegens. zu Geist).
kiwiliwili, Rumpf.
mikono na miguu, Hände
und Füße, Glieder.
maungo (Pl. V.), (Gelenke
=) Glieder.
kichwa (IV., auch kitwa),
Kopf, Haupt.[2]
-inama (-inamisha) kich-
wa, den Kopf senken.
-inua kichwa, den Kopf
heben.
nyele (Pl. VI.), n(y)wele
(Pl. VI.), das Haar (= die
Haare).
unyele, unwele, ein (ein-
zelnes) Haar.
nyele za singa[3], glattes,
schlichtes Haar (der Eu-
ropäer).
nyele za kipilipili, Kraus-
haar, Wollhaar (der
Neger).
nyele nyeusi, schwarzes
Haar.
mvi (III.), graues Haar.
kishungi, Haarschopf.[4]

panja (V.), Stirnhaare,
Stirnlocken.
kuto (V.), Locke.
laika (V.), Körperhaar (an
Brust, Armen 2c.).
udevu (Pl. ndevu), ein
Barthaar (Barthaare).
ushi, unyushi (Pl. nyu-
shi), ukumbi, ein Haar
der Augenbrauen.
mavuzi (Pl. V.), Scham-
haare.
bupuru la kichwa, fuvu la
kichwa, bongo (V.), Schä-
del, Hirnschale.
ubongo, Pl. bongo, Gehirn.
uso, Pl. nyuso, Gesicht.
-kunja uso, die Stirn
(eig. das Gesicht) in
Falten ziehen.
-kunjua uso, das Gesicht
entrunzeln.[5]
paji la uso, kipaji cha uso,
panda la uso, ukomo wa
uso (Pl. komo 2c.), kiko-
mo cha uso, bapa la uso,
Stirn; Schläfen.
jicho, Pl. macho, Auge.[6]

---

1 Seltener badani* (III.), jisima* (III.).
2 kijichwa, Köpfchen.
3 singa (Pl. VI.), glattes Haar (ein einzelnes, usinga).
4 Auf der Mitte des rasierten Kopfes.
5 Wieder ein freundliches Gesicht machen.
6 kijicho, a) Äuglein; b) übertr. böser Blick.

mboni ya jicho, Aug=
apfel.[1]

nyushi (Pl. VI.), kumbi
(Pl. VI.), Augenbrauen.

ukope, Pl. kope, Augen=
wimper.

kikope, kope (V.), Augen=
lib.[2]

pua (III.), Nase.

mwanzi wa pua, a) die
Nasenscheidewand, b) das
Nasenloch.

tundu ya pua, das Nasen=
loch.

kamasi (V.), Nasenschleim.

-futa kamasi, sich schneu=
zen.

-m-futa (-m-kama, -m-
pinga) mtoto makamasi,
einem Kinde die Nase
wischen.

siwezi kamasi, ich habe
ben Schnupfen.

-sem(e)a puani, durch die
Nase sprechen.[3]

chafu (V.), Backe, Wange.

kituguta, Backenknochen.

sikio (V.) auch shikio (V.),
Ohr.

ndewe (III.), Ohrloch.

mwadini (II.), Ohrläpp=
chen.

kinwa (III.), kanwa (V.),
Mund.

tonge (V.), ein Mundvoll.[4]

mdomo (II.), Lippe.[5]

mdomo wa juu, Ober=
lippe.

mdomo wa chini, Unter=
lippe.

ulimi, Pl. ndimi, Zunge.

kaa la kinwa, Gaumen.

kimio (IV.), Zäpfchen.[6]

koo (III.), die (innere) Kehle,
Schlund.

roho* (III.), Luftröhre, Kehle.

kongomeo (V.), Kehlkopf.

umio, Pl. mio, Speiseröhre,
Schlund.

utaya, Pl. taya, Kinnbacke.

ukupaa (VI.), Kinnbacken=
knochen.

jino, Pl. meno, Zahn.[7]

chonge (III.), chongole
(III.), Eckzahn.[8]

chego (V.), Backzahn.[9]

meno ya udogoni (ujana),
Milchzähne.[10]

---

[1] Bildlich: etwas Kostbares, Geschätztes.

[2] kope wird sowohl als Singular der V., wie als Plural der VI. Kl. konstruiert, z. B. kope za (oder la) juu, das obere Augenlid; kope za (oder la) chini, das untere Augenlid.

[3] Auch -sema kipuani, -sema king'ong'o, wa na king'ong'o.

[4] Einen Mundvoll nehmen, -twaa tonge; einen starken Mund=voll, funda (V.); -piga mafunda, gierig essen.

[5] Seltener sind die Formen mlomo, mwomo, kiomo.

[6] Im Mombasdialekt kilimi (IV.).

[7] meno ya juu, Oberzähne; meno ya chini, Unterzähne; bori (V.), ein großer Zahn; kalasha (V.), ein kleiner Zahn.

[8] Auch spitzgefeilte Zähne (chonge za meno).

[9] Ein kleiner: kichego.

[10] Zähne bekommen, -ota (-pasua, -nunuza, -anza) meno; die zweiten Zähne, meno ya pili; die Zähne verlieren, -toka meno:

ufizi, Pl. fizi, Zahnfleisch.
kidevu (III.), Kinn, Bart.
ndevu (Pl. VI.), madevu (Pl. V.), Bart.
  sherafa* la ndevu, ndevu za sherafa, langer Kinn=bart; Backenbart.
  shawarbu*, mashawarbu*, Schnurrbart.[1]
  mwenyi ndevu, bärtig.
  asiye na ndevu, bartlos.
  mvulana (I.), Milchbart, Jüngling.
shingo (V.), Hals (der ganze).
  kogo (V.), Hinterkopf.
  kishogo, Nackengrube.
  kikosi, ukosi, Nacken, Genick.
  kosi (V.), Halswirbel.
bega (V.), Schulter, Achsel.
  kombe la mkono, Schul=terblatt.[2]
  mtulinga (II.), Schlüssel=blatt.
  kwapa (V.), Achselhöhle.[3]
  mwenyi mabega mapana, breitschultrig.
mkono, Arm; Hand.

kisi(n)gino (cha mkono), kifundo cha mkono, kivi (IV.), Ellbogen.
mkono wa kulia, mkono wa kuume, die rechte Hand.
mkono wa kushoto, mkono wa kuke (oder kike), die linke Hand.
kofi* (V.), kikofi, flache, offene Hand.
kitanga cha mkono, kiganja cha mkono, Handfläche, die Innenseite der Hand.
kifundo cha mkono, kiwiko cha mkono, kilimbili, Handgelenk.
konde (V.), ngumi (III.), Faust.[4]
kidole, chanda (IV.), Finger.[5]
  kidole cha gumba, Daumen.
  kidole cha shahada*, Zeigefinger.
  kidole cha kati, Mittelfinger.[6]
  kidole cha kati ya kando, Ringfinger.

---

schöne Zähne, meno mazuri; schlechte Zähne, meno mabaya; Zahnlücke, pengo (III.); Weinstein, ukoga; das Stumpfwerden der Zähne, ganzi la meno. — meno bezeichnet auch die Zähne von Sägen, Kämmen, Rädern u. s. w., sowie den „Bart" eines Schlüssels.

[1] Rein Suahili auch: ndevu za mdomo wa juu; der Bart des Ziegenbocks heißt kibeberu, der eines Schlüssels jino.

[2] In Momb. fuzi.

[3] Die Ausdünstung, der Schweiß derselben, kikwapa.

[4] Eine Hand voll, oya, Pl. nyoya (mit offenen, leicht gekrümmten Fingern), konzi (V., mit geschlossener Faust, trockene Sachen), ng'anda (III., mit geschlossener Faust, klebende Sachen), kofi* (V.) oder ukufi (mit flacher Hand und ausgestreckten Fingern). — zwei Hände voll, gao (V.). — Faustschlag, pigo la konde. — -piga kofi, ohrfeigen.

[5] Großer, dicker Finger, udole, Pl. ndole, ujanda, Pl. nyanda.

[6] Auch kidole kikubwa, chanda cha tokaa.

kidole cha mwisho, klei=
ner Finger.[1]
ncha ya kidole, Finger=
fpitze.
ukucha, Pl. kucha, Nagel
(an Fingern und Zehen).
mgongo (II.), Rücken.[2]
uti (Pl. nyuti) wa mgongo,
Rückgrat, Wirbelfäule.
kiuno[3] (IV.), Hüfte, Lende.
nyonga (Pl. VI.), Hüft=
gelenk.[4]
shuri (III.), Hüftbein.
matako (Pl. V.), der Hintere.[5]
tako (V.), eine Seite deſf.
ubavu, Pl. mbavu, Rippe;
Seite (des Körpers).
kifua, fua (V.), Bruſt.[6]
maziwa (Pl. V.), Brüſte[7]
(der Frauen).
chembe cha moyo, Herzgrube.
tumbo (V.), Bauch, Leib.
kinena, Unterleib.[8]
matumbo, die großen
Eingeweide.

kitovu, kitofu, Nabel.
mguu (II.), guu (V.), a) Bein,
b) Fuß.[9]
upaja, Pl. paja; paja (V.),
Oberſchenkel, Schenkel.[10]
gote (V.), futi (V.), Knie.
pia ya gote, Knieſcheibe.
mvungu wa gote, Knie=
kehle.
mundi wa mguu, Pl. miun-
di ya miguu, Schienbein.
chafu ya (oder la) mguu,
Wade.[11]
kiwiko cha mguu, kifundo
cha mguu, Knöchel.[12]
pia ya guu, Fußänkel.
wayo, Pl. nyayo, a) Fuß=
fohle, b) Fußfpur.
kidole cha mguu, Zehe.
kidole cha gumba, große
Zehe.
ncha ya mguu, Fußfpitze.
kisigino (cha mguu),
Ferſe, Hacke.
mboo (II.), Penis.[13]

---

[1] Auch kidole kidogo.

[2] Hinter meinem Rücken, nisipokuwa nikijua, nisipokuwa na khabari.

[3] Seltener chuno.

[4] Der Singular unyonga bezeichnet die Leiſtengegend.

[5] -kaa kitako, ſich ſetzen, ſitzen.

[6] Nur vom Menſchen, dagegen wird kidari (IV.) ſowohl von Menſchen wie auch von Tieren gebraucht.

[7] Bruſtwarze, chuchu ya ziwa, titi (V.), kilembwe (cha titi).

[8] Auch mons Veneris.

[9] Großer Fuß, mjiguu; kleiner Fuß, kijiguu.

[10] Keule (von Tieren), kiweo.

[11] Pl. chafu za (oder machafu ya) miguu; chafu ya (la) mkono ist der Muskel des Oberarms. In Mombas ſagt man tafu.

[12] In Lamu jito la guu.

[13] govi (V. = gofi) la mboo oder sunga (V.), praeputium; govi mboo, ein Unbeſchnittener; pumbu (V. = pumbo), kende (V.), Te=ſtikel; im Pl. auch koko za pumbu oder mayai ya pumbu; sha-hawa* (III.), mani (III.), semen virile.

kuma (III.), Vagina, Scheide.[1]
ngozi (III.), Haut.
   nyeleo (V.), nweleo (V.),
    Pore.
   matokeo ya harri*,
    Schweißporen.
mfupa (II.), Knochen.[2]
   kiungo (IV.), Gelenk.
   ubongo (VI.), Mark.
nyama (III.), Fleisch.
mshipa, Ader, Blutgefäß, Ar=
   terie; Nerv; Sehne; Muskel.
dammu* (III.), Blut.
moyo, Pl. mioyo (seltener
   nyoyo), Herz.
   kiherehere cha moyo,
    Herzklopfen.
   -papa, -tapatapa, -piga
   mbio, -enda mbio, klo=
   pfen, schlagen.[3]

pafu (V.), yafuyafu (V.),
   Lunge.[4]
pazia (III., V.), Zwerchfell.
tumbo (Pl. VI.), die Einge=
   weide.
   tumbo dogo, die kleinen
    Eingeweide.
   tumbo kubwa, matumbo,
    die großen Eingeweide.
   utumbo, Darm.
   uchango, Pl. chango,
    Dünndarm.
   mjiko (II.), Mastdarm.[5]
tumbo (V.), Magen.[6]
ini, Pl. maini, Leber.
wengu (V.), Milz.
nso (III.), (in Momb. figo,
   III.), Niere.
nyongo (III.), Galle.
kibofu, (Urin)=Blase.

34. Funktionen des menschlichen Körpers und seiner Teile.

pumzi (III.), pumuzi (III.),
   Atem.[7]
   -pumua, atmen.[8]
  -toa pumzi, den Atem
   ausstoßen, seufzen.
  -zuia pumzi, den Atem
   anhalten.
  -paaza pumzi, Atem holen.

-wa na pumzi chache,
   kurzen Atem haben.
-isha (-kata) pumzi, außer
   Atem kommen.
-kokota pumzi (ob. roho),
   -tweta, schwer atmen, keu=
   chen.
-pumzika, Atem schöpfen.[9]

---

[1] taya za kuma, labia; kisimi, clitoris; ungo (III.) ober kisinda, hymen; mji (II.) uterus; utoko, mucus vaginae.
[2] Großer Knochen, fupa (V.); kleiner Knochen, kifupa. — Das
Skelett, das Knochengerüst, mafupa.
[3] Das Herz schlägt ihm vor Angst, moyo wampapia kwa oga.
[4] yafuyafu (auch yavuyavu) wird mehr von Tieren gebraucht.
[5] After, mkundu (II.). — Eingeweidewürmer, michango ya tumbo.
[6] Der erste Magen der Wiederkäuer, kilihafu (IV.).
[7] Schlechten (übelriechenden) Atem haben, -wa na pumzi mbaya,
muka kinwa. — pumzi ya sikitiko, Seufzer.
[8] Auch -tanaffusi*.
[9] Nach einer Anstrengung; nach Luft schnappen, -hema.

-shusha pumzi, ausatmen.
-chafya, -shamua, -piga chafya, -enda chafya[1], niefen.
-fanya kiungulia, -cheuka,
-enda mbweu, -toa riahi,
aufftoßen, rülpfen.
    kiungulia (cha moyo),
    riahi, das Aufftoßen.[2]
    kwikwe (III.), kekevu
    (III.), Schlucken.[3]
-lala, fchlafen.[4]
    usingizi, Schlaf; Müdig=
    keit.
    -wa na usingizi, -ona
    usingizi, fchläfrig, müde
    fein.
-choka. — nimechoka, müde
werben. — ich bin müde.
    lepe (la usingizi), kungu
    la usingizi, Schläfrigkeit.
mwayo, Pl. miayo, das
Gähnen.
    -piga miayo, gähnen.
-sinzia, einfchlafen.
    -sinzisha, einfchläfern.[5]
    -fa ganzi, einfchlafen (von
    Gliebern).
-vuta misono, -piga misono,
-korota, -forota, fchnarchen.
    msono (II.), das Schnar=
    chen.
-singizia, fchlummern.
    -lala tepe, feft fchlafen.

-lala kimachomacho, nur
mit einem Auge fchlafen.
ndoto (III.), Traum.
    -ota ndoto, einen Traum
    haben, träumen.
jinamizi (V.), Alpbrücken.
    jinamizi limenielemea
    (limenishika), ich hatte
    Alpbrücken.
    -ewedeka, -wewedeka,
    -weweseka, Alpbrücken
    haben.[6]
-amka, erwachen, aufwachen.
    -amsha, wecken, aufwecken.
-wa macho, wach fein, wachen.
    -kesha, wach bleiben,
    Wache halten[7] (nachts).
-cheka. — kicheko, cheko
(V.), lachen. — das Lachen,
Gelächter.
    -chekelea kitu, lachen
    über etwas.
    -cheka kidogo, tabassam*,
    lächeln.
-lia, weinen, fchreien.[8]
    -lilia mtu, jn. beweinen.
    kilio, mlio, Weinen,
    Klagen, Schreien.
chozi (V.), Thräne.
    -toka (-enda) machozi,
    Thränen vergießen.
    -bubujika machozi, in
    Thränen ausbrechen.

---

[1] Auch -piga (-enda) chafi.
[2] -wa na kiungulia, Aufftoßen haben.
[3] Schlucken haben, -fanya tetefu.
[4] Auf dem Rücken fchlafen, -lala kichalichali (ober mgongoni);
auf dem Geficht fchlafen, -lala kifudifudi.
[5] Schlafmittel, dawa ya usingizi.
[6] Alpbrücken verurfachen, -(w)ewedesha, -wewesesha.
[7] -kesheza, jn. wach erhalten, wachen laffen.
[8] ftöhnen, -piga kite, -kakamuka; das Stöhnen, kite.

-pangusa machozi, die Thränen abtrocknen.

kikéukéu (cha kulia), kwikwi ya kilio, das Schluchzen.

-ji-kunja uso, die Stirn runzeln.

-fumba macho, die Augen schließen.

-finya jicho, das Auge halb schließen, blinzeln.[1]

mtukuto wa sikio, Ohrenklingen.

-tukuta, -pigapiga, klingen (Ohren).

-uma, a) beißen; b) schmerzen.

-puzia, blasen, pusten.

-tafuna, kauen.

-busu*, küssen (die Hand).

-busiana, einander küssen.

-fumba kinwa. — -fumbua kinwa, den Mund schließen. — den Mund öffnen.

-nyonya, saugen (an der Brust).

-nyonyesha, säugen.

-gugumia, -gugumiza, schlucken, hinunterschlucken.

-piga kidoko schnalzen (mit der Zunge).

kidoko (IV.), Schnalzen.

ramba, -lamba, lecken.

-tema mate, ausspeien, spucken.

mate (III.), Speichel.

kororo (V.), Schleim.

makoo, (Husten=) Auswurf.

-kunja mabega, mit den Achseln zucken.

-onya kwa kidole, mit dem Finger zeigen.

-kuna (kwa kucha), (mit den Nägeln) kratzen.

-kunya (mavi), zu Stuhle gehen.

-hara*, -enda chooni mno, abführen (v. Menschen).

mavi (III. u. Pl. V.), Exkremente.

-kojoa, urinieren.

mkojo (II.), Urin.

-jamba, -shuta, Wind lassen.[2]

-piga magote, knien.

mshindo (II.), Beischlaf.[3]

hethi*, Menstruation.

-ingia mwezini (damuni), die Menses bekommen.[4]

-wa na hethi, die Menses haben.

jasho (III.), harri* (III.), Schweiß.

-toka jasho (harri), -fanya jasho, schwitzen.

mnyeo (II.), kinyenyefu, kiwasho, Jucken (am Körper).

-nyea, -washa, jucken.

-kaa kitako, sich setzen, sitzen.

-lala, liegen.

---

[1] -kodoa macho, die Augen weit aufreißen; -m-tumbuli(z)a macho, -m-kodolea macho, jn. groß anstarren; -inama macho, die Augen niederschlagen (auch -piga uso na nchi); -fumbua macho, die Augen öffnen.

[2] Wind, jamba (V., laut); shuzi (V.), ushuzi.

[3] coire, -tomba (vom Manne), -tombwa (vom Weibe), -tombana (von einem Paare); schlafen bei, -lala na; entjungfern, -bikiri*, -m-tomoa (-tomolea) bikira kisinda; impotenter Mensch, kanithi*(III.).

[4] Das erste Mal, -vunja ungo.

-simama, -simika, stehen, aufrecht stehen.
-enda, -enenda, gehen.[1]
-piga mbio. — mbio (III.),
  laufen. — Das Laufen, der
  Lauf.
-ruka, springen.
-pepa, -umbaumba, -teteleka,
  taumeln, wanken, schwanken.
-kaza mwendo, -fanya hara-
  ka*, eilen.

-ondoka, a) aufstehen; b) weg-
  gehen, aufbrechen.
-kumbatia, umarmen.
-daka, fassen (mit der Hand).
  -twaa, nehmen.
  -kamata, ergreifen.
  -shika, erfassen, festhalten.
raha* (III.), Ruhe.
  -pumzika, ruhen, aus-
  ruhen.

35. Eigenschaften des menschlichen Körpers.

umbo (V.), sura* (III.), Gestalt, äußere Erscheinung.
uso (VI.), sura* (III.), Ge-
  sichtsbildung, Aussehen.
  uso mwema, gutes Aus-
  sehen.
  uso mbaya, schlechtes Aussehen.
-zuri, schön, hübsch.
  uzuri, Schönheit.
  si -zuri, häßlich.
rangi ya uso, Gesichtsfarbe.
-refu. — -dogo, groß (ge-
  wachsen). — klein.
nguvu (III.), Stärke, Kraft.
  -enyi nguvu, stark, kräftig.

hodari*, stark, kräftig, geschickt.
udháifu*, ulegefu*, Schwäche,
  Schwachheit, Schlaffheit.
  dháifu*, schwach.
  -dhoofika, schwach werden.
  -dhoofisha, schwächen.
unene (VI.), Korpulenz.
  -nene, dick, fett[2], korpulent,
  stark.
  -nenepa, -wanda, stark
  werden.
  -wandisha, korpulent
  machen.
-konda, -tuka, mager werden.
  -kondesha, mager machen.
  -embamba, dünn.

36. Alter, Geschlecht, Geburt, Leben, Sterben.

umri*(VI.), miaka(= Jahre),
  Alter (Lebensalter).
  umri wako wapataje? wie
  alt bist du?
  umri wako miaka min-

gapi? wieviel Jahre zählst
du?
miaka yako yapata min-
  gapi? wieviel Jahre bist
du alt?

---

[1] Stolpern, -kwaa, -ji-kwaa; ausgleiten, mguu wangu umetereza
(mein Fuß ist ausgeglitten); Gang, mwendo (II.); Schritt, khatua*(V.).
[2] Von Tieren: -nono; fett werden, -nona; mästen, -nonesha.

uzee (VI.), (hohes) Alter, Greisenalter.

   ukongwe, das höchste Grei=senalter.

mtoto mchanga, Säugling.

   uchanga, Säuglingsalter.

mtoto, Kind.

   utoto, udogo, Kindheit, (frühe) Jugend.

mtoto mwanamume, Pl. watoto waanawaume, Knabe.

mtoto mwanamke, Pl. watoto waanawake, Mädchen.

kijana (IV.) Jüngling, Jung=frau.[1]

   ujana Jugend.

bikira* (III., V.) mwana-mwali, mwali[2], Jungfrau.

   uwanawali, umwana-mwali, ubikira, Jung=frauschaft, jungfräuliches Alter.

ubalighi* (VI.), die Zeit der Reife.

   balighi* (V.), reif, er=wachsen, heiratsfähig.

mtu mzima, ein erwachsener Mann.

   -kua heranwachsen, groß werden.

mtu, bin*-Adamu, mwana-Adamu (= Adamssohn), Mensch.

watu, jamii ya bin-Ada-mu, die Menschheit.

mwana mume, Pl. waana waume, Mann (nach Ge=schlecht und Schaben).

   kiume, männliche Art.[3]

   mume Gatte.

   ume, Männlichkeit, männ=liches Geschlecht.

mwanámke, Pl. waanawake (auch mtu mke), Weib, Frau (dem Geschlecht nach).

   kike, weibliche Art.[4]

   mke, Gattin.

   uke, weibliches Geschlecht.

(haliya) kuwa kiume ao kike, das Geschlecht.[5]

-pata mimba, -fanya mimba, empfangen, schwanger wer=den.

   mimba (III.), Schwanger=schaft.

-chukua mimba, -wa na mimba, -hammili*, schwan=ger (trächtig) sein.

   -enyi mimba, schwanger.

-zaa, -vyaa, gebären, nieder=kommen.

   -zaliwa, -vyaliwa[6], ge=boren werden.

   -uzazi, Niederkunft, Ge=burt.[7]

mzazi Wöchnerin.

---

[1] Dem Alter nach.

[2] D. h. unberührt.

[3] Z. B. sich männlich kleiden, -vaa kiume; männlich (Abj.) -a ume, -a kiume, -a mwana mume.

[4] weiblich, -a kike, -a mwanamke.

[5] w. Mann oder Weib sein.

[6] Seltener -zawa und -vyawa.

[7] Auch uvyazi, kizazi (auch: Generation), uzaliwa, kivyazi; — im Sinne von „Abkunft", asili* (III.).

-zalisha entbinden (jn.)
mzalisha, mzalishi, mkunga, Hebamme.
uchungu wa uzazi, Ge=
burtsſchmerzen, Wehen.
pacha (V.), Zwilling.
yaya (IV.), mlezi, Amme, Kinderfrau.
nyonyesha, ſäugen.
-achisha maziwa, ent=
wöhnen.
-beba, ein Kind im Tuch
auf dem Rücken tragen.[1]
-weleka, rittlings auf
der Hüfte oder dem Rücken
tragen.
-wa hai* (hayi), -wa mzima
leben (= lebendig ſein).
uhayi, uzima, Leben.
maisha* (Pl. V.), Leben(s=
dauer), Lebenszeit.
-zee, alt (= bejahrt).
-kongwe, hinfällig (infolge
hohen Alters).
mzee, Greis, alter Mann.
-konga, alt und hinfällig
werden.
-fa, ſterben.[2]
-fa kwa amri ya muungu,
eines natürlichen Todes
ſterben.
-katika roho, -fa ghafla*,
eines plötzlichen Todes
ſterben.
-fa kifofo, ohne Verwandte
ſterben.

-fia (= filia) mtu, jm.
ſterben.
-fiwa mtoto, ein Kind
durch den Tod verlieren.
-fisha mtu, js. Tod ver=
urſachen.
mauti* (III.), kifo, kufa, ufu,
Tod.[3]
ataka kufa, yu karibu kufa,
er liegt im Sterben.
-kokota roho, -vutia roho,
röcheln.
maiyiti* (V.), mfu, der Tote;
Leichnam.[4]
-fu, tot.
marehemu*, verſtorben.
-zika. — maziko (Pl. V.),
begraben. — Begräbnis.
kaburi* (V.), Grab.
sanduku ya kuzikia,
Sarg.
jeneza* (= jenenza), Pl. ma-
jeneza, Bahre.
makaburini, pa kuzika,
Kirchhof.
kaa matanga, -kaa msiba, -wa
na matanga, -kalia ma-
tanga, trauern, Trauer
haben.
matanga (Pl. V.), Trauer.
-ondo(sh)a matanga, die
Trauer beendigen.
maombolezo (Pl. V.), das
Wehklagen, die Totenklage.
waombolezi, Klageweiber.
maliwazo, Beileid.

---

[1] ubeleko, mweleko, das Tuch dazu.

[2] Gewähltere Ausdrücke ſind z. B. -farriki* dunia (= die Welt
verlaſſen), auch -farriki allein; -ondoka katika ulimwengu (= aus
der Welt gehen); -enda akhera* (= ins Jenſeits gehen).

[3] kifo und kufa bezeichnen die Todesart, ufu den Zuſtand des
Totſeins. — [4] Von Tieren: mzoga (II.).

-liwaza, -hurumia*, kon-
dolieren.

-hanni*, einen Beileids-
besuch machen.

37. Die fünf Sinne.

kuona na kusikia, die Sinne.[1]
macho (die Augen =), kuona
(Sehen), der Gesichtssinn.
-ona, a) sehen, b) empfinden.[2]
  -tazama, hinsehen, schauen,
    blicken, anblicken.[3]
  -angalia, ansehen[4], nach
    etw. sehen, suchen, be-
    trachten, untersuchen, be-
    suchen.
  -onekana, sichtbar werden.
  -elekea macho, die Augen
    auf etw. richten.
  -tezama kitongotongo,
    seitwärts blicken.
  -chunguli(z)a, spähen.[5]
  -onya, -onyesha, jn. etw.
    sehen lassen, zeigen.
  -onana, einander sehen, be-
    gegnen.[6]
nadhari* (III.), Blick.
  -nadhiri*, anblicken.
  kwa kuona marra moja,
    auf den ersten Blick.

masikio (Ohr), kusikia (Hören), Gehör.
-sikia, hören[7] (auch: sagen
  hören, verstehen, empfinden).
  -sikiza, -sikiliza, zuhören,
    hinhören, horchen.
  -sikiana nae, miteinander
    (oder mit jm.) im Ein-
    verständnis sein.
  -dukiza, horchen[8] (indis-
    kret).
  -sikilia (-sikiliza), erhören.
pua (Nase), kunusa (Riechen),
  Geruch(ssinn).
  -nusa, -nukiza, riechen,
    einen Geruch wahrnehmen.
  -nukiliza, durch den Ge-
    ruch aufspüren (von Hun-
    den).
-nuka, riechen (intr.).
  -nuka vizuri (vema), gut
    riechen.[9]
  -nuka vibaya, schlecht
    riechen.

---

[1] Ein besonderes Wort fehlt; arabisch: elhásse; die fünf Sinne:
elhawáss elkhámse.

[2] Z. B. -ona kiu (Durst empf.), -ona haya* (Scham empf.), -ona
baridi* (Kälte empf.), -ona furaha* (Freude empf.), -ona huruma*
(Mitleid empfinden). Wird eine solche Verbindung auf ein Objekt
bezogen, so tritt -onea ein, z. B. -mw-onea huruma (mit jm. Mitleid empfinden).

[3] Auch -tezama; -tazamia (-tezamia), aufmerksam hinsehen oder
ansehen; -ji-tezamia (katika) kioo, sich im Spiegel betrachten.

[4] -angalia kama, ansehen als.

[5] Z. B. heimlich durch eine Öffnung.

[6] kwa kheri ya kuonana, auf (das Glück des) Wiedersehen(s)!

[7] Bemerke die Konstruktionen in Sätzen wie: ich höre einen
Wagen kommen, nasikia gari inakuja.

[8] dukizi (V.), der Horcher; msikizi, der Zuhörer; -sikika, hör-
bar sein. — [9] -nukia, stark riechen, duften; -nukia vizuri, stark duften.

arufu* (III.), (guter, ſchlechter)
Geruch.[1]
　arufu yake njema, das
　　riecht gut.
　arufu yake mbaya, das
　　riecht ſchlecht.
　-sikia arufu, einen Geruch
　　wahrnehmen.
　-wa na arufu, einen Ge=
　　ruch haben.
manukato (Pl. V.), Wohl=
geruch, Duft.
uvundo (ufundo), fauliger Ge=
ruch, Geſtank.
　-nuka uvundo, ſtinken.
kuona (Empfinden), Empfin=
dung, Gefühl(sſinn).
　upapasa, Taſten, Taſtſinn.
-ona, a) empfinden, fühlen;
b) ſehen.
-gusa, berühren, anfaſſen.
　-papasa, betaſten, anfüh=
　　len.[2]

-tomasa, befühlen (weiche
Sachen).
maonji (Pl. V. = maondi),
maonjo, tamu (III.), Ge=
ſchmack (guter, ſchlechter.)
　-wa na tamu ya lami,
　　nach Teer ſchmecken.
uchungu, ſchlechter Geſchmack;
Bitterkeit.
　-chungu, bitter, ſchlecht
　　ſchmeckend.
utamu Süßigkeit, Wohlge=
ſchmack.
　-tamu, füß, wohlſchmeckend.
ludhdha*, Wohlgeſchmack.
-kali, ſcharf, herb, bitter, ſauer.
　ukali, makali, Schärfe,
　　Herbheit, Bitterkeit,
　　Säure.
-onja tamu ya, etwas koſten,
den Geſchmack verſuchen.
　-onja, -dhuku*, koſten,
　　probieren.

38. Geiſt und Seele. Allgemeines.

roho* (III.), Geiſt[3], Seele.
nafsi* (III.), Seele.
mimi nafsi yangu, ich ſelbſt.
moyo, Pl. mioyo, das Herz
(als Sitz der Gefühle), Ge=
müt.
　-tia moyo katika kitu,
　　es liegt jm. am Herzen.
　hana moyo er iſt herzlos,
　　gemütlos.
　-piga moyo konde, ſich
　　ein Herz faſſen.

-soma kwa moyo, aus=
wendig lernen.
umbo (V.), Naturanlage, Kon=
ſtitution, Temperament.
　najiona umbo la kuwa
　　kiziwi, ich merke, daß ich
　　taub werde.
tabia* (III.), Natur, Tempera=
ment, Charakter, Gemüts=
art.
wazo (V.), fikira* (III.), ufi-
kira*, Gedanke.

―――――――

[1] Der ſpezifiſche Geruch eines Tieres (oder Menſchen), gugumo
(V.); Bocksgeruch, kibeberu; Achſelgeruch, kikwapa; Fiſchgeruch,
vumba (V.).

[2] -papasa mshipa wa mkono, den Puls fühlen.

[3] Den Geiſt aufgeben, -toa roho, -zimia roho.

-waza, -fikiri*, denken (d.
h. nachdenken).
-tafakkari*, nachdenken.
-ona, -dhanni*, -dhannia,
denken[1] (== meinen, glauben).
-fanya shauri, beraten, berat-
schlagen; nachdenken.
  shauri* (III., V.), Rat,
  Plan, Entschluß; Ge-
  danke, Ansicht, Meinung,
  -m-pa shauri, jm. Rat
  geben.
  -taka shauri ya (kwa),
  jn. um Rat fragen.
  mshauri, mwenyi shauri,
  Ratgeber.
  -twaa shauri ya, den
  Entschluß fassen zu.
nasaha* (III.), guter Rat,
Mahnung.
  -nassihi*, raten.
-ona, wahrnehmen[2], empfinden,
fühlen.
  kuona, Wahrnehmung,
  Empfindung, Gefühl.
mshituko, kishtuko, hawa*
(III.), mataharruki ya moyo, Leidenschaft.[3]
  hawa za nafsi, die Leiden-
  schaften.
nia* (III.), die Absicht; die
Gesinnung.
-taka, wollen, beabsichtigen,

wünschen; verlangen, for-
dern.[4]
  -tamanni*, -tamannia,
  -penda, wünschen[5], begehren.
  wanitakiani, was willst
  du von mir?
  m-takia mema, jm. wohl-
  wollen.
  tafadhdhali* kaa kitako!
  wollen Sie sich nicht
  setzen?[6]
kutaka, utashi, utakaji, ma-
takwa, mapenzi, der Wille,
Wunsch.
  mapenzi ya muungu,
  amri ya muungu, Gottes
  Wille.
  mradi*(II.),Wille,Wunsch,
  Absicht.
  wasia* (III.), letzter Wille.
tamaa* (III., V.), der Wunsch,
die Begierde.
  -fanya tamaa (na ob. ya),
  begehren.
  matamanni*, utamanni*,
  Wunsch.
  shauku* (V.), Sehnen,
  Hang, Neigung, heftiger
  Wunsch, Begierde.
matilaba*(Pl. V.), Forderung.
pupa (III.), Begierde, heftiges
Verlangen, Lust.[7]

---

[1] Z. B. er denkt wie ich: anaona kama mimi.
[2] Siehe Seite 59, Anm. 2.
[3] -taharrukisha moyo wa mtu, jn. erregen (zu Zorn, Angst, Eifer).
[4] Mit folgendem passiven Infinitiv (von Sachen) == müssen, saa
hii inataka kutengenezwa, diese Uhr muß repariert werden.
[5] Jm. etwas wünschen, mw-ombea, -m-takia, (übles) -mw-ombeza.
[6] Oder: Wollen Sie so gut sein und sich setzen.
[7] -wa na pupa (tamaa) ya, Lust haben zu; sitaki kutembea,
ich habe keine Lust auszugehen.

-pupia, -fanya pupa (ya
ob. na), begehren, ver=
langen nach.
kusudi* (III., V.), makusudi*
(Pl. V.), kasidi* (III.),
Vorfatz, Abficht.
  kusudi, kwa kusudi, ma-
  kusudi, abfichtlich (Adv.).
  bila kusudi, pasipo ku-
  sudi, unabfichtlich.
  -kusudia*, -ania*, beab=
  fichtigen.
  -kusudisha mtu, jn. be=
  ftimmen zu.

nia yangu . ., mradi
wangu . ., ich habe die
Abficht zu . . .
azima* (III.), Entfchluß.
  -azimu*, -azimia*, fich
  entfchließen.
upotofu, upotoe, Laune, Ein=
  fall (einer halsftarrigen
  Perfon).
  -potofu, launifch.
haja*(III.), uhitaji* (VI.), lazima*, Bedürfnis.[1]

39. Geift und Seele. Freundliche und ange- nehme Gefühle und Empfindungen.

-penda, lieben, gern haben.
  -pendeka, liebenswürdig
  fein.
  -pendeza mtu, jm. ge=
  fallen.
mapendo, pendo (V.), upen-
  do, mapenzi, upenzi, ma-
  habba* (Pl. V.) hubba*
  (III.), Liebe, Neigung (zu
  jm.), Zuneigung.
  ashiki*, heftige Liebe.[2]
  mapendano, upendano,
  gegenfeitige Liebe.
  kwa ajili yake, ihm zu
  Liebe.
  -fanya mapendo (ma-
  habba etc.) ya (kwa,
  na), fich in jn. verlieben.

habibu*(V.), hababi (V.),
  Geliebter, Geliebte.
-pendelea mtu, jn. bevor=
  zugen, begünftigen.
  mapendeleo, upendeleo,
  mapendelevu, pendeleo
  (V.), Bevorzugung, Gunft.
  mpenzi, kipenzi, kipendi,
  kipendo, Günftling.
fadhili* (III.), neema* (III.),
  Gunft(bezeugung).
  kwa ajili ya, kwa sa-
  babu ya, zu Gunften js.[3]
urafiki, (unter Frauen) ushoga,
  Freundfchaft.[4]
  rafiki* (III., V.), sahibu*
  (V.), muhibbi*, Freund.

---

[1] -wa na haja (lazima) na, bedürfen; -hitaji*, bedürfen; ikiwa lazima, im Bedürfnisfalle.

[2] -ashiki*, heftig lieben.

[3] Zu Gunften js. (oder einer Sache) wird meift durch die objek- tive Form des Verbums gegeben, z. B. -m-semea mtu, zu Gunften js. reden.

[4] -fanya urafiki nae, Freundfchaft mit jm. fchließen.

shoga (unter Frauen), Freundin.

mwenzi, Pl. wenzi, Ge=fährte, Genosse, Kamerad, Freund.

heshima* (III.), Achtung (die man jm. erweist), Ehre(r=bietung).

-heshshimu*, -tukuza ach=ten, ehren.[1]

-stahi*, achten, ehren.[2]

makhshumu*, mukhas-amu*, achtungswert, acht=bar, geachtet.

sikujaliwa ku-..., ich habe nicht die Ehre zu.

-sangaa (shangaa), -taajjabu*, -staajabu*[3], sich wundern, staunen.

ms(h)angao (II.), us(h)an-gazi, mataajjabu, mas-taajabu, Verwunderung, Erstaunen.

-ajabu* (III.), etwas Wunder=bares, Sonderbares, Erstaun=liches.

-ona (kitu) ajabu, sich wundern über etwas.[4]

-tia ajabu, in Erstaunen setzen.

-sangaza (shangaza), -taajja-bisha, -staajabisha, in Er=staunen (Verwunderung) setzen.

-toshea, jn. überraschen, in Verwunderung setzen.

furaha* (III.), Freude, Heiter=keit, Vergnügen.

-furahi*, sich freuen.

-ona furaha, -wa na fu-raha, Freude empfinden, fröhlich sein.[5]

-furahivu, fröhlich.

-furahisha, jn. erfreuen.

-changamka fröhlich, vergnügt sein, sich belustigen.

uchangamfu, ucheshi, Fröhlichkeit, Lustigkeit, Scherz.

-changamfu, cheshi, fröh=lich, lustig.

mzaha*, Scherz, Spott.

-fanya mzaha, scherzen.

dhihaka* (III.), ubishi (VI.), Spott, Scherz.

-fanya ubishi, fanya dhi-haka*, spotten, scherzen.

-dhihaki*, verspotten, ver=lachen, lächerlich machen.

-bishana, a) einander ver=spotten, necken; b) (nae) jn. verspotten.

-chekesha, -chesha, jn. er=heitern, fröhlich stimmen.

mchekeshaji, Spaßmacher.

uradhi* (VI.), Zufriedenheit.

ukinaifu* (VI.), Genüg=samkeit, Zufriedenheit.

radhi*, zufrieden, einver=standen.

niwie radhi*, verzeihe mir!

---

[1] Auch -m-pa (-m-fanyizia, -m-tendea) heshima, -wa na hes-hima nae, jm. Achtung bezeugen.

[2] ustahifu, Achtung.

[3] Auch -taajjabika, -staajabika, -taajjabia.

[4] Oder: etwas „bewundern" = -angalia (-ona) kwa mshangao.

[5] Freudengeschrei (der Männer), kiapio, (der Weiber) kigelegele, ugelegele; fröhlich, firhani*.

-ridhika (kwa, na kitu), -ridhia, zufrieden ſein.[1]

-kinai* (na, kwa), ſich begnügen (mit).

-ridhi(sha), -tulilia, -kora, befriedigen, zufriedenſtellen.

-kinaisha, zufriedenſtellen.

utulivu, raha* (III.), Ruhe.

-tulivu, ruhig.

-tuliza, beruhigen.

-tulia, -tulizana, ſich beruhigen.

-pata (-ona) raha, Ruhe haben.

-acha mtu, jn. in Ruhe laſſen.

matumaini* (Pl. V.), utumaini, Hoffnung.

-tumai*, -tarajji(a)*, hoffen.

-tumaini(a), -tarajjia (kitu ob. mtu), hoffen auf, vertrauen auf.

-ngojea, erwarten.

faraja*(III.), maliwazo, Troſt.

-farriji(a), -liwaza, tröſten.[2]

mfarriji*, Tröſter.

-farrijika, ſich tröſten.

40. Geiſt und Seele. Unfreundliche und unangenehme Gefühle und Empfindungen.

machukio (V.), Haß; Widerwille, Abſcheu, Ekel, Abneigung.

-chukia, haſſen[3]; verabſcheuen, ſich ekeln vor.

maoneo, maonevu, Haß, Unwille.

-onea, haſſen.

ekerahi*(III.), mzio (II.), Widerwille, Ekel.

-kirihi(a)*, -zia, verabſcheuen, ſich ekeln.

-kirihisha mtu, jn. Widerwillen, Ekel einflößen.

uadui* (VI.), adawa* (III.), Feindſchaft.

adui (III., V.), Feind.[4]

-dharau*, verachten, geringſchätzen, verſpotten.

-hakkiri*, -beua, -tweza, verachten.

udharau, dharau(V.), madharau, Verachtung.

dhalili*, gering, niedrig (a. materiellem oder moraliſchem Wert), verächtlich, gemein.

udhillifu*, Niedrigkeit, Verächtlichkeit.

hasira* (III.), ghadhabu* (III.), Zorn, Ärger, Verdruß, Unwille.

---

[1] Im Sinne von „einverſtanden ſein" auch -kubali* (kitu).

[2] Auch -tulizia roho, -ondolea huzuni, -nafasisha, -tanaffusisha.

[3] Seltener -bughudhu* (-bughodhu*). — machukizo, Ekel, Haß, Widerwillen erregende Dinge. — machukio ya chakula, mzio wa chakula, Ekel (vor einer Speiſe). — -chukiza, Haß einflößen.

[4] -patanisha, -selehisha, (Feinde) verſöhnen; — -selehiana, -suluhiana, -patana, a) ſich miteinander verſöhnen, b) nae, ſich mit jm. verſöhnen; suluhi* (III.), mapatano, Verſöhnung.

-wa na hasira, zornig,
ärgerlich fein.
-ona (-fanya) hasira, Ver=
bruß empfinden.
-kasirika, -ghadhabika,
sich ärgern, zürnen, ver=
drießlich werden.[1]
mwako (II.), ghaidhi* (III.),
Wut.
-waka, wütend fein.
ukali, Wildheit, Heftigkeit,
Hitzigkeit, Wut.
-fanya ukali, heftig wer=
den, zornig werden.
-kali, wild, heftig, wütend.
-tia ukali, in Wut
bringen.
ugomvi, magomvi, magom-
bano, mateto, mashindano,
Streit, Zank.
-gomba(na) nae, -teta(na)
nae, mit jm. ftreiten.[2]
-gomvi, -tetaji, ftreitfüch=
tig.
ghammu* (III.), hammu*
(III.), Kummer, Gram,
Sorge.
-fanya ghammu, sich grä=
men.
-tia ghammu, in Kummer
verfetzen.
sikitiko (V.), Traurigkeit, Be=
trübnis, Kummer, Bedauern.
-wa na sikitiko, -fanya
sikitiko, Betrübnis em=
pfinden.
-sikitika, trauern, traurig,

betrübt, bekümmert fein,
bedauern.
-sikitisha, betrüben, trau=
rig machen, bekümmern.
huzuni* (III.), Traurigkeit,
Trauer, Betrübnis.
-fanya huzuni, -huzunika,
sich betrüben.
-tia huzuni, -huzunisha,
betrüben, in Betrübnis
verfetzen.
majonzi, jitimai, kihoro,
Kummer, Gram, Bedauern.
-fanya majonzi, -jonza,
-fanya jitimai, -ona ki-
horo, bekümmert fein, sich
grämen.
usononi, Traurigkeit.
-sononi, traurig.
-sononeka, sich betrüben.
-sononesha, betrüben.
uchungu, a) Bitterkeit (im eig.
Sinne); b) Schmerz; Ver=
bitterung, Ärger, Kummer.
-chungu, ärgerlich, ver=
drießlich.
wa na uchungu, -ona
uchungu, verdrießlich
fein.
roho yake ina kinyongo, er
ift melancholisch, verbittert.
simazi (III.), Niederge=
schlagenheit, Kummer.
majuto (Pl. V.), majutio,
Reue, Bedauern.
-juta, -tubu*, bereuen, be=
dauern.

---

[1] -kasirisha, -ghadhabisha, zornig (ärgerlich, verdrießlich) machen,
jß. Zorn ꝛc. erregen (= -tia hasira, -tia ghadhabu); Anfall von Zorn,
kipindi cha hasira.

[2] -gombana, -tetana, miteinander ftreiten.

khofu* (III.), Furcht, Angſt,
Beſorgnis, Schrecken.
  -wa na khofu, Furcht
  haben, ſich fürchten.
  -khofisha, -tia khofu, in
  Furcht ſetzen, erſchrecken.
uoga (VI.), Angſt, Ängſtlich=
keit, Feigheit.
  -wa na uoga, Angſt ha=
  ben.
  -oga, — mwoga, feige. —
  Feigling.
  -ogopa, fürchten.
  -ogofya, ogofisha, ängſti=
  gen, einſchüchtern, er=
  ſchrecken, in Angſt und
  Schrecken ſetzen; drohen.
-cha, fürchten.
  -tisha, einſchüchtern, er=
  ſchrecken; drohen.
  utisho, tisho (V.), kitisho,
  wogofya, Drohung.
-kamia mtu, jm. drohen, ihm
Vorwürfe machen.
  makamio, Drohung.
  -ji-kamia, ſich Vorwürfe
  machen.
fadhaa* (III.), Unruhe, Be=
ängſtigung, Furcht.
  -fadhaika, ſich beunruhigen,
  ſich ängſtigen, erſchrecken.
  -fadhaisha, beunruhigen,
  ängſtigen.

-sumbua (mtu), -sumbusha,
ſtören, quälen, beunruhigen.
  -sumbuka, ſich beunruhi=
  gen, geſtört, gequält wer=
  ben.
udhia* (III.), a) Lärm; b)
Unruhe, Unbequemlichkeit,
Schwierigkeit, Ungelegen=
heit.
  -fanya udhia, -udhi, Un=
  gelegenheiten machen, in
  Verlegenheit bringen.
-ji-tia shughuli* rohoni [1],
ſich beunruhigen, ſich Gedan=
ken machen.
  -shughulika*, von einem
  (quälenden) Gedanken be=
  herrſcht werden.
  -shughulisha mtu, jſ. Ge=
  banken beſchäftigen, ihn
  beunruhigen.
-ingiwa khofu, -ona (-fanya)
kitisho, erſchrecken (intr.).
-kutuka, erſchrecken (intr.).
  kituko, Schreck.[2]
-kutusha mtu, jn. erſchrecken.
-kata tamaa, verzweifeln.
  -m-katia tamaa, jm. die
  Hoffnung nehmen.
  mkato wa tamaa, Ver=
  zweiflung.
kisirani* (w. Verluſt), Ent=
täuschung.

41. Geiſt und Seele. Wahrnehmung und Denken.

akili* (III.), Verſtand, Geiſt,
Vernunft.
  -pata akili, Verſtand be=
  kommen, vernünftig wer=
  ben.

  -potea akili, ſeinen Ver=
  ſtand verlieren.
  -enyi akili, -a akili, ver=
  ſtändig, vernünftig.
-sikia, verſtehen.

---

[1] Wörtlich etwa: ſich etwas in den Kopf ſetzen.
[2] -wa na kituko, -ingiwa ni kituko, erſchreckt ſein.

hasikii kisuahili, er ver=
ſteht kein Suahili.
umesikia? haſt du ver=
ſtanden?
-elea, jm. klar, verſtänblich
werden, einleuchten.
imekuelea? iſt es dir klar
geworden? haſt du es ver=
ſtanden?
-eleza, erklären.
-fahamu*, verſtehen, begreifen,
ſich erinnern.[1]
ufahamivu, Verſtändnis.
-fahamia, daran denken.
-fahamika, verſtänblich
ſein.
-fahamisha (mtu kitu),
(jm. etw.) verſtänblich
machen.
-jua, wiſſen, kennen; können
(im Sinne von verſtehen).
-julisha, kennen lehren.[2]
-julikana, bekannt ſein.
maarifa* (Pl. V.), ujuzi,
Wiſſen, Kenntniſſe.
maarufu*, bekannt; be=
rühmt.
-arrifu*, benachrichtigen.
-tambua, erkennen, wiederer=
kennen.
-tambulikana, erkennbar
ſein, ſich erkennen laſſen.
elimu* (III.), Wiſſenſchaft,
Gelehrſamkeit.
mwallimu*, Lehrer.
maalūm*, bekannt, berühmt.

-taállam, gelernt haben.
khabari* (III.), Nachricht,
Kunde, Kenntnis (von etw.).
-pata khabari (ya), Nach=
richt (Kunde, Kenntnis)
erhalten (von), erfahren.
-m-pa khabari, jm. Nach=
richt (Kunde, Kenntnis)
geben, benachrichtigen.
-m-pasha khabari, jm.
Nachricht zukommen laſſen.
-m-letea khabari, jm.
Nachricht bringen.
-tangaza (-eneza) khabari,
eine Nachricht verbreiten.
-fafanua (objektiv -fafanulia),
-pambazua (objektiv -pam-
banulia), -tafsiri*(-tafsiria),
-fassiri* (-fassiria), erklären
(jm. erklären).
-agua ndoto, -tabiri* ndoto, einen Traum erklären,
deuten.
maana* (III.), Bedeutung,
Sinn.
mizungu (Pl. II.), Talent,
gute Anlage, Fähigkeit.
ana mizungu, er hat
Talent.
uwezo, Fähigkeit.
-weza, können, fähig ſein.
-enyi elimu, fähig (von
Perſonen).
-dhanni(a), -ona, meinen[3]
(= die Anſicht haben).

---

[1] fahamu* (III.) iſt auch das Bewußtſein, z. B. -pata fahamu,
das Bewußtſein wiedererlangen.

[2] -juisha, bekannt, berühmt machen; -ji-juisba, -ji-juvya, -ji-
juvisba, ſich bekannt machen, ſich einen Namen machen.

[3] Meinung, ſ. S. 61; er hat eine ſchlechte Meinung von dir, ana-
kuona (anakudhanni) mtu mbaya, was für eine Meinung haſt du

-toa (-sema) shauri yake,
ſeine Meinung ſagen.
udhanni*, dhanni* (III.),
Meinung, Anſicht, An=
nahme, Vermutung.[1]
hojja*, Beweisgrund, Argu=
ment, Folgerung.
-toa hojja, argumentieren.
buruhani*, dalili* (III.),
Beweis.[2]
-baini (ſtatt -baiyini), a) unter=
ſcheiden, b) erkennen, wiſſen.
-bainika, bekannt, offenbar,
klar werden.
-bainisha, erklären, be=
ſtimmen.
-angalia kitu, etwas in Be=
tracht ziehen; bemerken, be=
obachten.
-angalia kama, -ona ka=
ma, betrachten als, an=
ſehen als.
-onya, -onyesha, jn. da=
rauf aufmerkſam machen.
tafauti*, ikhtilafu*, Unter=
ſchied.
hali yako na hali yangu
mbalimbali, zwiſchen uns
iſt ein Unterſchied.
. . . si sawa, si moja,
. . . iſt nicht gleich, . . .
iſt nicht dasſelbe.
-fafanu(sh)a, -pambanua,
unterſcheiden (durch die Sinne
oder den Geiſt).
-shauri*, -pa shauri, jm. raten;
zu etwas raten.[3]

shauri (V.), Rat.
-nasihi*, raten (zum Guten),
ermahnen.
nasaha* (III.), guter Rat.
-usia*, a) beauftragen, jn. ver=
anlaſſen; b) teſtamentlich
anordnen; c) ermahnen.
mausio*, wasia*, Ermah=
nung.
-onya, warnen.
-saddiki* (für wahr halten),
-ammini* (glauben an),
glauben.
-saddikia, -amminia, glau=
ben an.
-ona kweli, -ona hakika,
für wahr halten.
-saddikisha, -hakkikisha, jn.
überzeugen.
-thubutisha, überreden,
überzeugen; überführen.
-kubalisha mtu shauri
yake, jn. zu ſeiner An=
ſicht bekehren.
hakika* (III.), kweli, Wahr=
heit; (adv.) in Wahrheit,
wirklich).
shakka* (V.), tashwishi*,
Zweifel, Ungewißheit.
bila shakka, hapana
shakka, zweifellos, ohne
Zweifel.
-fanya (-ona) shakka (ob.
tashwishi), Zweifel hegen,
zweifeln.
yakini*, beſtimmt, gewiß,
ſicher.

---

darüber? was meinſt du dazu? unaonaje maneno hayo? die öffent=
liche Meinung, mawazo ya watu.

[1] ndhanni tu, ein Vorurteil.
[2] beweiſen, -thubutisha, -hakkiki, -hakikisha, -onya hakika ya.
[3] Z. B. zum Frieden raten, -shauri amani, -pa shauri ya amani.

hapana hakika, es ist
unbestimmt, unsicher.
-to-tambulikana, unbe=
stimmt sein.
-tuhumu*, -shutumu*, shu-
ku*, argwöhnen, Verdacht
haben, beargwöhnen.[1]
matuhumu, utuhumu;
shutumu (V.), ushutu-
mivu, mashutumio,
mashuku, Argwohn, Ver=
dacht.
ukumbuka, ukumbuko, ufa-
hamu*, Gedächtnis.
ufahamivu, gutes Gedächt=
nis.
-wa na fahamu ya kitu,
etw. im Gedächtnis haben.
-soma kwa moyo, aus
dem Gedächtnis hersagen.
-kumbuka, -fahamu*, sich er=
innern.
-kumbusha, -fahamisha,
(jm.) erinnern.
ukumbuko, kumbuko
(V.), ufahamu*, faha-
mu* (III.), Erinnerung.[2]
-sahau*, vergessen.
mjuzi wa mambo, mwenyi
maarifa, erfahren (d. h. Er=
fahrung besitzend).
-wa na maarifa ya, Er=
fahrung in etwas haben.

hodari*, geschickt, erfahren (in).
hodari wa kazi, geschickt
in der Arbeit.
uhodari, Geschicklichkeit.
-erevu, mahiri*, schlau, klug;
gewandt, geschickt.
uerevu, umahiri, Schlau=
heit, Klugheit, Gewandt=
heit.
-jinga, unwissend, thöricht.
mjinga, Thor, Narr.
ujinga, Unwissenheit.
-pumbafu, dumm.
upumbafu, Dummheit.[3]
-pungufu wa akili, -kosefu
wa akili, geistlos, unver=
ständig.
ukosefu wa akili, Mangel
an Verstand.
upuuzi (VI.), thörichtes, alber=
nes, leeres Geschwätz.
ana wazimu (w. er hat Dä=
monen), er ist verrückt,
wahnwitzig, irrsinnig.
mwenyi wazimu, mwen-
da wazimu, majinuni*,
toll, wahnwitzig, irr=
sinnig.
-fanya (-ingia) wazimu,
verrückt werden.
ana mahoka, er ist toll, ver=
rückt.

---

[1] 3. B. -m-shutumu kwa vibaya, jn. im Verdacht schlechter
Handlungen haben.
[2] Erinnerungszeichen, ukumbusho.
[3] Dumm sein, -pumbaa, -pumbazika.

42. Die Sprache.

maneno (Pl. V.), lugha (III.),
  Sprache.[1]
    maneno ya kikwao, Mut=
    tersprache.
neno (V.), a) Wort; b) Sache,
  Angelegenheit.
kauli* (III.), die Sprache
  (d. h. die Fähigkeit zu
  sprechen); Ausspruch, Wort.[2]
-sema, sprechen.
    -semeza (-semesha) mtu,
    jn. zum Sprechen bringen.
    -semea, von etwas oder
    jm. sprechen.
    usemi, masemo, das
    Sprechen, die Art zu
    sprechen, js. Sprache,
    Redeweise; die Rede.
    msemi, msemaji, Spre=
    cher.
    -sema mtu, übel von jm.
    reden.
    -sema na mtu, mit jm.
    sprechen.[3]
-nena, sagen[4], sprechen (im
  Sinne von sagen).

-nena kitu, etwas sagen.
-nena mtu, übel von jm.
  reden.
-nenea mtu, von jm.
  sprechen.
-nena na mtu, mit jm.
  sprechen.
-mw-ambia, jm. sagen.[5]
  nimeambiwa, es ist mir
  gesagt worden.
-ambiana, einander etwas
  sagen.
amba mtu, schlecht von
  jm. sprechen.
sauti* (III.), Stimme.
  -paliza sauti, die Stimme
  erheben, laut sprechen.
  kwa sauti kubwa[6], laut
  (Adv.).
  -punguza sauti, -tuliza
  sauti, die Stimme däm=
  pfen, leise sprechen.
  kwa sauti ndogondogo,
  leise (Adv.).
-nong'ona, flüstern.

---

[1] Die einzelne Sprache wird durch das Präfix ki- bezeichnet, vgl. Gramm. II, § 27; z. B. kisuahili oder maneno ya kisuahili, die Sua= hilisprache.

[2] sina maneno mawili (ich habe nicht zwei Wörter), ich halte mein Wort; mtu wa kauli mbili (auch wa ndimi mbili), zweizüngiger Mensch; jm. sein Wort geben, -agana nae, -mw-ahidi*; sein Wort halten, -timmiza* ahadi (oder maagano); ein Mann von Wort, mtu amini (mwamini, mwaminifu); nina neno la kukuambia, ich habe dir etwas zu sagen; hasemi (hatoi) neno, er sagt kein Wort; kwa maneno kidogo, in wenig Worten; das letzte Wort (beim Handel), neno la mwisho u. s. w.

[3] -sema kichembe, eine schwere Zunge haben; -sema puani (kipuani), durch die Nase sprechen (f. king'ong'o).

[4] Absolut gebraucht, ohne Hinzufügung der Person, der man etwas sagt. Ist diese ausgedrückt, so gebraucht man meist -ambia.

[5] Immer mit Hinzufügung der Person, der man etwas sagt.

[6] Oder kwa kupaliza sauti.

-sema kwa kunong'ona, mit Flüsterstimme spre=chen.

-m-nong'oneza, jm. etwas ins Ohr sagen.

ulimi (VI.), Zunge (= Sprech=fähigkeit).

ulimi wake mzito, er hat eine schwere Zunge.

ulimi wake mwepesi[1], er hat ein gutes Mund=werk.

ana kilimi[2], a) er hat ein gutes Mundwerk; b) er hat eine böse Zunge.[3]

ana domo[4], er hat ein gutes Mundwerk.

-sema king'ong'o, -wa na king'ong'o, durch die Nase sprechen.

mwenyi king'ong'o, Näs=ler.

king'ong'o, das Näseln.

-weweteka, -weweseka, -bo-boteka, im Schlafe sprechen (oder schreien).

-zungumza (nae), sich unter=halten (mit jm.).

-ji-zungumza nae, sich mit jm. unterhalten.

mazungum(u)zo, mzun-gum(u)zo, Unterhaltung.

-ongea (nae), plaudern (mit jm.).

maongezi, Plauderei.

-payuka, schwatzen.

upayukaji, Geschwätz.

mpayukaji, Schwätzer.[5]

upuuzi, maneno ya upuuzi, (leeres, nichtiges, thörichtes) Geschwätz, Unsinn.

-puuza maneno, ins Blaue hinein schwatzen, Unsinn schwatzen.

-karibia mtu, -sogea mtu[6], jn. anreden.

-karibiana, -sogeana, ein=ander anreden.

maneno (Pl. von neno), Rede, Unterhaltung.

-sema maneno mengi, eine Rede halten.

-ita, a) rufen; b) nennen; c) einladen.[7]

-itwa, heißen (d. h. ge=nannt werden).

jina lako nani? wie heißt bu?[8]

akamwita awe waziri, er berief ihn als Minister.[9]

---

[1] Oder auch ana ulimi mwepesi.

[2] Wörtlich: er hat ein Zünglein.

[3] mlimi, einer, der eine böse Zunge hat.

[4] W.: er hat eine große Lippe; -piga domo, zuviel sprechen, schwatzen.

[5] Auch mpiga domo, mwenyi maneno mengi (oder vijineno).

[6] Mit Hinzufügung von -ka-mw-ambia; statt -karibia und -sogea (w. sich nähern) kann man auch -kuta, kutana nae (begegnen) oder -kabili, -elekea (gegenübertreten) gebrauchen.

[7] Einladen auch -alika.

[8] Er heißt Joseph, jina lake anakwitwa Jusuf (jina lake ist absoluter Kasus).

[9] Auch akamwita kumweka waziri, akamtaka awe waziri oder einfach akamweka waziri (akampa uwaziri).

-piga kelele (ober makelele), laut rufen, schreien, lärmen.
  -piga ukelele, einen Schrei ausstoßen.
  -piga yowe, -lia shime, -piga kiyowe, Hülfe schreien.
  -lalama, -lalamika, (laut) jammern.
  makelele, kelele (Pl. VI.), Geschrei, Lärm.
jina, Pl. majina, Name, Ruf.
  -pa jina, einen Namen geben, nennen.
  -uliza mtu jina lake, jn. nach seinem Namen fragen.
  -pata jina kubwa (sifa), sich einen Namen machen.
  kwa amri ya sultani, im Namen des Sultans.
kivumi, uvumi, uvumo, vumi (V.), vumo (V.), Ruf (den man hat).
  sifa* (III.), guter Ruf, guter Name.
  -wa na sifa, berühmt sein.
  -enyi sifa, berühmt.

mashuhúr*, maarufu*, maalúm*, berühmt.
-taja, nennen (d. h. den Namen sagen).
  -taja jina lake, seinen Namen nennen.
  -weka waziri, zum Minister ernennen.
-uliza, -ulizia, fragen.[1] - maulizo, maulizi, suali* (III., V.), Frage.
-jibu* mtu (-jibia), jm. antworten.
  -itika, (auf einen Ruf) antworten.
  majibu*, jawabu*, Antwort.[2]
-nyamaa. -nyamaza, schweigen, still sein.
  -nyamaza, -nyamazisha, zum Schweigen bringen.
  unyamavu, Schweigen.
  -nyamavu, schweigend.[3]
kimya(IV.), Schweigen; Stille.
  -kaa kimya, still sein, schweigen.

---

[1] Seltener -saili(a)*.
[2] Auf einen Ruf: mwitiko, maitikio (nitikio, kiitikio).
[3] Von Personen.

VI. Abschnitt.
Der moralische Mensch.

———

43. Tugenden. Gute Eigenschaften. Allgemeines.

tabia* (III.),Charakter (nzuri,
ngema, gut; mbaya schlecht).
mwendo (II.), kikao (III.),
der Wandel, die Führung,
die Handlungsweise.
  -wa na mwendo wake
  mzuri, sich gut führen.
  kikao chake si chema,
  er führt einen schlechten
  Lebenswandel.
dhamiri* (III.), das Gewissen.
  moyo, roho, das Gewissen;
  der Charakter.
  moyo safi (mweupe), rei=
  nes, gutes Gewissen.
  hana moyo, er hat kein
  Gewissen.
yaliyopasha (was sich geziemt),
  die Pflicht.
  -tenda yaliyopasha, seine
  Pflicht thun.
  -timiza yaliyopasha,
  seine Pflicht erfüllen.
  imenipasha, es ziemt mir,
  es ist meine Pflicht, ich
  muß.
  amenipasha shukrani,
  nimepashwa nae shu-
  krani, er hat mich zu
  Dank verpflichtet, ich
  schulde ihm Dank.

sina buddi* (ich habe keinen
  Ausweg =) ich muß.[1]
  hapana buddi, haina buddi, man muß, es ist nötig,
  erforderlich, unumgäng=
  lich.
lazima* (III.), die Notwen=
  digkeit; notwendig.
  nina lazima, ich muß.
  yaliyo lazima, das Not=
  wendige.
  -lazimisha mtu, jn. nöti=
  gen, zwingen.
  -lazimika[2], genötigt sein,
  müssen.
wajibu* (wājib), was jn. ob=
  liegt, die Notwendigkeit, die
  Pflicht.
  wājib, es ist nötig.
  -wajibisha, jn. nötigen,
  zwingen.
nina shurti (ich habe die Be=
  dingung =), ich bin ver=
  pflichtet, ich muß.
  -shurtisha, jn. verpflichten,
  zwingen.
-m-tia nguvu, -m-fanya nguvu (jm. Gewalt anthun),
  jn. nötigen, zwingen.
  kwa nguvu, mit Gewalt,
  gewaltsam.

———

[1] Über die Konstruktion des abhängigen Satzes vgl. Gramm. II,
§ 145.
[2] Auch -lazimiwa, -lazimishwa.

afadhali* (mit folg. Infin. ob. Konj.), es ist besser, es wäre besser, man sollte, möchte.
  ingekuwa vema (vizuri), es wäre besser.[1]
fardhi, faradhi* (III.), Pflicht, Verpflichtung.
desturi[2] (III.), die Sitte, der Brauch, was sich schickt, oder gehört.
mazoezi, mazoezo, mazoea, Gewohnheit, Sitte.
  mazoezi mema, gute Sitten.
  -zoea, sich gewöhnen.
  -zoeza, jn. gewöhnen.
  zoevu, -zoea, gewöhnt.
fadhila* (III.), Tugend, gute Eigenschaft.
  mwenyi fadhila, tugendhaft.
uchaji, takwa* (III.), Gottesfurcht, Frömmigkeit, Tugend.

mwenyi takwa, gottesfürchtig, tugendhaft.
utawa (VI.), Keuschheit, Tugend.
  mtawa, keusch, tugendhaft.
salihi*, msuluhivu*, msilihi*, (m-)salihina*, rechtschaffen, untablig, tugendhaft, ehrlich.
adabu* (III.), die Moral, die gute Sitte, der Anstand, die Bildung.
  -enyi adabu, moralisch, gesittet, anständig, gebildet.
  -wa na adabu, gesittet ꝛc. sein.
adili*, mwadilifu*, gerecht, rechtschaffen, ehrlich.
  -enyi hakki, rechtschaffen.
  uadilifu, Gerechtigkeit, Rechtschaffenheit, Ehrlichkeit.

44. Die Tugend der Güte.

-ema, gut, gütig.
  uema, Güte[3]; Wohlwollen, Nachsicht.
  mema (Pl. V.), Gutes[4]; Wohlthaten.
  vema, vizuri, gut (Adv.).
ukarimu, Edelmut, Großmut, die Wohlthätigkeit, Gastfreundlichkeit, Freigebigkeit.
  karimu*, mkarimu, edelmütig, großmütig, wohl-

thätig, gastfreundlich, freigebig.
fadhili* (III.), neema* (III.), Wohlthat, Gefallen, Gefälligkeit.
  -fadhdhili*, jn. wohlthun; ihm gefällig sein.
  mfadhili, wohlthätig, gefällig.
ruhuma* (III.), rehema* (III.), Mitleid, Erbarmen, Nachsicht.

---

[1] Z. B. tukikaa hapa, wenn wir hier blieben.
[2] Persisch.
[3] Habe die Güte, tafadhdhali*, kun* radhi*, uwe radhi*.
[4] -m-tendea mema, jm. Gutes thun.

-wa na ruhuma, Mitleid
haben.
-ona ruhuma, Mitleid
empfinden.
-mw-onea ruhuma, jn. be=
mitleiden, Mitleid mit jm.
haben.
-ruhumia, -rehemia, be=
mitleiden.
-enyi ruhuma, mitleidig,
barmherzig.
saburi* (III.), Geduld.
-enyi saburi, geduldig.
-saburi, geduldig ertragen.
mavumilio, uvumilivu, Ge=
buld; Nachsicht.
-vumilivu, geduldig, nach=
sichtig.
-vumilia, geduldig sein;
ertragen.
-vumilika, zu ertragen
sein.
ustahimilivu*, Geduld; Nach=
sicht.
-stahimili* (-vu), -himili*,
geduldig, nachsichtig.
-stahimili*,[1] -himili*, ge=
buldig, nachsichtig sein;
ertragen.
-teswa, zu ertragen haben, be=
troffen werden von, heim=
gesucht werden von.
muungu amemtesa, Gott
hat ihn heimgesucht.
teso (V.), Heimsuchung,
rukhusa*, rukhsa* (III.), Er=
laubnis.

-taka (-omba) rukhusa,
um Erlaubnis bitten.[2]
-pa rukhsa, -rukhusu*,
Erlaubnis geben.
-wa na rukhusa, Erlaub=
nis haben, bürfen.
hapana rukhusa, es ist
nicht erlaubt.
-acha mtu afanye kitu, jm.
gestatten etw. zu thun, jn.
etw. thun lassen.
-samehe*, -achilia, -ondolea,
verzeihen[3], vergeben.
msamaha*, masamehe, ma-
ondoleo, Verzeihung, Ver=
gebung.[4]
-sameheka, verzeihlich sein.
-taka (-omba) toba, kom-
bo, msamaha, um Ver=
zeihung bitten.
toba! ich bitte um Ver=
zeihung.
niwie radhi*, kun* radhi*,
entschuldige mich! erlaube
mir! nimm es nicht übel!
-omba radhi, um Ent=
schuldigung bitten.
-m-taka radhi, -mw-om-
ba radhi, sich bei jm.
entschuldigen, ihn um Ent=
schuldigung bitten.[5]
udhuru* (III.), Entschuldi=
gung(sgrund).
hojja* (III.), Vorwand.
-ji-singizia ugonjwa,
Krankheit vorschützen.

---

[1] Auch -stahamili.
[2] nataka (naomba) rukhusa, ich bitte mich entfernen zu bürfen.
[3] Von Gott gebraucht man auch die Ausbrücke -ghofiri*(a), -afu*.
[4] Auch ghofira*, maghofira*.   [radhi.
[5] Für jn. um Entschuldigung bitten, -m-takia radhi, -mw-ombea

45. Die Tugend der Gerechtigkeit.

adili* (III.), uadili (VI.), Ge=
 rechtigkeit, Billigkeit.
    adili*, -adili*, -adilifu,
    gerecht.
hakki* (III.), Gerechtigkeit,
 Billigkeit; Recht, Gebühr;
 was jm. zukommt.

-enyi hakki, -a hakki,
 gerecht, billig; berechtigt.
ana hakki, er hat recht.
-m-pa hakki yake, jm.
 Gerechtigkeit widerfahren
 laſſen.[1]

46. Die Tugend der feinen Sitte.

adabu* (III.), feine Sitte[2],
 Höflichkeit, Anſtand.
    -enyi adabu, -a adabu,
    höflich, geſittet.
kiungwana (III.), maungwa-
 na, edle Sitte, Sitte der
 gebildeten Leute.[3]
    -enyi maungwana, -a
    kiungwana, geſittet, höf=
    lich.
heshima* (V.), Ehre(nbezeu=
 gung), Achtung.
    usifanye heshima* nyingi
    mno! machen Sie keine
    Umſtände.[4]
-pokea mgeni, einen Gaſt auf=
 nehmen.[5]
    mwenyeji, Wirt.
    mgeni, Fremder, Gaſt.
-heshshimu*, -tukuza, ehren,
 achten.
    -m-tendea (-fanyizia, -pa)
    heshima, jm. Achtung er=
    weiſen.

mtu wa heshima, ach=
 tungswerter Mann.
makhshumu*, mukha-
 shami, ehrenwert, acht=
 bar, ehrwürdig.
sifa* (III.), Lob; Achtung (die
 man genießt), Anſehen,
 Ruhm.
    -wa na sifa[6], Achtung ge=
    nießen.
    -sifu* mtu, jm. loben; jm.
    achten.
    -sifiwa na watu wote,
    die allgemeine Achtung
    genießen, angeſehen ſein.
haya* (III.), Scham (die man
 empfindet), Beſcheidenheit,
 Zurückhaltung; Schande.
    -enyi haya, verſchämt, be=
    ſcheiden.
    pasipo majivuno (ohne
    Großthuerei), beſcheiden
    (Adv.).

---

[1] = Ihm geben, was ihm zukommt.
[2] Vgl. auch Abſchn. 43.
[3] Der wangwana an der Küſte im Gegenſatz zu den washenzi.
[4] usishughulike, usifanye mambo, starehe.
[5] S. ukarimu und (m)-karimu in Abſchn. 44.
[6] = -wa na heshima, -pata sifa (oder heshima).

-ona haya, -wa na haya,
ſich ſchämen.
-tia (-fanya) haya, be=
ſchämen.
unyenyekeo, unyenyekevu,
Demut, Beſcheidenheit.
-nyenyekevu, demütig,
beſcheiden.
-unyenyekea, demütig, be=
ſcheiden ſein.[1]
-kundufu, freundlich, leut=
ſelig.

ukundufu, Freundlichkeit,
Leutſeligkeit.
mapendezi, Liebenswür=
digkeit.[2]
upole, Sanftmut, Freund=
lichkeit.
wajibu*, tafadhali*, yasta-
hili (uende), es geziemt ſich,
es ſchickt ſich, es gehört ſich,
es gebührt ſich (zu gehen).
imekupasha (uende), es
ziemt ſich für dich (zu
gehen).

47. Die Tugend der Weisheit.

hekima* (III.), Weisheit.
-enyi hekima, -a hekima,
weiſe.
utartibu* (VI.), busara* (III.),
Vorſicht, Klugheit.
-enyi tartibu, -enyi bu-
sara, klug, vorſichtig,
mäßig.
-ji-zuia, -ji-tiisha*, ſich beherrſchen.
-zuia hasira yake, ſeinen
Zorn beherrſchen.
hana mzuilio, er vermag
ſich nicht zu beherrſchen.
matengeneo (Pl. V.), Ord=
nung.
-tengeneza, in Ordnung
bringen.
hapana usikizi mjini humo,
es herrſcht keine Ordnung
in dieſer Stadt.

hadhari* (III.), Vorſicht.
-wa na hadhari, -kaa
hadhari, -fanya hadhari,
vorſichtig ſein, ſich in acht
nehmen (vor = na).
-hadhari, -ji-hadhdhari,
-tahadhdhari, ſich hüten,
ſich in acht nehmen.
-epuka mtu (od. na mtu),
-ji-tenga (na mtu), ſich vor
jm. in acht nehmen.
angalieni, wasiwadanganye!
nehmt euch in acht, daß
man euch nicht betrügt!
-angalizi, vorſichtig.
simille, similla, Pl. similleni
vorgeſehen![3]
-taiyari*, -fanya (-weka) taiyari,
fertig machen, bereit machen,
vorbereiten.
-ji-taiyari, -ji-fanya (ji-

---

[1] Gegen jm. -nyenyekea mtu; — demütigen, -fedhehesha, -hak-
kirisha, -tia katika haya.
[2] Liebenswürdig, gefällig, -enyi mapendezi (upendezi); ſich
liebenswürdig benehmen, -ji-pendekeza.
[3] Warnungsruf an Straßenpaſſanten.

weka) taiyari, sich bereit machen, sich vorbereiten.

-fanya yote taiyari, alles vorbereiten, seine Maß-regeln treffen.

taiyari*, fertig, bereit.

48. Die Tugend der Treue.

uaminifu* (VI.), Treue, Ehr-lichkeit, Gewissenhaftigkeit; Vertrauen.

amini*, -amini*, -ami-nifu*, treu, ehrlich, ge-wissenhaft.

-amini mtu; -staamani mtu, jm. vertrauen, ihm glauben, sich auf ihn ver-lassen.

-weka amani kwa, jm. etw. anvertrauen.

mwamini wa ahadi, zu-verlässig (Person).

-saddiki* mtu, jm. glauben; (kitu, etw. glauben).

-shika maneno ya mtu, js. Worten glauben.

-saddikika, glaublich sein.

-timm(il)iza* ahadi, sein Ver-sprechen halten.

-vunja ahadi, sein Ver-sprechen brechen.

ahadi* (III.), uahadi* (VI.), Versprechen.

-ahidi*(a), versprechen.

-agana nae, mit jm. verab-reden, vereinbaren, ihm ver-sprechen.

agano (V.), maagano, mwagano, Abkommen, Verabredung, Verspre-chen.

-tumaini*(a) mtu, sich auf jn. verlassen, jm. vertrauen.[1]

matumaini, utumaini, Vertrauen.

-egemea, -tegemea (kwa), a) sich stützen auf (eig.); b) sich verlassen auf.

sirri* (III.), Geheimniß.

maneno ya faragha*, ma-neno ya sirri, vertrau-liche Mitteilung; Geheim-nisse.

-a faragha, -a sirri, ge-heim.

kwa faragha, kwa sirri, im geheimen, insgeheim.

mzuivu wa sirri, diskret.

usaddiki*, Wahrhaftigkeit, Aufrichtigkeit.

saddiki*, wahrhaft, auf-richtig; glaublich.

msaddiki, msaddaka, wahrhaft, glaubwürdig, aufrichtig.

kweli (III.), ukweli, Wahr-heit.

hakika* (III.), Wirklich-keit, Wahrheit.[2]

mnena kweli, msema kweli, wahrhaft (Mensch).

-sema kweli, die Wahr-heit sagen.

-a kweli, -a hakika, wahr.

---

[1] Auf Gott, auch -tawakkali kwa muungu.

[2] (kwa) kweli, (kwa) hakika, in Wahrheit, in Wirklichkeit, wirk-lich, in der That. — jambo la hakika, Thatsache.

-wa kweli (hakika), wahr
sein.

sahihi*, barabara, richtig,
korrekt.

49. Sonstige Tugenden und gute Eigenschaften.

shauri* moja, (ein Plan =)
Eintracht.
  -wa shauri moja, einträch=
  tig sein.
-patana, -wafikana, -agana,
sich verständigen, ein Ab=
kommen treffen.
  mapatano, die Verstän=
  digung, das Abkommen,
  der Vertrag.[1]
-kubali *neno, -ridhia* neno,
mit etw. einverstanden sein.
  ukubali, uradhi, Einver=
  ständnis.
-tii*, -sikiza (mtu), gehorchen.
  taa* (III.), utii* (VI.),
  usikizi, Gehorsam.
  -tii*, -sikizi, gehorsam.
  -tiisha, -sikizisha, zum Ge=
  horsam zwingen, unter=
  werfen.
-pasha amri yake, jn. unter=
werfen.
  -pashwa amri yake, jm.
  unterworfen, unterthan
  sein.
-fuasa (-shika) shauri yake,
js. Rat befolgen.
-tawa*, keusch, enthaltsam.
  utawa, Keuschheit, Enthalt=
  samkeit.
mkinaifu* wa chakula, mäßig
(im Essen).
  mkinaifu wa kunywa,
  mäßig (im Trinken).

ukinaifu, Mäßigkeit.
-tumia kwa kadiri (kwa tartibu), maßvoll (vorsichtig)
ausgeben = sparen.
  hatumii burre, er giebt
  nicht(s) unnütz aus.
-weka akiba, Ersparnisse ma=
chen.
  -weka fedha, Geld zurück=
  legen.
-ekevu, fleißig, emsig, auf=
merksam.
  uekevu, Fleiß.
  mtenda kazi, arbeitsam.
juhudi* (III.), ijitihadi* (III.),
Fleiß, Eifer.
  -fanyi juhudi (ijitihadi),
  sich Mühe geben, sich be=
  mühen, sich anstrengen.
  -jitahidi*, sich bemühen.
bidii* (III.), Eifer, Anstren=
gung.
  -fanya bidii, sich anstren=
  gen, sich Mühe geben.
-sikizi (horchend), -angalizi
(schauend), aufmerksam.
  -sikiza, -sikiliza, -angalia,
  aufmerksam sein.
tamaa (pupa) ya heshima,
Ehrgeiz.
  -enyi tamaa ya heshima,
  ehrgeizig.
fahari* (III.), sifa* (III.),
Ruhm.
-tendaji, thätig.

---

[1] Auch -maagano, mwagano (II.), kiagano, maafikano.

-tenda kazi, arbeiten.
shukuru* (III.), ushukuru*,
shukrani* (III.), Dank,
Dankbarkeit.
  -shukuru* mtu, jm. dan=
  ken.
  -ambia marahaba(ahsan-
  ti), mit Worten danken.[1]
  -wa na shukrani, dankbar
  ſein.
moyo (w. Herz), moyo mkuu,
Mut.
  uwe na mojo! Mut ge=
  faßt![2]
  -wa na (ob. -fanya) moyo
  chache, den Mut ver=
  lieren.
  -pa (-tia)moyo, ermutigen.
uthabiti*, uhodari*, Feſtigkeit,
Mut, Standhaftigkeit.
  thabiti*, hodari, ſtandhaft,
  mutig.
  -thubutu*, wagen.

thubutisha, Mut einflößen.
ushujaa*, Tapferkeit.
  shujaa (V.), tapfer; Held.
ukavu wa macho[3], ujasiri*,
Kühnheit, Verwegenheit.
  -kavu wa macho, -jasiri*,
  kühn, verwegen.
  -jasiri*, wagen.
khatari* (III.), afa* (V.), Ge=
fahr.
  -tia khatarini[4], -khati-
  risha, in Gefahr bringen.
usafi, utakatifu, takato (V.),
Reinheit.[5]
  safi*, -takatifu, rein.
  -safisha, -takasa, reinigen.
ushupavu, imara*, Beharr=
lichkeit, Feſtigkeit.
  -shupavu, imara, beharr=
  lich, feſt.
  -shupaa, -dumu*, be=
  harren.

50. Laſter, Untugenden, Fehler, ſchlechte Eigen-ſchaften. Allgemeines.

-baya, ſchlecht, ſchlimm, böse.
  ubaya; mabaya, Schlech=
  tigkeit; Böſes.
  -m-tendea vibaya, jn.
  ſchlecht behandeln, ihm
  Böſes zufügen.
  vibaya, ſchlecht (Adv.).
-ovu, -enyi uovu, böse, bos=
haft, laſterhaft.
  uovu; maovu, Bosheit,

Laſterhaftigkeit; Böſes,
Laſter.
  -m-tendea maovu, jm.
  Böſes zufügen.
  -m-takia uovu, jm. übel=
  wollen.
sharri* (III.), das Böſe.
  mtu wa sharri = mtu
  mwovu.
-potofu, ſittenlos, unmoraliſch.

---

[1] Danke! marahaba*, ahsanti*.
[2] -piga moyo konde, ſich ein Herz faſſen; -enyi moyo, mutig.
[3] W. Trockenheit der Augen.
[4] Oder katika khatari.
[5] Relig. tohara*, utohara*.

upotofu, Sittenlosigkeit.
-kosa, fehlen, irren, sich ver=
gehen.
   kosa (V.), ukosa, Fehler,
   Verfehlung, Vergehen.
   mkosefu, Sünder.
fisadi* (V.), verdorbener (ver=
berbter) Mensch.
   ufisadi, Verderbtheit.

hasharati* (V.), lasterhafter,
ausschweifender Mensch.
   uhasharati, Ausschweif=
   ung, Laster.
-potevu, lasterhaft, verderbt.
   upotevu, Verderbtheit.
dhambi*(III.); khatia*(III.),
Sünde.
   -fanya (tenda) dhambi,
   Sünde thun, sündigen.

51. Die Selbstsucht.

upendeleo wa nafsi, Selbst=
sucht.
uivu, Neid, Eifersucht.
-ivu, -enyi uivu, neidisch,
eifersüchtig.
   -wa na uivu, neidisch,
   eifersüchtig sein.
   -onea uivu mali ya jirani[1], den Nächsten um
   seinen Besitz beneiden.
hasidi*(III.), uhusuda* (VI.),
Neid.
   hasidi* (V.), -enyi hasidi, neidisch.
   -hasidi*, -husudu*, be=
   neiden.
-onea mtu, beneiden.
   maonevu (Pl. V.), Neid.
-lia ngoa, -lia uivu, neidisch
sein.

-lilia ngoa[2] (uivu), be=
neiden.
kijicho (w. Äuglein), Scheel=
sehen; böser Blick.
   -wa na kijicho, -fanya
   kijicho, scheel sehen, nei=
   disch sein.
   -onea kijicho, beneiden.
-m-takia maovu, jm. übel=
wollen.
-kali, grausam, unmenschlich.
   ukali, Grausamkeit.
asiye na huruma, hartherzig,
mitleidslos, grausam.
   ukosefu wa ruhuma, Hart=
   herzigkeit, Grausamkeit.
hana saburi*, er ist unge=
dulbig.
   asiye na saburi*, unge=
   dulbig.

52. Die Ungerechtigkeit.

-kosa hakki, ungerecht sein.
   -kosefu wa hakki, asiye
   na hakki, ungerecht.
   ukosefu wa hakki, Un=
   gerechtigkeit.

-dhulumu*, -dhallimu*, Un=
recht thun.
   dhulumu* (III.), udhu-
   lumu (VI.), udhalimu
   (VI.), madhulumu (Pl.

---

[1] Oder -ona uivu kwa sababu ya mali ya jirani.
[2] Auch -lia ngoa kwa.

V.), Unrecht, Ungerechtig=
keit, Bedrückung.
-dhalimu*, dhalimu (V.),
ungerecht.
jeúri* (III.), ujeuri* (VI.),
Gewaltthätigkeit, Bedrück=
ung.
　ana jeuri, er ist gewalt=
　thätig.
　-fanya jeuri, Gewalt=
　thätigkeiten begehen.[1]
-m-tia (-m-fanya, -m-pasha)
　nguvu, jn. zwingen.
　nguvu, Gewalt, Zwang.
　kwa nguvu, mit Gewalt,
　gewaltsam.
-lazimisha*, nötigen.

-wajibisha*, -shurtisha*,
-pasha, zwingen.
-dhurru*, schaben, schädigen,
verletzen.
　-dhurruliwa, Schaben er=
　leiden.
　madharra*, Schade.
　-enyi madharra, schädlich.
khasara* (III.), Verlust,
Schade.
　-pata khasara, Verlust
　(Schaden) erleiden.
　-khassiri*(-sha), Verlust
　zufügen, schädigen.
-m-pendelea mno huyu ku-
　liko huyo[2], parteiisch sein.

53. Die Unhöflichkeit.

-kosefu wa adabu, asiye na
adabu, unhöflich, unge=
zogen.
　ukosefu wa adabu, Un=
　höflichkeit.
　hana adabu, hajui ada-
　bu, er ist unhöflich,
　schlecht erzogen.
-enyi aibu*, unschicklich.
haifai kwako, si adabu (heshima) kwako, es schickt
sich nicht für dich.
　mambo yasiyofaa, un=
　schickliche Dinge.
asiye na haya*, schamlos,
unverschämt.
　hana haya, er ist scham=
　los.

mkavu wa macho[3], frech,
unverschämt.
ukosefu wa haya, ukavu
wa macho, Frechheit,
Unverschämtheit.
kiburi* (III.), majivuno (Pl.
V.), ufidhuli* (VI.), Hoch=
mut, Anmaßung, Stolz,
Eitelkeit.
　-enyi kiburi, -enyi ma-
　jivuno, hochmütig, an=
　maßend, stolz.
　mfidhuli*, fidhuli* (V.),
　anmaßender Mensch.
　-takabbari*, -fidhulika*,
　hochmütig sein.
　-fidhulikia, hochmütig be=
　handeln.

---

[1] Gegen jn. -m-fanyia jeuri.
[2] W. den einen mehr begünstigen als den andern.
[3] W. trockenäugig.

-ji-vuna, sich aufblähen, eitel sein.

-deka, sich hochmütig be=
nehmen.

safihi* (V.), unverschämt, frech, roh.

usafihi, Unverschämtheit.

tukano (V.), matukano, tusi (V.), matusi, Beleidigung, Beschimpfung (durch Wort ober That).

-tukana, beleidigen, be=
schimpfen, schmähen.

54. Die Thorheit.

asiye na tartibu (akili), un=
klug, unvorsichtig.

hana tartibu, er ist un=
klug.

mpofu wa akili, mpotevu wa akili, unbedacht, unklug.

upofu wa akili, Unbe=
dachtsamkeit.

mkosefu wa akili, mpungufu wa akili, unverständig, thöricht.

mpumbavu, Thor, Dummkopf, thöricht, dumm.

upumbavu, Thorheit, Dummheit.

-a kipumbavu, thöricht (von Dingen).

dhaifu*, -regevu wa akili, schwachsinnig.

udhaifu*, uregevu wa akili, Schwachsinn.

55. Die Lüge.

asiye na hakki, unehrlich, unredlich.

asiye amini (mwaminifu), treulos, untreu, unzuver=
lässig.

khiana*(III.), ukhiana*(VI.), Verrat, Treulosigkeit, Falsch=
heit.

khiana* (V.), khini* (V.), Verräter, treulos, falsch.

-khini*, -khinisha*, jn.
verraten, eine Treulosig=
keit gegen ihn begehen.

-vunja ahadi (mapatano), ein Versprechen (Abkommen) brechen.

uongo (VI.), Lüge, Falsch=
heit, Unwahrheit.

-a uongo, falsch, unwahr.[1]

-nena (-sema, -fanya) uongo, lügen, die Un=
wahrheit sagen.

maneno ya uongo, Lüge.

mwongo, mnena uongo, Lügner, lügnerisch.

mnafiki*, mzandiki*, zan-
diki* (V.), Heuchler; heuch=
lerisch, falsch.

unafiki, uzandiki, Heuche=
lei, Falschheit.

-danganya, -ongofya, -ongo-

---

[1] ushahidi wa uongo, falsches Zeugnis; kiapo cha uongo (= zuri), falscher Eid, Meineid.

fisha, -khadaa*,[1] betrügen,
täuſchen.
 -danganyifu, -danganyi,
 falſch, trügeriſch.
 udanganyi, udanganyifu,
 madanganyo[2], khadaa*
 (III.), Betrug, Täuſchung.
 -danganyika, -khadaika,
 ſich betrügen (täuſchen)
 laſſen, ſich irren.[3]
 mdanganyi, mdanganyi-
 fu, mdanganya watu,
 khadaa (V.), Betrüger.
-kosa, ſich irren.
 kosa (V.), Irrtum.
-zulia, -singizia, verleumben,
 Übles nachreden.
 uzushi, masingizio, Ver-
 leumbung, üble Nachrede.

mzushi, kizushi, mwenyi
kusingizia, Verleumber.
-chongea bure (ober uongo),
 -sambika bure (ober uongo).
 -amba, verdächtigen, ver=
 leumben, in ſchlechten Ruf
 bringen.
 uchongezi wa uongo[4],
 üble Nachrebe, Verbäch=
 tigung.
 mchongezi uongo, msam-
 biki uongo, Verleumber[5],
 Ehrabſchneider.
-tuhumu*, -shutumu*, -shu-
 ku*, verdächtigen, bearg=
 wöhnen, mißtrauen.
 matuhumu*, utuhumu[6],
 Argwohn, Mißtrauen,
 Verbacht.

56. Andere Laſter, Fehler, Untugenden und ſchlechte Eigenſchaften.

asiye na shukrani, mkosefu
wa shukrani, unbanfbar.
ukosefu wa shukrani,
 Unbanfbarfeit.
kisasi* (III.), majilipisho,
majilipizo, Rache.
 -twaa kisasi[7], Rache
 nehmen, ſich rächen.
 -twalia kisasi, etwas
 rächen.

aibu* (III.), ari* (III.), fedheha* (III.), kitushi,
Schanbe.
 jambo la aibu, etwas
 Schänbliches.
 -aibisha*, -fedhehesba*,
 -fedhehi*, -tusha, -tuka-
 nisha, entehren.
 -tia aibu, -tia fedheha, in
 Schanbe (Unehre) bringen.

---

[1] Seltener auch -ghushi*, -ghurri*, -dibaji*, -laghai; Betrug, ghururi, ughururi, udibaji, ulaghai; Betrüger, mdibaji.

[2] Auch madanganya.

[3] udanganyiko, Reinfall, Irrtum (= madanganyo).

[4] Ober usambiko wa uongo, masambiko ya uongo.

[5] Auch mwamba watu, mwambi, mwambaji, msema watu, msengenya watu.

[6] Ober shutumu (V.), mashutumio, mashuku.

[7] Auch -toa (-ji-lipiza) kisasi.

-ji-kuza, -ji-sifu*, -ji-gamba,
-fahari*, -ji-faharisha*, sich
rühmen.
   -ji-vuna (na kitu), mit
   etwas prahlen.
   mjisifu mno, mwinyi
   madaha, Prahler.[1]
mwoga (seltener mukhofu*),
Feigling, feige.
   hana moyo, er ist feige.
   uoga (VI.), oga (V.),
   Feigheit.
asiye thabiti*, asiye imara*,
schwach (= ohne Festigkeit).
   hana imara (uthabiti),
   er ermangelt der Festig=
   keit. ·
   -regevu, schlaff, schwach.
   moyo mchache, uregevu,
   Schwachheit.
-sita, -tangatanga, unent=
schlossen sein.
   hajui afanyeje, er weiß
   nicht, was er thun soll.
-bembeleza, -sifu mno,
schmeicheln.
   mabembelezi, ubembele-
   zo, urai, urairai, Schmei=
   chelei.
   mbembelezi, mbembezi,
   mrai, Schmeichler.
ubakhili*, choyo (IV.), Geiz,
Habsucht.
   choyo (III.), bakhili (V.),
   geizig, habsüchtig; Geiz=
   hals.
mpotevu wa mali, mponda
mali, mbadhiri*(-fu), Ver=
schwender.

upotevu wa mali, uba-
dhirifu, Verschwendung.
   -poteza mali, sein Hab
   und Gut verschwenden.[2]
mlaji, mlafi, -enyi ulafi,
Fresser, Schwelger.
   ulaji, ulafi, Gefräßigkeit,
   Gierigkeit.
mlevi, Trunkenbold, Trinker.
   ulevi, Trunksucht.
   kileo, Trunkenheit, Rausch.
   -lewa, betrunken sein.
   -ji-levya, sich betrinken.
hasharati* (III. oder V.),
fisadi* (V.); ausschweifender
Mensch.
   uhasharati, ufisadi, aus=
   schweifendes Leben, Aus=
   schweifung.
   -fanya (-enda, -shiriki*)
   uhasharati, sich der Aus=
   schweifung ergeben.
kahaba* (V.), feile Dirne,
Hure.
   ukahaba, Hurerei.
-chafu, najisi*, schmutzig, un=
sauber.
   uchafu, Unsauberkeit.
   taka (III.), takataka (Pl.
   III.), Schmutz.
   -chafua, beschmutzen.
uzembe, purukushani, Nach=
lässigkeit, Mangel an Sorg=
falt.
   -zembe, -purukushani,
   nachlässig.
   msahau*, mzohali*, ver=
   geßlich.
   -to-tunza, -to-angalia (ki-

---

[1] Prahlerei, majisifu, madaha*, ufahari*.
[2] Auch -tawanya, -tapanya, -ponda, -tilifisha*, -avya, -badhiri*,
-tokomeza mali.

tu), ſich nicht kümmern (um
etwas), vernachläſſigen.
-taghaffali*, überſehen (aus
Vergeßlichkeit).
-ghafilika*, nachläſſig ſein
(aus Vergeßlichkeit).
-to-fanya juhudi, ſich keine
Mühe geben.
-vivu, faul, träge, müßig.
uvivu, Faulheit, Trägheit,
Müßiggang.
-fanya (-piga) uvivu, faul=
lenzen.
asiye na kazi, unthätig.
macho ya nje, Unaufmerk=
ſamkeit, unaufmerkſam.
-to-elekea, unaufmerkſam
ſein.
-enyi macho ya nje, un=
aufmerkſam.

uasi* (VI.), maasi* (Pl. V.),
maasia, Ungehorſam.
asi* (V.), mwasi* (I.),
ungehorſam.
-asi*, ungehorſam ſein,
nicht gehorchen.
-khalifu* mtu, ſich jm. wider=
ſetzen.
ukhalifu*, Widerſetzlich=
keit.
-kaidi*, widerſpenſtig, Rebell.
enyi kichwa, hartköpfig.
ukaidi, Widerſpenſtigkeit.
-juvi, neugierig.
ujuvi, Neugier.
-juta, -tubu*, bereuen.
majut(i)o, juto (V.), Reue.
maulizo ya moyo, Ge=
wiſſensbiſſe.

VII. Abschnitt.
Der kranke Mensch.

57. Körperliche Fehler und Gebrechen.

kombo (III.), Gebrechen.[1]
kilema, lema, körperliche Ver=
  unstaltung, Gebrechen; —
  Krüppel.
    -enyi kilema (lema), ver=
    krüppelt; Krüppel.
    -enyi kiguu, verkrüppelt
    (gelähmt) am Fuß.
    -enyi kigosho (kikono),
    verkrüppelt am Arm.
    -lemaa, gelähmt werden.[2]
kipofu (IV.), der Blinde;
  blind.
  upofu, Blindheit.
    -enyi chongo, einäugig.[3]
    -enyi upogo, trübe Augen
    habend.[4]
    -pofuka, blind werden, er-
    blinden.
-enyi makengeza, schielend.
    -wa na makengeza (ya
    macho), -angalia kwa
    makengeza, schielen.[5]

sioni mbali, sioni vema, ich
  bin kurzsichtig.
kiziwi (IV.), der Taube; taub.
  ukiziwi, Taubheit.
bubu (V.), der Stumme;
  stumm.
    bubu-kiziwi, taubstumm.
-wa na kigugumizi, stottern,
  stammeln.[6]
-wa na kitembe, mit der
  Zunge anstoßen, lispeln.
upaa (VI.), paa la kichwa,
  Kahlheit, Glatze.
    -enyi upaa, kahl.
-chechea, -enda chopi, lahm
  gehen, hinken.
    -chechemea[7], lahm sein.
    chopi (III.), kiguru, lahm.
-enyi kibyongo (kigongo),
  bucklig.
    kibyongo, Buckel; Buck=
    liger.[8]
kanithi* (III.), impotent.

---

[1] Pl. makombo, Dimin. kikombo. Es wird auch von Gegen=
ständen gebraucht, z. B. mti ule una kombo, jener Baum ist ver=
krüppelt.

[2] -lemaza, lähmen.

[3] chongo, Verlust eines Auges.

[4] Infolge einer Augenkrankheit.

[5] makengeza (ya macho), das Schielen.

[6] Stottern, kigugumizi, kigugumiza.

[7] -enda kwa kuchechemea, lahm gehen; -wa na kiguru, mit
einem Fuß auf den Zehen gehen; -wa na kingonga, mit einer Hüfte
einknicken.

[8] Auch kijongo; Buckel des Kamels, nundu.

mukhasi* (I.), makhsai
(V.), Kaſtrat.[1]
chunjua (III.). — sugu (III.),
Warze. — Schwiele.

kibogoyo (IV.), zahnloſer
Menſch.
kibweti, Zwerg.

58. Befinden, Unpäßlichkeit.

u hali gani? wie geht es bir?
hu jambo? (gewöhnlich nur
jambo?) geht es gut?[2]
 ham jambo? geht es euch
 gut?
baba yako ha jambo? geht
 es beinem Vater gut?
bibi na watoto hawa jambo?
 ſind Frau und Kinder wohl?
hu jambo (u hali gani) nyumbani? wie geht es zu Hauſe?
waonaje (hali yako), wie befindeſt (fühlſt) du dich?
hali (III.), a) Zuſtand; b) Befinden.
uzima, afya* (III.), Geſund-
 heit.
 -zima, geſund.
 -pona, geſund werden.
mgonjwa (I.), der Kranke; frank.
siwezi, ich bin frank[3], ich leide
 (an).
 siwezi kidogo, ich bin unwohl.
 najiona siwezi sana, ich
 fühle mich ſehr frank.
roho yanichafuka, ich fühle
 mich unwohl.

-ugua, erkranken, frank
 werden.[4]
una nini? was fehlt bir?
ugonjwa, maradhi* (III.),
 uweli, Krankheit.
-uma mtu, jm. ſchmerzen, weh
 thun.
 uchungu, machungu,
 maumivu, Schmerz.[5]
 naona uchungu sana, ich
 habe (w. fühle) ſtarke
 Schmerzen.
kichwa chaniuma, naumwa
 na kichwa, ich habe Kopf-
 ſchmerzen.
 maumivu ya kichwa,
 Kopfſchmerz.
jino laniuma, siwezi meno, ich
 habe Zahnſchmerzen.
 -m-kong'oa jino, jm. einen
 Zahn ausziehen.
kifua chaniuma, ich habe
 Bruſtſchmerzen.
tumbo limechafuka, der Magen iſt verdorben.
 nimevimbiwa, ich habe
 Verdauungsbeſchwerden.

---

[1] Seltener auch khasa*(i) (V.); kaſtrieren, -khasi*.
[2] Antwort: si jambo, meiſt nur jambo; gut, Gott ſei Dank,
njema, ilhamdu lillahi.
[3] Mit dem Akkuſ. der Krankheit, z. B. siwezi meno, ich leide
an den Zähnen.
[4] Uns iſt ein Verwandter frank geworden, tumeuguliwa na ndugu.
[5] Stechender, kichomo (kichomi); brennender, mwako (II.)

nataka kutapika, ich fühle
mich übel.[1]
tumbo laniuma[2], siwezi tumbo, ich habe Leibschmerzen.
tumbo linanisokota, ich
habe Bauchgrimmen.
nimeshikwa na matum-
bo, ich bin von Leib-
schmerzen befallen worden.
nimefunga choo, ich habe Verstopfung.
siwezi kuhara, ich kann
nicht zu Stuhle gehen.
uyabisi wa matumbo,
Verstopfung.
nahara sana, ich gehe stark
zu Stuhl.
ana tumbo la kuhara, er
hat Durchfall.
tumbo la kuenenda (la
kuhara), Durchfall.
-m-harisha, jm. Durchfall
verursachen.
-hara damu, Blut ent-
leeren.[3]
kikohozi (IV.), Husten.
-kohoa, husten.
-ji-kohoza, sich räuspern.
belaghamu* (III.), Aus-
wurf, Schleim.
siwezi kamasi, ich habe
Schnupfen, ich habe mich
erkältet.
mafua (Pl. V.), Katarrh,
Husten und Schnupfen, Er-
kältung.
nimeshikwa na mafua
(ya kamasi), ich habe
Schnupfen bekommen.
mafua (ya kamasi),
Schnupfen.
kamasi, Nasenschleim.
-wa na pumbu, eine Hoden-
schwellung haben.
pumbu (V.), geschwollene
Hoden.
-wa na kizunguzungu, -wa
na masua, Schwindel haben,
schwindlig sein.
silali usiku, sipati usingizi
kabisa, ich leide an Schlaf-
losigkeit.
mguu wangu umekufa ganzi,
mein Fuß ist eingeschlafen.
nimepwewa na (ni) sauti,
sauti imenipwea, ich bin
heiser.[4]
uso wako mbaya, du siehst
schlecht aus.
sina tamaa ya chakula, ich
habe keinen Appetit.
tamaa ya chakula, Ap-
petit.
-tapika, sich erbrechen.
-tapisha mtu, jn. sich erbrechen lassen.
-fanya tetefu, den Schlucken
haben.
dhaifu*. — udhaifu*, schwach.
— Schwäche.
hana nguvu sana, er ist
sehr schwach.
-dhoofika*, schwach wer-
den.

---

[1] Ich habe Sodbrennen, nina (nafanya) kiungulia cha moyo.
[2] Oder matumbo yaniuma.
[3] tumbo la kuhara damu, Dysenterie.
[4] Eigentlich: die Stimme ist mir trocken geworden.

nimedhoofika, hali yangu
dhaifu, ich bin schwach.
-dhoofisha*, schwächen.

-piga kite, -kakamuka, stöh=
nen.
kite (IV.), Stöhnen.
chekea (III.), Gerstenkorn.

59. Krankheiten, Krankheitssymptome.

-zimia roho, ohnmächtig wer=
den, in Ohnmacht fallen.
-shikwa na (ni) homa*, vom
Fieber ergriffen werden.
homa* (III.), Fieber.
kipindi cha homa, Fieber=
anfall.
homa ya vipindi, Wechsel=
fieber.
nina homa, ich habe Fie=
ber.
siwezi homa, ich bin fieber=
krank.[1]
-fanya homa, Fieber be=
kommen.
-wa na ndui, die Pocken haben.
ndui (III.), tete kuanga
(III.), Pocken.
tetemaji (tete za maji),
churuwa, Windpocken.
mba (IV.), Röteln.
amepigwa na jua, er hat einen
Sonnenstich bekommen.
amepatwa[2] na kifafa, er ist
von Epilepsie befallen, er
hat Krämpfe.
ana tende la (ob. matende
ya) miguu, er hat Elephan=
tiasis an den Beinen.

upele, Pl. pele, Krätze.
vipele, kleine Pickel.
kiwe(cha uso), (Gesichts=)
Pustel.
ukoma, barasi*, Aussatz,
Krebs.
mkoma, -enyi ukoma
(barasi), aussätzig.
balanga (III., V.), eine
Hautkrankheit.
jipu, Pl. majipu, tumbasi
(V.), Geschwür, Absceß; Ge=
schwulst.
vidonda, kleine Geschwüre.[3]
-tumbuka, aufbrechen.
safura* (III.), Gelbsucht, Gal=
lenkrankheit.[4]
jongo, Gicht, Podagra.
pumu (III.), Asthma, Brust=
beschwerden, Beklemmung.
mafua (Pl. V.), Brust=
schmerzen.[5]
-kokota roho, schwer at=
men.
tauni* (III.), Pest.
kipindupindu, waba* (VI.),
Cholera.
baridiyabis* (III.), uwoli wa
viungo, Rheumatismus.

---

[1] mshipa wapiga (oder watukutika, watukuta, wapuma) sana,
der Puls geht sehr schnell; moyo wanitapatapa (wanikwenda mbio),
roho yangu inakwenda mbio, mein Herz schlägt heftig.

[2] Oder amekamatwa.

[3] nyungunyungu, ein Geschwür an den Beinen; zerfressen werden
(von einem Geschwür), -sekeneka; zerfressen, -sekenesha.

[4] Auch Wassersucht. — [5] Von Erkältung herrührend.

istiska* (III.), Wassersucht.[1]
sekeneko (III.), tego (III.),
    Syphilis.
donda la mboo, kijeraha cha
    mboo, kaswende, Schan=
    ker.[2]
kisonono (kisunono), Gonor=
    rhoe.
choa (III.), Ringwurm.
    machango (Pl. V.), Wür=
    mer.
mtoki (II.), Leistengeschwulst.
harara* (III.), roter Hund.
bawásir*(III.), Hämorrhoiden.
perema (V.), geschwollene
    Backe.[3]
uweli wa macho, mapogo (Pl.
    V.), upogo, Augenkrankheit.
    chamba cha jicho, ein
    weißes Häutchen auf dem
    Auge.[4]
    utando wa jicho, Staar.
kiharusi (III.), Krampf.
dháruba* (derba III.), Schlag=
    fluß.
kipooza, Lähmung.

-pooza, gelähmt werden.
-poozesha, lähmen.
-enyi kupooza, gelähmt.[5]
kidinga popo, das Dengue=
    fieber.
ukambe. Scharlach.
kichaa (III.), Mondsucht.
    -enyi kichaa, mondsüchtig.
kimio (III.), Bräune, Hals=
    entzündung.
    halula (III.), Mandelent=
    zündung.
choa (III.), Flechte.
    mgoli, mlezi, Skrofeln.
mnyeo (II.), Jucken.
-nyea, jucken.
kembembe, Gänsehaut (vor
    Kälte oder Fieberfrost).
-tetema, -tetemea, -tetemeka,
    zittern.
    kitetemo, Zittern.
    kitetemesa, Zittern der
    Hände.
-payuka, -papayuka, -paya-
    paya, wirr reden, phan=
    tasieren.

60. Verletzungen u. dergl.

jeraha* (III.), donda (V.),
    Wunde.[6]
    -juruhu*, -umiza, ver=
    wunden.
    majiruhu*, verwundet.
usaha (VI.), Eiter.[7]

ukoko, kikoko, kigaga,
    Schorf.[8]
damu inatoka sana, es blutet
    sehr.
    natoka damu sana, ich
    blute sehr.

---

[1] Auch safura* (III.).
[2] Syphilitischer, sekeneko, msekeneko (II.).
[3] Teilweise: matumbwitumbwi (Pl. V.).
[4] nchongo wa jicho, eitriger Ausfluß aus einem kranken Auge.
[5] unyonga, eine lahme Hüfte.
[6] Kleine, kijeraha, kidonda.
[7] -fanya usaha, eitern.
[8] Narbe, kovu (V.).

-tonesha, (eine Wunde) wieder zum Bluten bringen.

-tonesheka, leicht bluten.

-piga upanga, einen Schwerthieb versetzen.

-pigwa na bunduki (na risasi), einen Flintenschuß bekommen.

-chomwa na kitu, einen Messerstich erhalten.

mtai (II.), Schramme.

-kuna, kratzen.

-umwa na nyoka, von einer Schlange gebissen werden.

mkono wangu umepondwa, ich habe mir die Hand gequetscht.

mavilio ya damu, Quetschung, Bluterguß.

-vilia, stocken (Blut).

ngozi imechubuka, die Haut ist abgeschürft.

uvimbe, marugurugu, Geschwulst.

mkono wangu umevim-ba, die Hand ist mir geschwollen.

nimeteketea moto, ich habe mich verbrannt.

pisho (V.), Brandmal.

mkono wangu umefanya malengelenge, ich habe Blasen an der Hand bekommen.

mshipa wa ngiri, mshipa wa rihi, Bruch[1] (Unterleibs-).

mguu wangu umevunjika, ich habe mir den Fuß gebrochen.

mvunjo (II.), uvunjo, kivunjo, Bruch.

mkono wangu umestuka oder umete(g)uka, ich habe mir den Arm verrenkt.

nimefanya kigosho cha mkono, ich habe einen steifen Arm bekommen.

maanguko, Fall.

-anguka, fallen.

61. Arzt, Heilmittel.

tabibu*(V.), (seltener hakim*), Arzt.

utabibu, Heilkunde, ärztlicher Stand.

mganga, Medizinmann, eingeborener Arzt.[2]

uganga, Zaubermedizin.

-ponya, heilen, gesund machen.

-pona, gesund werden, genesen.[3]

-uguza, -tunza, pflegen (einen Kranken).[4]

-kanda mshipa, den Puls fühlen.

toa ulimi! zeige die Zunge!

---

[1] Hodenbruch, pumbu ya (oder za) makende.

[2] Dafür auch vulgär fundi wa dawa; — Charlatan, kiinimacho.

[3] Es geht mir heute besser, ninafanya (oder bloß mimi) ashekali* leo; unheilbar sein, -to-poneka; seine Krankheit ist tödlich, ugonjwa wake wa kufa.

[4] mauguzi, Pflege.

dawa* (III., V.), (seltener ma-
poza), Arznei, Medizin.
  dawa ya kuhara (ober ku-
harisha), Abführmittel.
  dawa ya kutapika (ob.
kutapisha), Brechmittel.[1]
  dawa ya kufunga choo,
Stopfmittel.
  kitulizo, Beruhigungsmit=
tel.[2]
  dawa ya kujisugua, Ein=
reibung, Liniment.
-pa dawa, Medizin geben.[3]
-fanya dawa, sich behandeln
lassen.
  -la, -nywa dawa, Arznei
nehmen, einnehmen.
-m-fanyizia dawa, jm. Arznei
verschreiben.
-la vidonge, Pillen einnehmen.
fundi ya dawa, Apotheker.
  sanduku ya dawa, Arz=
neikasten.
-tumbua jipu, ein Geschwür
aufstechen, öffnen.
-osha donda, die Wunde
waschen, reinigen.
  -choma donda kwa chu-
ma cha moto, eine Wunde
mit einem heißen Eisen
ausbrennen.
-funga kitambaa, ein Tuch
umbinden.
  utambaa, Verband.
donda laziba (lafumba), die
Wunde schließt sich.

-m-bandika dawa, jm. ein
Medikament auflegen.
-songome(re)sa mkono kwa
nguo, die Hand mit einem
Tuch umwickeln.
-paka mafuta, mit Öl ein=
reiben.
-umika mtu, jm. schröpfen.
  muumishi, Schröpfer.
  ndumiko, pembe ya kuu-
mikia, Schröpfhorn.
-toja mshipa, zur Ader lassen.
-m-tia miruba, jm. Blutegel
setzen.
  mruba*, Blutegel.
  -fyonya (-fyonza) damu,
Blut saugen.
mkaja (II.), Leibbinde.
-sukutua (-sugutua), gurgeln,
den Mund ausspülen.
marhamu* (III.), Pflaster,
Salbe.
  sefluti* (III.), warmer Um=
schlag (von Brei u. a.).
mafuta ya mbarika (ob. ya
myonyo), Ricinusöl.
shibiri* (III.), subiri* (III.),
Aloe.
afiuni* (III.), Opium.
sanamaki (III.), Sennesblät=
ter.
chumvi ya haluli, Bittersalz,
schwefelsaure Magnesia.
pingu ya hirizi, ein Amulett
gegen Krankheit.

---

[1] Auch dawa ya utapishi; tapisho (V.).
[2] Jm. Schlaf verschaffen, -tia mtu usingizi.
[3] Jm. helfen (= wirksam sein), -m-faa.

VIII. Abſchnitt.

Familie und Verwandtſchaft.

62. Die Familie, die nächſten Blutsverwandten.

jamaa* (III.), Familie.[1]

ahali* (III.), die Familienan=
gehörigen, Familie.

nasaba* (III.), ukoo (VI.),
Abſtammung, Genealogie.

asili* (III.). Abkunft, Herkunft.
 mtoto wa asili, mtoto wa
 watu, von guter Herkunft.

kabila* (III.), Stamm.
 alama*, nemba, (Stam=
 mes=)Abzeichen.

babu; jaddi*(III.), Großvater;
Ahne, Vorfahr.
 bibi (V.), Großmutter.

wazaa, wazee, wazazi, baba
na mama, Eltern, Vater
und Mutter.
 mzaa, Vater; Mutter.

baba (III.), Vater.
 baba zetu, unſere Vor=
 fahren.

mama (III.), Mutter.

baba wa kambo, Stiefvater.

mama wa kambo, Stief=
mutter.

uzazi, kizazi, uzao, kizao,
wazao, ukoo, Nachkommen=
ſchaft; Nachkommen.

mwana, Pl. waana, Sohn,
Tochter.
 binti* (III.), Tochter.[2]
 kibwana, der junge Herr.[3]
 kibibi, die Tochter des
 Hauſes.
 mwana wa kambo, Stief=
 kind.

mjukuu, Enkel, Enkelin.
 kijukuu, kilembwe, Ur=
 enkel, Urenkelin.[4]

ndugu (III.), Bruder; Schwe=
ſter.
 ndugu wa kunyonya,
 Milchbruder, Milchſchwe=
 ſter.[5]
 ndugu mkubwa, kaka,
 älterer Bruder.

umbu, Pl. maumbu; dada,
Schweſter.

yatima* (III.,V.), Waiſe.

---

[1] Im weiteſten Sinne, jede durch gemeinſchaftliche Beziehungen
eng verbundene Mehrzahl von Perſonen.
[2] Als Pl. von binti kommt auch benati vor (arab. Pl.).
[3] Der Sohn des Hauſes.
[4] Ururenkel, kilembwekeze, kining'ina.
[5] Auch ndugu wa ziwa moja.

63. Ehe und Hochzeit.

mume, Pl. waume, Mann,
Ehemann, Gemahl, Gatte.
mke, Pl. wake, Frau, Ehe=
frau, Gemahlin, Gattin.
suria* (III., V.), Konkubine,
Nebenfrau.
   mwana halali*, recht=
    mäßiges Kind.
   mwana haramu*, unehe=
    liches Kind.
-oa, heiraten, ehelichen[1] (vom
   Manne).
   -olewa, heiraten (vom
    Weibe.
   -oza, verheiraten (von den
    Eltern).
   -oana, einander heiraten,
    sich verheiraten.
uchumba, Verlobung[2], Braut=
   schaft.
   mchumba, Verlobte(r).[3]
maposo (Pl. V.), Werbung,
   Antrag.
   -posa mke, um ein Weib
    anhalten, freien.
   kijumbe, Heiratsvermitt=
    ler.

posa, poso (V.), Verlo=
   bungsgeschenk.[4]
bwan(a) arusi, Bräutigam.
bibi arusi, Braut.[5]
arusi* (III.), Hochzeit.
   mwalishi wa arusi, Hoch=
    zeitsbitter.
   karamu ya arusi, Hoch=
    zeitsmahl.
   uozi (wa mke), Trauung.[6]
ndoa (III.); mikaha* (III.),
   nikahi* (III.), Ehe.
mahari* (III.), Mitgift.[7]
weleko, Hochzeitsgeschenk.[8]
mjane, Witwer, Witwe.
   aliyefiwa na mkewe, Wit=
    wer.
   aliyefiwa na mumewe,
    Witwe.
   ujane, Witwenschaft.
   -kalia eda*, -wa na eda,
    Witwentrauer halten.[9]
talaka* (III.); mtanguo wa
   ndoa, Scheidung; Ehetren=
   nung.
   -talaki, -pa talaka, -acha
    mke, -tokana na mke,

---

[1] unaye mke wako, bist du verheiratet? — sina mke, ich bin
nicht verheiratet.

[2] -ahidiana ndoa, sich verloben; -ahidisha ndoa, verloben.

[3] Unterschieden durch die Zusätze mume und mke.

[4] An den Vater bei der Verlobung; die Tochter erhält alsbann
gleichfalls ein Geschenk, das man uchumba nennt.

[5] Heiratsfähig sein, -faa kuozwa.

[6] Vor Kadi und Zeugen.

[7] Sie ist vom Bräutigam an die Eltern oder die Verwandten
der Braut zu entrichten.

[8] An die Mutter der Braut am Abend vor der Hochzeit; am
Hochzeitstage empfängt die Duenna (kungwi) der Braut das kifungua
mlango; die Diener erhalten das kinyosha miguu; wenn sich die
Braut zum erstenmal entschleiert, erhält sie das kipa mkono.

[9] kizuka, Witwe in Trauer.

sich von seinem Weibe
scheiden.

-acha mume, -tokana na
mume, sich von seinem
Manne scheiden.

-tangua ndoa, fusa-
hi* mikaha*, -fasikhi

nikahi, eine Ehe tren=
nen.

uzini*, uzinzi*, uzinifu*, za=
ni*, zina*, Ehebruch).

mzinzi, mzinifu, Ehe=
brecher.

-zini*, die Ehe brechen.

64. Weitere Verwandtschaft.

akraba*, jamaa* (za), Ver=
wandtschaft (= Verwandte).

akraba ya kuumeni, Ver=
wandte väterlicherseits.

akraba ya kukeni, Ver=
wandte mütterlicherseits.

ujamaa (VI.), akraba, Ver=
wandtschaft (das Verhältnis).

ndugu, Verwandtschaft in
weiblicher Linie.

karibu* (III.), Verwandter.

ukaribu, Verwandtschaft.

baba mkubwa, der ältere Bru=
der des Vaters = Oheim.

baba mdogo, der jüngere
Bruder des Vaters =
Oheim.[2]

mjomba (I.), der Bruder der
Mutter = Oheim.

shangazi (V.), die Schwester
des Vaters = Tante.

mama mkubwa bez. mdogo,
die Schwester der Mutter =
Tante.

mtoto mwanamume wa ndu-
gu, Neffe.[2]

mtoto mwanamke wa ndugu,
Nichte.

mkwe, Schwiegervater, Schwie=
germutter; Schwiegersohn,
Schwiegertochter.

shemeji (V.), mwamu, Schwa=
ger; Schwägerin.

wifi (III.), Pl. mawifi,
Schwägerin.

mpwae, Vetter, Base.

upwae, Vetterschaft.

65. Haushaltung, Dienerschaft.

mambo ya nyumba, der
Haushalt, die Hauswirt=
schaft.

bwana (III.). — bibi, Herr.
— Herrin.

mwenyeji, Besitzer, Herr.[3]

bwana mdogo, Hausver=
walter.

mtumishi, Diener; Magd.

-tumikia, -khudumia*, jm.
dienen.

-fanya kazi kwa mtu, bei

---

[1] Für beides kann man auch die arabische Bezeichnung ammu*
(III.) gebrauchen. — mwana wa ammu, Neffe, Nichte.

[2] Der Onkel mütterlicherseits und sein Neffe nennen sich gegen=
seitig mjomba; der Onkel väterlicherseits nennt seinen Neffen mtoto
wangu, ebenso die Tante. — Dasselbe gilt für die Nichte.

[3] Des Hauses (oder Dorfes), sonst mwenyewe.

jm. arbeiten, in js. Diensten
stehen.
mlezi, Amme.[1]
mpishi, Koch (vergl. Abschn.
72).
   mpishi mdogo, Unterkoch,
   Küchenjunge.
boy (engl., sprich beu), Bursche,
Diener.
utumishi, matumishi, khi-
dima*, khudumu*, Dienst.
   -khudumu*, dienen.
ujira* (VI.), mshahara, Lohn,
Gehalt.
kijoli (III.), die Sklavenschaft,
Dienerschaft.
mtumwa, Sklave.
   mjakazi, Sklavin.

mtwana, junger Sklave.
   kijakazi, Sklavenmädchen.
   mzalia, Hausklave.
utumwa. — uhurru, Skla=
verei. — Freiheit.
   -tia utumwani, zum Skla=
ven machen.
dellál*, Sklavenhändler.
   -uza watumwa, Sklaven
verkaufen.
-battili* utumwa, die Sklaverei
aufheben.
   -weka[2] hurru* (Pl. mahurru), freilassen.
   -komboa, freikaufen.[3]
cheti cha uhurru, khatti
ya uhurru, Freibrief.

66. Erbschaft.

mali ya baba, das väterliche
Vermögen.
urithi*, Erbschaft.
   -rithi* kitu na mtu, etw.
von jm. erben.[4]
   mrithi (I.), warithi (V.),
Erbe, Erbin.
khatti ya wasia, das Testa=
ment.
   wasia* (VI.), der letzte
Wille.

-andika (-fanya) wasia,
-wasia, ein Testament ma=
chen, darin verordnen.
-mw-achia, -m-wakifia ka-
tika wasia, jm. (etw.) testa=
mentarisch vermachen.
   -achiwa mali, etw. erben.
marithi (Pl. V.), warithi (VI.),
mirathi, urathi, Erbteil,
Erbe.

---

[1] Säugen, -nyonyesha, -pa maziwa.
[2] Oder -acha hurru.
[3] ukombozi, makombozi, mapesa ya makombozi, die Frei=
laufssumme; -ji-komboa, sich freikaufen.
[4] -rithisha, erben lassen, jm. etwas vermachen.

IX. Abfchnitt.
Menfchliche Bedürfniffe.

67. Nahrung, Mahlzeiten, Allgemeines.

maakuli* (Pl. V.), Nahrung.

chakula, Pl. vyakula, Effen, Speife, Nahrung[1]; Mahlzeit.

-la, effen, fich nähren von.

  -lisha, zu effen geben, er=
nähren, füttern.

  -nyonyesha, nähren (ein
Kind).

  -liwa, -lika, eßbar fein.

-nywa (-nwa), trinken.

  -nywesha, zu trinken geben,
tränken.

  -nyweka, trinkbar fein.

njaa (III.), Hunger, Appetit.

  -wa na njaa, Hunger ha=
ben.

  -fa kwa njaa, Hungers
sterben.

tamaa ya chakula, Eßluft,
Appetit.

kikomba cha njaa, njaa
ya kikomba, Heißhunger.

-shiba*, fatt werden.

  -shibisha, fättigen, fatt
machen.

kiu (III.), nyota (III.), Durft.

-ona kiu, -wa na kiu, Durft
haben.

  -kata (-futa) kiu, den Durft
ftillen.

kifungua kinywa (kanwa),
kisebeho, chakula cha as-

subuhi, chamsha kanwa,
Frühftück.

  -la kisebeho, -fungua
kinywa, frühftücken.

chakula cha adhdhuhuri,
chakula cha mchana, Mit=
tageffen.

  -la chakula cha adhdhu-
huri, zu Mittag effen.

chakula cha jioni, Abend=
effen.

  -la (chakula cha) jioni, zu
Abend effen.

sijakula leo, ich bin heute noch
nüchtern.

chakula tayari? ift das Effen
fertig?

  -fanya chakula tayari,
das Effen fertig machen.

-andika chakula, das Effen
auftragen.

  -pakua, anrichten.

  -m-andikia chakula, jm.
das Effen auftragen.

mwandikaji, Aufwärter
(bei Tifch).

-tandua meza, den Tifch ab-
räumen.

  -ondoa, -ondosha chakula,
das Effen abtragen.

leo tutakula nini? was wer=
den wir heute effen?

---

[1] Entftanden aus (kitu) cha kula, etwas zum Effen, nicht etwa
aus dem Arabifchen (ch-akula) abgeleitet.

68. Lebensmittel.

chaza (III.), Auster.

uji, ugali, Brei; Suppe.

    wali (VI.), Reisbrei.[1]

    ugali wa mtama, Neger=
      hirsebrei.

    ugali wa mhogo, Maniok=
      brei.

    msombo (II.), Erbsbrei.

    ubabwa, Kinderbrei.

mashendea (Pl. V.), mata=
    bwatabwa (Pl. V.), (dünne)
    Reissuppe.

    maji ya kunde, Bohnen=
      Reissuppe.

nyama (III.), Fleisch.

    kipande cha nyama, ein
      Stück Fleisch.

    nyama mbichi, rohes
      Fleisch.

nyama ya kukānga, Braten.

    -kānga, braten, schmoren
      (in der Pfanne).

    -oka, -choma, rösten, bra=
      ten (am offenen Feuer).

nyama ya ng'ombe, Rind=
    fleisch.

    ulimi wa ng'ombe, Rin=
      derzunge.

nyama ya ndama, Kalbfleisch.

    kidari cha ndama, Kalbs=
      brust.

    ina la ndama, Kalbsleber.

    kichwa cha ndama, Kalbs=
      kopf.

nyama ya kondoo, Hammel=
    fleisch.

paja la kondoo, Hammel=
    keule.

mbavu za kondoo, Ham=
    melkotelette.

nyama ya mbuzi, Ziegen=
    fleisch.

nyama ya nguruwe, Schweine=
    fleisch.

    paja la (upaya wa) ngu=
      ruwe, Schinken.

    mafuta (Pl. V.) ya ngu=
      ruwe, Speck, Schweins=
      fett.

    shahamu* (III.), Talg,
      Fett.

makhashai*, Wurst.

nyama iliyokatwa vipande
    vipande, Hackfleisch.

    mkate wa nyama, Klops,
      Frikandellen.

    -kata vipande vipande,
      hacken.

-tia moshini, räuchern.

mawindo (Pl. V.), Wildbret.

kuku (Pl. III.), Geflügel.

batta la bukini lililokāngwa,
    Gänsebraten.

yai la kuku, Hühnerei.

    yai la sasa, frisches Ei.

    -tokosa mayai, Eierkochen.

    mayai ya kutokota, weich
      gekochte Eier.[2]

    kiwanda (cha mayai ya
      kuku), Eierkuchen.

samaki* (III.), Fisch.[3]

---

[1] Die getrocknete Kruste darauf oder am Topf, ukoko.
[2] mayai ya kukānga, Setzeier, Rühreier.
[3] Vergl. Abschn. 26.

-ng'onda, trocknen, ein=
    pökeln.[1]
pilau (III.), birinzi (III.),
    Pillau, Reis und Fleisch zu=
    sammengekocht.
mchuzi (II.), Sauce[2], Brühe;
    Curry (d. h. Zuspeise zum
    Reis).
bokoboko, ein Gericht von
    Weizenmehl, Fleisch u. s. w.[3];
    Pastete.
mboga (III.), Gemüse (vergl.
    Abschn. 30).
    -bichi, frisch.
viazi (Pl. IV.); badata, Süß=
    kartoffeln, Bataten.
    viazi vya kizungu, Kar=
    toffeln.
dengu (III.), indische Erbsen
    oder Bohnen.[4]
kunde (III.), (braune) Boh=
    nen.[5]
figili* (III.), weißer Rettig.
mchicha (II.), eine Art Spi=
    nat.

kioga (IV.), Pilz, Champig=
    non.
tambi (Pl. VI.), Nudeln.
mbisi (III.), gerösteter Mais.
achari (III.), Pickles.
kitoweo (III.), Beilage (zum
    Gemüse), Zuspeise.
kumbi (V.), das weiche Mark
    der Spitze des Kokosbau=
    mes.[6]
bembe (III.), Dessert, Konfekt,
    kleines Gebäck.
mkate, Brot[7], Gebäck.
    ukaki, Maisbrot.
    upapasa, Kassavabrot.
mkate wa hoho, hoho ya
    mkate, Pfefferkuchen.[8]
kitumbua, Art Pfannkuchen.[9]
boksumät*, Schiffszwieback.
maandasi (Pl. V.), Gebäck,
    Feingebäck; Kuchen, Pastete,
    Pudding.
matunda (Pl. V.), Obst (vergl.
    Abschn. 29).

---

[1] upambo, ein Stock, woran sie getrocknet werden.
[2] Aus Limonadensaft und rotem Pfeffer, ajari; aus Kokosmilch
und gemahlenen Bohnen, kikololo u. s. w.
[3] Andere beliebte Gerichte sind: borohoa (von Erbsen und Boh=
nen), bumbwi (Reismehl mit geriebener Kokosnuß), mjanyato (Fisch
mit Bananen und Kassava), mseto (aus Hirse und Bohnen), pure
(aus Mais und mbazi) u. s. w.
[4] Beliebtes Gemüse.
[5] Sing. ukunde; weiße Bohne, fiwe (III.); kleine grüne, chooko
(choroko, chiroko).
[6] Eine Delikatesse.
[7] Kruste, ganda (oder koko) la mkate; backen, -oka; Sauerteig,
chachu; Schimmel, ukungu; schimmeln, -fanya ukungu. — mkate
wa ngano, europäisches Brot; mkate wa mofa, dünne Brotfladen
aus Sorghummehl.
[8] Dünner Kuchen aus Weizenmehl, frischem Palmwein und viel
Pfeffer.
[9] Andere Kuchenarten: matobosha, bumunda (V.), chelebi, palu
(von Zucker, Honig und Opium), papuri (mit asa foetida gewürzt),
saluda, sambusa* (im Ramadan gegessen), kinyunya u. s. w.

matunda na maandasi,
   Nachtiſch.
siagi (III.), Butter (europ.).
   samli* (III.), Butter der
    Eingebornen.

jibini*, Käſe.
asali ya nyuki, Honig.
   asali ya mua, Syrup.
makombo, masazo, die Über=
   reſte, der Abhub.

69. Gewürze (vergl. auch Abſchn. 30).

kiungo (IV.), bizari* (III.),
   Gewürz.
   -kolea (-tia) viungo, -tia
    bizari, würzen.
   bizari* (III.), Kümmel.
chumvi (III.), Salz.
   -tia chumvi, ſalzen.
pilipili* (III.), Pfeffer.
   pilipili hoho, roter Pfeffer.
   pilipili(ya)Manga, ſchwar=
    zer Pfeffer.
   -tia pilipili, pfeffern.
khar(a)dali* (III.), Senf,
   Moſtrich.
siki (III.), Eſſig.
mafuta (V.), Öl.
   mafuta ya uto (ya sem-
    sem), Seſamöl.[1]

manjano (mandano), Gelb=
   wurz.
kunga Manga, Muskatnuß.
   basbasi (III.), Muskat=
    blüte.
karafuu*(III.), Gewürznelken.
dalasini* (III.), Zimt.
heliki* (III. = iliki), Karda=
   mom.
tangawizi (III.), Ingwer.
sukkari* (III.), Zucker.
   sukkari nyeupe, weißer
    Zucker.
   sukkari guru, brauner
    Zucker, Rohzucker.
   -tia (-kolea) sukkari,
    zuckern.
asali* (III.), Syrup.

70. Getränke.

chakunywa (Pl. vyakunywa),
   kinywaji, Getränk.
-mimina, -mwaga, (ein=, aus=)
   gießen. einſchenken.
   -m-miminia anywe, jm. zu
    trinken einſchenken.
maji (Pl. V.), Waſſer.
   maji (ya) baridi, maji

ya pepo, maji matamu,
   friſches Waſſer.
maji ya kúnywa, Trink=
   waſſer.
maji ya sukkari, Zucker=
   waſſer.
maji (ya) Ulaia, Selter=
   waſſer.

---

[1] Mandelöl, mafuta ya lozi; Erdnußöl, mafuta ya njuguu;
Kokosöl, mafuta ya nazi; Olivenöl, mafuta ya alizeti; Palmöl,
mafuta ya chikichi.

pombe (III.), einheimisches Bier.[1]

mvinyo (II.), divai (III.), (Trauben=)Wein[2], Cognak.

maziwa (Pl. V.), Milch.

  utando (wa maziwa), siagi, Rahm.

  mtindi (wa maziwa), Buttermilch.

  -ganda, -gandamana, ge= rinnen, zusammenlaufen.

  -tutuma, aufwallen, auf= kochen (intr.).

  -tutumsha, aufkochen (trans.).

  -fururika, überkochen.

kileo (IV.), berauschendes Ge= tränk.

sharbati* (sherbeti) ya ndi- mu, Limonade.

tembo (III.), Palmwein.[3]

  zarambo (III.), Palmsprit, Palmschnaps.

  asali ya tembo, Palm= syrup.

koko (III.), Kakao.

kahawa* (III.), Kaffee[4] (das Getränk).

  kahawa na maziwa, Milchkaffee.

  bunni* (III.), Kaffeebohne.

  -saga, mahlen.

chayi* (III.), Thee.

araki*, raki*, Arak.

  årak zēlän*, ceylanischer Arak.

71. Tischgerät.

meza* (III.), Tisch, Tafel.

  -andika meza, den Tisch decken.

kitambaa cha meza, Tisch= tuch.

  kitambaa, Serviette.

vyombo vya meza, Tischgerät.

sinia* (V.), großes rundes Tablett, große, runde, flache Schüssel; Brett.

  tasa (V.), Metalltablett.

bakuli (V.), tiefe Schüssel, Napf.[5]

kombe (V.), tiefe, längliche Schüssel.

  bakuli la uji, Suppen= schüssel, Terrine.

  kibakuli, kleiner Napf, Näpfchen.

sahani* (III.), Teller.[6]

  sahani* (V.), großer Teller.

  kisahani (III.), kleiner Teller.[6]

  sahani ya shimo, tiefer Teller.

---

[1] Aus Sorghum (mtama) gebraut; deutsches, bïr (III.); arabisches, busa* (III.).

[2] mvinyo ist portugiesischen, divai (du vin) französischen Ursprungs.

[3] shisi la tembo, süßer, dunkelfarbiger Palmwein; -gema, auf= fangen; -zua, anzapfen (den Baum); panda (V.), der angezapfte Ast; kotama (III.), langes Messer mit gekrümmter Spitze zum Anzapfen.

[4] Sprich káua; vgl. Abschn. 31, S. 45.

[5] bia (V.), großer, tiefer Napf; bungu (V.), irdener Napf, Schüssel; kibungu, kleiner Napf; chano (IV.), Holzschüssel; hero (III.), kleine Holzschüssel. — [6] kisahani cha kikombe, Untertasse.

mwiko (II.), großer Löffel.
  kijiko (IV.), kleiner Löffel.
kisu (IV.), Messer.
  kipini, Stiel.
  makali (Pl. V.), Schneide.
  ncha (III.), Spitze.
  mgongo, Rücken.
  kengee, ukengee, Klinge.
  -kali, -enyi makali, scharf.
  -to-kata, nicht schneiden, stumpf sein.[1]
uma, Pl. nyuma, Gabel.
kikombe, Tasse, Obertasse[2], Becher.
  kikombe cha mayai, Eierbecher.
  kikombe cha pilipili, Pfefferbüchse.
  kikombe cha chumvi, Salzfaß.
kinara cha mezani, Plat-de-ménage.
bilauri* (III.), Glas.
chupa (V.), Flasche.
  kichupa, Fläschchen.
  kizibo, Kork, Pfropfen.[3]

gudulia (V.), Wasserflasche (aus Thon).
dundu (V.), große Kürbisflasche.
dumu (V.), Kanne.
  dumu la mchuzi, Sauciere.[4]
  dumu la maziwa, Milchkanne.
  mdila (II.), buli la káhawa, Kaffeekanne.
  buli la chai, Theekanne.
kikopo cha siagi (oder samli), Butterbüchse.
mtungi. — kitungi, Krug (ohne Henkel). — kleiner Krug.
  kopo (V.), Krug (mit Henkel).
  kasiki (V.), balasi* (V.), (arab.) Krug.
banzi (V.), Zahnstocher (von Holz).
  nyoya la kuku, Federkiel.[5]

72. Küche und Küchengerät.

meko (Pl. V.), Herd, Kochplatz, Küche, Feuerplatz.
  jiko, Pl. meko, jifya, Pl. máfya (oder mafiga), Kochstein.
  mafyya ya chuma, Dreifuß.

meko ya chuma, eiserner Herd.
mpishi, Koch.
-pika, kochen (in Wasser).
  upishi, mpiko, das Kochen.
-pikia, für jn. kochen.

----

[1] -butu, stumpf.
[2] kisahani cha kikombe, Untertasse.
[3] skurubu, Korkzieher (von engl. screw) = kizibuo; zukorken, -ziba; aufmachen, -fungua.
[4] Oder kibakuli cha mchuzi.
[5] Als Zahnstocher gebraucht.

-kānga, schmoren, braten (in einem Gefäß).

mkāngo, das Braten.

-tokosa, kochen, sieden[1] (z. B. Eier).

-tokota, gekocht werden.

mtokoso, das Sieden.

-oka, rösten, braten.[2]

mwoko, Rösten, Braten.

-choma, rösten, auf dem Rost braten.

-chomeka, gebacken werden.

mchomo, Backen, Rösten.

-teleka, ans Feuer setzen.

-chemka, kochen, sieden, aufkochen (intranf.).

maji ya kuchemka, kochendes Wasser.

-andaa, (für jn.) -m-andalia, zubereiten, kochen.

vyombo (Pl. IV.), Küchengerät.

nyungu (III.), chungu (IV.), mkungu (II.), Topf, Kochtopf (irdener).

kichungu, kleiner Topf.

mkungu wa kufunikia, Topfdeckel.[3]

shikio (V.), ushikilio, Henkel.

sufuria* (V.), Kochtopf (metallener), Kasserolle.

sufuria la chuma, eiserner Kochtopf.

kalasia (III.), kleiner Metalltopf.

kāngo (V.), ukāngo, (irdener) Brattopf, Pfanne.

kikāngo, kleine Pfanne.[4]

nyalio (Pl. VI.), Bodenhölzer.[5]

tawa (V.), (metallene) Bratpfanne.

kanderinya (V.), Kessel; Theekessel, Wasserkessel.

uma wa kuokea nyama, Bratrost, Bratspieß.

kung'uto (III.), Sieb.[6]

kung'uto (V.), kitumbu, Durchschlag.

-chunga kwa kung'uto, durchsieben.

-chungika, gesiebt werden.

kinu (IV.), Mörser.[7]

mchi (II.), mti (II.), Stößel.

-ponda, (zer)stoßen.

-pondeka, gestoßen werden.

kitasa, Trichter.

ubau wa kukatiakatia nyama, Hackbrett.

ndoo (III.), Eimer.[8]

pipa (V.), Faß, Tonne.

kipipa, Fäßchen.

bilula (III.), Hahn.

---

[1] -tokoseka, gut gesotten sein.

[2] Am Rost oder Spieß.

[3] Deckel (im allgem.), kifuniko, (großer) funiko (V.), (irdener) kibia (IV.), (geflochtener Teller =) kawa (V.).

[4] Noch kleiner: kijikāngo.

[5] Auf den Boden des Topfes gelegt, um das Anbrennen des Fleisches zu verhüten (Sing. walio).

[6] ungo (Pl. maungo), flache Korbschale zum Durchsieben; kleinere heißen uteo (Pl. teo), noch kleinere kiteo.

[7] Von Holz.

[8] buyu (V.), Kalebasse zum Wasserschöpfen.

tundu ya pipa, Spund=
loch.
kizibo cha pipa, Spund.
-vuja, lecken, laufen, un=
dicht sein.
debe* (dabba), Pl. madebe,
Blechbüchse.
kirimba (IV.), Fliegenschrank.
kinu cha kusagia bunni,
Kaffeemühle.
kinu cha kupondea bun-
ni, Kaffeemörser.
mkamshe* (II.), Kochlöffel
(hölzerner).
kāta (III., V.), Schöpf=
kelle.
kayamba (III.), Schaum=
löffel.
fua (III.), Kübel.
mbuzi ya kukunia nazi,
Reibeisen.[1]
mfuko, Sack.[2]
gunia (V.), (Jute=)Sack.
kanda (V.), Mattensack.[3]
kibogoshi, kleiner Fellsack.
-osha (-safisha) sahani, Teller
waschen (reinigen).
zina taka, sie sind schmutzig.
maji yaliyooshewa sahani,
Tellerspülwasser.
-pangusa, abtrocknen.
-teka maji, Wasser schöpfen.
bomba (III.), Pumpe.
-piga bomba, pumpen.
-chemsha maji, Wasser heiß
machen.

-pasha moto, -tia moto,
ans Feuer setzen.
-epua[4] chungu motoni,
den Topf vom Feuer
nehmen.
-pata moto, heiß werden.
-sugua visu, Messer putzen.
jiwe la kusugulia visu,
Messerputzstein.
vimefanya kutu, sie sind
rostig.
sahani hii imevunjika, dieser
Teller ist entzwei.
ufa umeingia katika sa-
hani, der Teller hat
einen Sprung bekommen.
-tia ufa sahani, einen
Sprung in einen Teller
schlagen.
-vunja, zerbrechen, zer=
schlagen.
-teleka vyazi, die Kartoffeln
aufsetzen.
-osha vyazi, die Kartoffeln
waschen.
-menya vyazi, Kartoffeln
schälen.
maganda ya vyazi, Kar=
toffelschalen.
-kānga bunni, Kaffee brennen.
-weka (-tia) ndani ya maji
ya chumvi, in Salzwasser
legen.
-paa samaki, Fische abschuppen.
-kata nyama, Fleisch schneiden.

---

[1] Zum Reiben der Kokosnuß.
[2] Großer, fuko (V.); kleiner, kifuko; sehr großer Mattensack,
kifumbo.
[3] guni (V.), Dattelsack aus Mattengeflecht (kleiner, kiguni).
[4] Oder -ondoa, -ondosha, -tegua. — Den Topf ans Feuer setzen,
-weka (-teleka) chungu motoni.

-kuta vipandevipande, in
kleine Stücke ſchneiden.
-choma ndani ya majivu,
in der Aſche röſten.
-chinja mbuzi, eine Ziege
ſchlachten.
-chuna ngozi, das Fell ab=
ziehen.
-twanga mtama, das Sorghum
(durch) Stampfen enthülſen.
-ponda bizari, Gewürz zer=
ſtoßen.
-saga unga wa mtama, Hir=
ſemehl mahlen.
jiwe la kusagia unga,
Mühlſtein.
-kama mbuzi maziwa, die
Ziegen melken.
i-me-iva, es iſt gar.
haiku-iva vema, iſt nicht
ordentlich gar.
upishi wa kizungu, europä=
iſche Küche.

73. Kleidung. Allgemeines.

nguo (III.), Kleid, Kleidung;
Anzug, Tracht; Zeug, Stoff.[1]
-vaa, anziehen (Kleider), tra=
gen.[2]
-vaa kizungu, ſich euro=
päiſch kleiden.
-vaa nguo, ſich anziehen,
ſich ankleiden.
-vika, -valisha, jn. an=
ziehen, ankleiden.
vao (V.), vazi (V.), Anzug,
Kleidung.
-vua, ausziehen, ablegen[3] (Klei=
der).
vua nguo, ſich ausziehen,
ſich auskleiden.
nguo ya nyumbani, Haus=
kleider, gewöhnliche Klei=
dung.
nguo ya usiku, Schlaf=
kleider.
nguo ya sirkali, Amts=
tracht, Uniform.
amevaa nguo za thamani,
er iſt prächtig gekleidet.
-baddili nguo, die Kleider
wechſeln.
nguo hii yanifaa, ni kiasi
changu, dieſer Anzug ſteht
mir gut, paßt mir gut,
kleidet mich.
-pya. — -kukuu, neu, —
alt, abgetragen.
nguo safi, reine Kleider.

74. Kleidung des Mannes.

jokho* (III.), langer arabiſcher
Rock, Kaftan.
koti (V.), Rock.[4]
bushuti* (III.), arabiſcher
Mantel.
suruali* (III.), Hoſen.

---

[1] Über die Etymologie dieſes Wortes vgl. meinen Aufſatz in der
Zeitſchrift für afrik. und ozean. Sprachen, Jahrg. V, S. 159.
[2] -vaa kofia, die Mütze aufſetzen.
[3] -vua kofia, die Mütze abnehmen.
[4] Vom engl. coat.

kanda za kuvalia (kuka-
za) suruali, Hosenträger.
kisibao, arabische Weste.
kisibao cha mikono, Jacke.
kisibao cha vikwapa,
Weste ohne Ärmel.
mkono (II.), Ärmel.
mfuko, Tasche.
kifuko, Täschchen.
kifungo, Knopf.
kitanzi cha kifungo,
Knopfloch.[1]
bitana* (III.), Futter.

mshipi, Gürtel.
kiatu, Pl. viatu, Schuh;
Stiefel.
kofia* (III.), Mütze.
kofia alfia, Jumbenmütze.
kilemba, Turban.
-piga kilemba, den Tur-
ban winden.
mahazamu*, Schärpe.
shadda* (V.), Quaste.
zari (III.), teli (III.),
Tresse.
utepe, Galon, Borte.

75. Kleidung der Frau.

barakoa* (III.), Maske der
arabischen Frauen.
ukaya, Pl. kaya, Schleier der
Suahilifrauen.
dusamali* (III.), Kopftuch
(bunt, seiden).

shela (III.), schwarzseide-
nes Kopftuch).
msuruaki*, Holzpflock (zum
Festhalten der arabischen
Schuhe).

76. Gebrauchsgegenstände des Mannes.

saa* (III.), Uhr.
akrabu* (III.), Zeiger.
miwani (III.), Brille.
kifuko, Börse, Geldbeutel.
fimbo (III.), Stock (ohne
Krücke).
bakora (III.), Stock (mit
Krücke).
kiko, Tabakspfeife.[2]
tumbako (III.), Tabak.
tumbako ya kuvuta,
Rauchtabak.

tumbako ya kunusa,
Schnupftabak.
tumbako ya kuta funa,
Kautabak.
tabakero (III.), mwanzi
wa tumbako, Tabaksdose.
-vuta tumbako, rauchen.
pete (III., V.), Ring.
mwavuli, Pl. miavuli,
Schirm.
pepeo (V.), Fächer.
hirizi* (III.), Amulett.

---

[1] Eigentlich eine Schlinge, die um den Knopf gelegt wird.
[2] Kopf, bori (III.).

77. Putz und Schmuck des Weibes und Mannes.

pambo (V.), uzuri, Schmuck.
 -pamba, schmücken.
-chanja, -piga chare, -chora,
 tätowieren.
  chanjo (III.), das Täto=
   wieren, die Tätowierung.
  chare, nembo, Tätowie=
   rung.
 -enyi chanjo, tätowiert.
-paka hina, mit Henna ein=
 reiben.
  hina*, Henna.
urembo, Gesichtsbemalung.
ndonyo (III.), Lippenring.
hazama* (III.), Nasenring.
  kipini, shamili la pua,
   Nasenschmuck.[1]
pete ya masikio, Ohrring.
  ndewe (III.), Loch (in der
   Ohrmuschel).

 -toga, die Ohrlöcher ste=
  chen.
 kipini, shamili la sikio,
  Ohrschmuck.
timbi (III.), Armband (aus
 Silberperlen).
  banajiri* (III.), ziseliertes
   Armband.
kekee (III.), Armring.
 kikuku, Arm= oder Fuß=
  ring.[2]
ushanga wa shingo, Hals=
 band, Halskette.
 marijani ya shingo, Ko=
  rallenhalsband.
marashi* (Pl. V.), Parfüm.
 mrashi* (II.), Parfüm=
  flasche.

78. Toilette.

nataka koga (= kuoga), ich
 will mich baden.
 birika la kogea, Bade=
  wanne.
 maji ya koga, Badewasser.
 mahali pa kogea, Bade=
  platz.
 chumba cha kogea, choo,
  Badestube.
 kosha = kuosha, jn.
  baden.
 hamami* (III.), (öffentl.)
  Bad.

-nawa uso, mikono, miguu,
 (sich) Gesicht, Hände, Füße
 waschen.[3]
 maji ya moto, warmes
  Wasser.
 maji ya baridi, kaltes
  Wasser.
bakuli (V.), Waschbecken.
kitambaa (cha kupangusia
 mikono), Handtuch.
 -pangusa, abtrocknen, ab=
  wischen, abreiben.

---

[1] Ein Knopf oder eine kleine Münze.
[2] kikuku cha mguu, furungu (V.), Fußring; mtali (II.), breite
Fußspange.
[3] Vgl. dagegen -fua in Abschn. 83.

-m-pangusia miguu, sich
bie Füße abtrocknen.
sabuni* (III.), Seife.
  povu (V.), Schaum.
spinga(V.), nyafunyafu (III.),
  Waschschwamm.[1]
-sukutua, sich den Mund spü=
len.
  msuaki* (II.), Zahnbürste.
  unga wa kusugulia meno,
  Zahnpulver.
-tana (-chana), kämmen.
  kitana, Kamm.
  shanuu (V.), großer Holz=
  kamm.
-sokota nywele, das Haar
frisieren.[2]

msokoto wa nywele, Fri=
sur.
-suka (-songa) nywele, das
  Haar flechten.
  suko (songo) la nywele,
  Flechte.
  msuko (ususi) wa nywele,
  Flechtenfrisur.
-nyoa, rasieren.
  kinyozi, Barbier.
  wembe, Pl. nyembe, Ra=
  siermesser.[3]
  -nyoa ndevu, sich rasieren.
  -kata nywele, das Haar
  schneiden.
-kanda, kneten, massieren.

79. Die Wäsche.

nguo (III.), Wäsche[4] (das
  Zeug).
  nguo safi, reine Wäsche.
  -raruka, zerrissen werden,
  entzwei gehen.
  -tatua, -rarua, zerreißen
  (trans.).
fulana (III.), Unterhemd.

kanzu (III.), Hemd[5] (der Ein=
  geborenen).
nguo ya usiku, Nachthemd,
  Schlafanzug.
kikói (IV.), Lendentuch.
leso (V.), Taschentuch.
msuko wa mguu, Strumpf.[6]

80. Weibliche Handarbeiten.

kazi ya waanawake, Frauen=
  arbeit.
-shona, nähen.[7]

kushtubani*(III.),Finger=
  hut.[8]
makassi* (Pl. V.), Schere.

---

[1] In Sansibar auch mwani (Seetang).
[2] In Eile oberflächlich, -bundika.
[3] nkali, scharf; si mkali, stumpf; -noa, schleifen; kinoo Schleifstein.
[4] Vergl. dagegen Abschn. 83.
[5] Europäisches, shati (III.) = engl. shirt.
[6] Auch soks oder sokisi (vom engl. socks) oder stoki (stokisi, stokin, vom engl. stockings).
[7] In großen Stichen, -shikiliza, -piga bandi.
[8] Nebenform: kusubani.

-kata, schneiden, abschnei-
ben.
sindano (III.), shindano,
Nähnadel.
kulabu* (III.), Stecknadel.
  ncha ya sindano, Nadel-
  spitze.
  tundu ya sindano, Nadel-
  öhr.
  -tunga sindano, eine Nabel einfädeln.
kitani* (IV.), uzi wa kitani,
  a) Flachs, Leinen; b) Zwirn.
  uzi (Pl. nyuzi), Faden.
bandi (V.), Stich.
  ponta, Steppstich.[1]
  shulu* (V.), überwendliche
  Naht.[2]

mshono, ushoni, das Nähen,
  die Naht.
upindo, pindo (V.), Saum,
  Falte.
  tao la chini, der untere
  Saum.[3]
  -pinda[4], säumen.
kunjo (V.), kikunjo, Falte.
  -kunja, falten.
  -kunjika, gefaltet werden.
-fumua, auftrennen.
-tengeneza, ausbessern.
  kiraka, Flicken.
-darizi*, sticken.
  darizi, Stickerei.
  almaria (III.), Stickerei.[5]
-sokota uzi, -pota uzi, spinnen.[6]
  dulabu* (III.), Spinnrad.

81. Der Schneider.

mshoni nguo, Pl. washoni
  nguo, Schneider.
-kata nguo, -tinda nguo, ein
  Kleid zuschneiden.
  mkato, makatio, mtindo,
  matindo, das Zuschnei-
  ben; der Schnitt.
-twaa cheo chake, jm. Maß
  nehmen.
  chenezo (III.), Meßband,
  Maß.
-jarribu*, anprobieren (Klei-
  ber).

-faa mtu, -juzu* mtu, jm.
  passen.
-refu mno, zu lang.
  -punguza, kürzer machen.
-fupi mno, zu kurz.
  -fanya -refu zaidi, länger
  machen.[7]
kisibao kinanikaza, die Jacke
  brückt mich, ist mir zu eng.
  hakina upana, ist nicht
  weit genug.
  sina nafasi ndani yake,
  ich habe keinen Platz barin.

---

[1] -piga ponta, mit Steppstich nähen.
[2] -shulu*, -furazi*, überwendlich nähen.
[3] Des kanzu und ähnlicher Kleidungsstücke.
[4] Auch -kunga, -peta, -kunja.
[5] taraza, gestickter unterer Rand eines Kleidungsstücks; kazi ya shingo, Kragenstickerei des kanzu; mjusi, Bruststickerei des kanzu.
[6] Von der Spinne (vom Seidenwurm u. s. w.), -toa uzi.
[7] Auch -ongeza (-zidisha) urefu.

-baddili*, ändern, abändern.

nguo mpya, ein neuer Anzug.

-agiza, bestellen.

kiasi gani nguo moja? Was kostet ein Anzug?

namna za nguo, Stoffproben.

khafifu*, leicht, dünn.

-nene, schwer, dick.

gora (III.), Stück Zeug.

haifai kabisa, taugt nichts.

nguo ya rangi, farbiger Stoff.

rangi yatoka, die Farbe geht aus.

haishiki vema, sie hält sich nicht.

haichuyuki, verschießt nicht, verliert die Farbe nicht.

-ime-tiwa dondo nyingi, viel Appretur haben.

Rohe Baumwollstoffe.[1]

amerikano (merikani), roher Baumwollstoff amerikanischer Fabr.[2] (american grey shirtings); gamti, dass. indischer Fabrikation (grey shirtings); ulayiti, dass. englischer Fabrikation (grey shirtings); kikoi cha Ulaya, mit bunten Vorbüren u. s. w.

Gefärbte Baumwollstoffe.

kaniki, blauer Shirting; ukaya, blauer Mull; bendera mardufu, roter Stoff; kuzurungi, hellbrauner Stoff.

Gebleichte Baumwollstoffe.

bafta (bafuta), engl. Fabr.; malmal (melmeli), Muslin; jamdani, gebleichter Brokat.

Bedruckte Baumwollstoffe.

kisutu (cha Membei), rote, blaue, weiße Tücher indischer Fabrikation, (scarves); kanga, bunte Tücher europäischer Fabrikation; shiti, bunte Stückwaaren (prints).

Buntgewobene Baumwollstoffe.

debwani, suturbazi, sahari, sababia, burai, ismaili u. s. w., u. s. w.

82. Der Schuhmacher.

mshoni viatu, Schuhmacher.

-shona viatu, Schuhe ma= chen.[3]

ngozi (III.), Leder.

kiatu cha ngozi, Leder= schuh.

wayo (wa ziatu), ngozi, Sohle.

-tia ngozi, besohlen.

nyuzi za viatu, Schnürbän= der.

vidogo mno; vifupi mno; virefu mno, zu klein; zu kurz; zu lang.

-twaa cheo chake, jm. Maß nehmen.

-m-faa, jm. passen, gut sitzen.

-m-kaza, jm. zu eng sein, ihn drücken.

viatu vimetatuka, die Schuhe sind zerrissen.

---

[1] Vgl. W. von St. Paul=Illaire, Suahili=Sprachführer, S. 326 ff.

[2] Sorten: merikani asili und merikani mardufu.

[3] Für jn. -m-shonea viatu; das Paar, jozi* (III.).

83. Der Wäſcher.

dobi (III.), Wäſcher.
-fua nguo, (durch Klopfen) Kleider (Wäſche) waſchen.
udobi, uſuaji, das Waſchen.
fuo (V.) la kufulia nguo, Wäſcherei, Waſchplatz.
mſuaji = dobi, Wäſcher.
-chachaga, (durch Reiben) waſchen.
kanji (III.), Stärke.

uwanga, Stärkemehl, Pfeilwurz.
-tia uwanga, ſtärken.
-anika, zum Trocknen auslegen, hängen.
-kauka, trocken werden.
-kavu, trocken.
pasi (III.), Plätteiſen.
-piga pasi nguo, Zeug plätten.
-unguza kwa pasi, mit dem Plätteiſen verſengen.

84. Wohnung. Allgemeines.

makao (Pl. V.), kikao, makazi (Pl. V.), ukao, Wohnung, Wohnort, Wohnplatz.
mahali pa kukaa, Aufenthaltsort.
masikani*, makani*, Wohnort.
sina mahali pa kukaa, ich habe kein Obdach.
wakaa wapi? wo wohnſt du?
-kaa, a) ſitzen; b) verweilen, ſich aufhalten, wohnen.
akaa Tanga, er iſt in Tanga wohnhaft.
-kaa katika (ob. -ni), bewohnen.[1]
nyumba yako i wapi? wo iſt dein Haus? wo wohnſt du?
tumelala ngono tatu njiani, wir haben drei Nächte auswärts (auf der Reiſe) geſchlafen.

ugono, eine Nacht auf der Reiſe.
-shuka, abſteigen.
-pokea, empfangen, aufnehmen.
mwenyeji, Gaſtfreund, Wirt; Hauswirt.
mgeni, Gaſt.
nyumba wa wageni, Gaſthaus.
mwenyi nyumba, Hauswirt.
mwenyewe, der Eigentümer.
-pangisha nyumba, ein Haus vermieten.
mudda wa miaka miwili, auf zwei Jahre.
koodi* (III.); ujira*, ijara*, Miete.
mwezi rupia thelathini, 30 Rupien monatlich).
-toa koodi mbele, die Miete vorausbezahlen.

---

[1] Aber -kaliwa, bewohnt ſein.

-panga nyumba, ein Haus
mieten.
 nyumba ya kupangishwa,
 Mietshaus.
-ingia, einziehen.
-toka, ausziehen.
-hama, umziehen.

-hamisha, jm. kündigen,
 zum Umziehen veranlassen.
chumba, Pl. vyumba, Zim=
 mer, Raum.
jirani* (III.), Nachbar.
-pakana na, angrenzen an,
 benachbart sein.

85. Die Stadt.

mji, Pl. miji, Stadt.
mtaa, Pl. mitaa, Stadtviertel.
 mitaa ya nje, Vorstadt.[1]
 kitutani, Umgebung.
lango la mji, Stadttor.
kitalu, (Umzäunungs=, Um=
 fassungs=)Mauer.
boma (V.)., Pallisadenzaun,
 Verhau, Schutzwall; Stadt=
 mauer.
 ukuta, Steinwand, Mauer,
 Wand.
 kikuta, kleine Mauer.
ugo (V.), Hecke (aus Dornen
 oder Geäst).
kiyambaza (kiwambaza),
 Lehmmauer.
njia (III.), Weg; Straße.
 njiani, auf der Straße.
 njia kuu ya Wahindi,
 große Inderstraße.[2]
 kinjia, Gasse.
uchochoro, kichochoro, sham-
 biro (V.), Gasse.
njia ya mkingamo, mkin-
 gamo, Querstraße.
njia hii inapitika sana, diese
 Straße ist sehr belebt.

wapita njia, die Passan=
 ten.
-fagia njia, die Straße kehren.
uwanja, uga (Pl. nyuga), Platz.
soko*, Pl. soko u. masoko,
 Markt, Marktplatz.
daraja*, Pl. madaraja, Brücke.
 mtatago, ulalo, Übergang.[3]
 -pita daraja, über eine
 Brücke gehen.
 -fanya daraja mtoni, eine
 Brücke über einen Fluß
 bauen.
vinara* (Pl. IV.), Gelän=
 der.
kisima, Brunnen.[4]
 kiopoo, Zugstange.
 -teka maji, Wasser schöp=
 fen.
 -piga bomba, pumpen.
 bomba imekharibika, die
 Pumpe ist entzwei.
 ndoo (III.), Eimer.
moto (II.), mwako, Feuer(s=
 brunst).
 -zima, löschen.
 -tia moto, -washa moto,
 in Brand stecken.

---

[1] Auch kiunga (III., eigentlich Obstgarten).
[2] In Tanga.
[3] Nur aus einem Baumstamm oder einem Brett bestehend.
[4] kisima hiki kuenda chini kwake chapataje? wie tief ist dieser
Brunnen? hapana maji kisimani, es ist kein Wasser im Brunnen.

86. Die öffentlichen Gebäude und Anlagen.

moskiti* (meskiti), Moschee.
  mnara* (II.), Minaret;
  Turm.
  kubba* (V.), Kuppel.
kanisa* (V.), chriftl. Kirche.
gereza* (III.), Gefängnis; das
  Fort.
jumba (V.), großes Haus,
  Palaft.
nyumba ya sirkali, Regie=
  rungsgebäude.
darasa* (III.), chuoni,
  Schule.

nyumba ya wagonjwa, Kran=
  kenhaus.
nyumbua ya askari, Kaferne.
nymba ya wageni, Hotel,
  Gafthaus.
post-ofis (engl.), Poftamt.
nyumba ya shauri, Schauri=
  haus, Rathaus.
  jumbe (V.), Dorffchulze,
  Häuptling.
mkahawani, Kaffeehaus.
  mkahawa, Kaffeehausin=
  haber.

87. Das Haus.

nyumba (III.), Haus.[1]
  jumba (V.), großes Haus.
  kijumba, kleines Haus,
  Hütte.
  bwana yuko, der Herr ift
  zu Haufe.
  bwana hayuko, der Herr
  ift nicht zu Haufe.
jengo (V.), Gebäude.
  mtomo, feftes Gebäude.
mbele ya nyumba, upande
  wa mbele, Vorderfeite, Faf=
  fade.
  ngao za nyumba, die
  Vorder= und Rückfeite.[2]
dari* (III.), a) flaches Dach;
  b) oberes Stockwerk.
sakafu* (III.), a) flaches (Be=

ton=)Dach; b) Fußboden=
  beton.
  -sakkifu*, Dachbeton her=
  ftellen.[3]
paa (V.), Strohdach.
  kipaa, kleines Strohdach.[4]
  mchilizi, Dachrinne.
  upenu (VI.), der vorn
  überragende Teil des
  Daches.
dukhani* (III.), Schornftein.
baraza* (III.), Veranda; Em=
  pfangshalle; Aubienz.
  ufunga (VI.), Steinbank
  dafelbft.
mlango (II.), mwango, Thür.
  lango (V.), Thor.
  mngojezi wa mlango,

---

[1] Steinhaus, nyumba ya mawe; Lehmhaus, nyumba ya udongo;
Ziegelhaus, nyumba ya matufali; Holzhaus, nyumba ya mti.
[2] Die vordere Wand, kiyambaza cha ngao ya mbele; die hintere,
kiyambaza cha ngao ya nyuma. — Giebel, ubavu wa nyumba.
[3] ftampfen, -pigilia; die Dachftampfe, kipande.
[4] kipaa cha mbele, Vorderdach; kipaa cha nyuma, Hinterdach;
ki susi, kleines Strohgiebeldach.

mngoj(e)a mlango, bau-wabu* (V.), Thürhüter.
mlango wa tarabe, ge=schnitzte, zweiflügelige Thür.

chini (w. unten), Hausflur; Erdgeschoß.

daraja* (V.), ngazi (III.), Treppe.
-panda, hinaufsteigen.
-shuka, hinuntersteigen.
juu, oben; Obergeschoß.

pănga (V.), Keller.

choo, Pl. vyoo, Abort; Bade=zimmer.
pa kogea, Badezimmer.
birika* (III., V.), Bade=wanne (gemauerte).

uanda (uwanda), Pl. nyanda; uanja (uwanja), Pl. nyan-ja, der freie Platz vor dem Hause, Vorplatz.
kiwanda, kiwanja, kleiner Vorplatz.[1]

ua, Pl. nyua, (umfriedigter) Hof.[2]

behewa* (III.), Hof.[3]

zizi (V.), Hürde, Viehhürde.
banda la frasi, faja la frasi, Pferdestall.

ghalla*(V.), Scheune, Magazin.

banda (V.), Schuppen.
kibanda, kleiner Schuppen.

bustani hii ya nyumba? ge=hört dieser Garten zum Hause?

88. Die Zimmer, Thür und Fenster.

chumba, Pl. vyumba, Zim=mer, Raum.
vyumba vingapi ndani yake? wieviel Räume hat es (d. Haus)?

ukumbi, Gallerie (im Hof ara=bischer Häuser).

sebule* (= sebula III.), Em=pfangszimmer, Salon.

chumba cha kulal(i)a, Schlaf=zimmer.

chumba cha kulia, Eßzim=mer.

chumba cha kuandikia, Schreibzimmer, Arbeitszim=mer.

ghorfa* (III.) = or(o)fa, Ober=

zimmer, Zimmer im Ober=stock, Wohnzimmer.

meko (Pl. V.), Küche, Koch=platz.

kiyambaza (kiwambaza), Lehmwand, Trennungs=wand.
kiyambaza cha ubavu (wa nyumba), Seiten=wand.
kiyambaza cha kati (ob. cha mlia), mlia wa kati, Mittelwand.

sakafu* (III.), (gestampfter) Fußboden.
sakafu ya juu, Decke.

---

[1] kiwanja bedeutet auch den Grund und Boden, auf dem ein Haus steht, den Bauplatz.

[2] Mit Sorghumstengel umfriedigt, ua wa mabua; mit Palmblatt-geflecht, ua wa makuti.

[3] In arabischen Häusern.

Die Thür.

kizingiti, Schwelle; unterer
 Thürrahmen.
ubau (upande) wa mlango,
 Thürflügel.
 mlango wa tarabe, mlan-
  go ya pande mbili, Flü=
  gelthür.
mwimo, Pl. miimo, ¦Thür=
 pfoſten.
upapi, Mittelbalken der Thür.
 mfaa, Thürblatt.
patta (III.), bauwaba* (V.),
 Thürangel.
pingo (V.), Thürriegel.
 -tia pingo, den Riegel
  vorlegen.
kia, Pl. via, Vorlegebalken
 (innen).
 riza (III.), Thürkette.
 -pingia,-komea, verriegeln.
kitasa, Schloß.
 komeo (V.), hölzernes
  Schloß.

kufuli* (V.), Vorlege=
 ſchloß.[1]
ufunguo, Schlüſſel.
-shindika mlango, die Thür
 zumachen, einklinken.
 -rudisha, anlehnen.
-funga mlango, die Thür ver=
 ſchließen.
 -fungika, gut ſchließen (von
  der Thür).
 -m-fungia mlango, die
  Thür für (= vor oder
  hinter) jm. zumachen.
 -ji-fungia mlango, die
  Thür hinter ſich zuma=
  chen.
-fungua mlango, die ¦Thür
 öffnen, aufmachen.
 -shindua mlango, die Thür
  halb öffnen.
 mlango wazi, die Thür
  iſt offen.

Das Fenſter.

dirisha* (III. u. V.), Fenſter.
 kioo cha dirisha, Fenſter=
  ſcheibe.
 -tia kioo, eine Scheibe
  einſetzen.
mwangaza, Pl. miangaza,
 Lichtloch (unter der Decke),
 Luke.

chuma cha dirisha, Fenſter=
 traille.
kidaka, shubbaka* (V.),
 Niſche.[2]
 raff* (III.), deren Rück=
  wand.
-safisha vyoo vya dirisha,
 die Fenſter putzen.

---

[1] -tia kufuli, das Schloß vorlegen.
[2] kishubbaka, kleine (runde) Niſche.

89. Möbel.

pambo la nyumba, Möbel, Einrichtung.

meza (III.), Tisch.[1]

kiti, Pl. viti, Stuhl.

    tegemeo (V.), Lehne.

    kiti cha mikono, Armstuhl.

kasha la nguo, Kleidertruhe.

    kasha (V.), Kasten, Kiste.

sanduku* (III.), Kiste, Koffer; Kommode.

meza ya kuandikia, Schreibtisch.

kioo, Pl. vyoo, Spiegel.

zulia (V.), Teppich.

    zulia la kusallia, Gebetsteppich.

jamvi (V.), Matte[2] (für den Fußboden).

kitanda, Bettstelle.

    mchago, Kopfende.

    tendegu (V.), Fuß derselben.

    mfumbati, Seitenteil.

    kitakizo (V.), Kopf- und Fußstück.

    takia (V.), großes Bett.

-tanda kitanda, ein Bettgestell mit Geflecht beziehen.[3]

    mtande, Kette des Geflechts.

mshindio, Einschlag desselben.

matandiko ya kitanda, Bettzeug.

godoro (V.), Matratze.

tandiko (V.), nguo ya kujifunika, Bettdecke.

    -ji-funika, sich zudecken.

shuka (III.), Bettlaken.

besera (III.), Betthimmel.

mto (II.), Kissen.

    mfuko wa mto, foronya (III.), Kissenüberzug.

mkeka, Schlafmatte.

    -suka mikeka, Matten flechten.

    -tandika mkeka, eine Matte ausbreiten.

chendarua, Pl. vyendarua, Moskitonetz.

    miti ya chendarua, Moskitonetzstützen (am Bett).

pazia (V.), sitara* (III.), Vorhang.

wavu wa kulalia, Hängematte.

tundu (V.), Käfig, Vogelbauer.

kisitiri* (IV.), Wandschirm.

90. Hausgerät.

vyombo (Pl. IV.), Hausgerät.

burashi (III. u. V.), Bürste.

    -piga burashi, bürsten.

ufagio, Besen.

    -fagia, fegen, kehren.

kijamanda, (längliche) Dose (für Betel).

    kijaluba, kleine Metalldose.

sanamu* (III.), sura* (III.),

---

[1] mtoto wa meza, Tischkasten.

[2] Schlafmatte, mkeka; Gebetsmatte, msalla* (II.).

[3] shupatu (V.), Streifen von Palmgeflecht dazu.

tas(a)wira* (III.), Bild, Ge=
mälde.
bweta (V.), Kaſten; Schachtel.
  kibweta, kisanduku, Käſt=
    chen, Schachtel.
  cheche(III.),kleineSchachtel.
kikapu, Korb.[1]
  kapu, großer Korb.
kopo (bakuli) la kukojolea,
  Nachtgeſchirr.

chetezo (IV.), Räucherſchale.
manukato, Räucherwerk.
udi* (VI.), Räucherholz.
ubani, uvumba, Weih=
  rauch.
-fukiza, räuchern.[2]
tasa (V.), Spucknapf.
ubau wa kuvutia viatu, Stie=
  felknecht.

91. Heizung.

moto (II.), Feuer.
kuni (Pl. VI.), Brennholz,
  Feuerung.
  ukuni, ein Scheit.
  -chenga kuni, Brennholz
    ſchlagen.
  -chanja kuni, Brennholz
    ſpalten, klein hacken.
kaa (V.), Kohle.
  makaa ya moto, glühende
    Kohlen.
-pekecha moto, Feuer reiben.
  upekecho, mpekecho, pe-
    kecho (V.), Feuerzeug
    (zum Reiben).
-washa moto, Feuer machen.
  -washa, anzünden.
kibiriti* (IV.), Zündhölzchen.
  kibahaluli, Fidibus.
moshi (II.), Rauch.
  -toa moshi, rauchen.
  kaa-moshi, Ruß.
mvuke, Dampf.

mwali (II.), ulimi wa moto,
  Flamme.
  chechi (V.), Funke.
jifu, Pl. majifu, Aſche.
kichocheo, Feuerhaken.
  -chochea moto, das Feuer
    ſchüren.
-waka, brennen (v. Feuer),
  lodern.
-choma, verbrennen (tranſ.).
-ungua, verbrennen (= ver=
  zehrt werden, Brennmate=
  rial).
  -chomeka, zu Aſche ver=
    brennen.
-teketea, verbrennen (durch
  Feuer zerſtört werden).
  -teketeza, verbrennen (=
    zerſtören).
mdharba*, Feuerzeug.
-zima, auslöſchen, ausmachen.
  -zimika, ausgehen, ver=
    löſchen.

---

[1] Rund, offen, tunga (III.); rund, mit Deckel, jamanda (V.);
flache Schale, ungo (V.), uteo; kleine Schale, kiteo.
[2] fukizo (V.), Räucherung, Räucherdampf; jn. mit Räucherholz
räuchern, -m-fukizia udi.

92. Beleuchtung.

fanusi* (V.), kandili* (V.),
Laterne.
taa (III.), Lampe.
  utambi, Docht.
  mnara wa taa, Cylinder.
  tungi la taa, Glocke.
  mwango (II.), (hölzerner)
   Lampenständer.
-washa taa, die Lampe an=
  zünden.
-zima taa, die Lampe aus=
  löschen.
-zimika, ausgehen, er=
  löschen.
meshmaa* (III.), mshumaa*
  (II.), Kerze.
  kinara* (IV.), Leuchter.
-chochea taa, die Lampe in
  die Höhe schrauben.
-tia mafuta, Öl aufgießen.
  mafuta Ulaya, Petroleum.
hamna mafuta, es ist kein Öl
  darauf.
haiwaki vema, sie brennt
  nicht gut.

93. Hausbau.

-jenga nyumba, ein Haus
  bauen.
  -aka, in Stein bauen,
   mauern.
kiwanja, Baustelle.
-kata mwitu, den Wald roden.[1]
  -kata vijiti, magugu, das
   Unterholz abschlagen.
  -kata miti, die Bäume
   fällen.
-sawanisha kiwanja, den Bau=
  platz einebenen.
mwashi, Pl. waashi, Maurer.
sermala* (V.), Zimmermann.
fundi (V.), Handwerker.
watu wa kufanya kazi, Ar=
  beiter.
  msimamizi, Aufseher.
-pima mizinji, die Funda=
  mente abstecken.
  -mzinji (mzingi), Funda=
   ment.
-chimba mizinji, Funda=
  mente ausgraben.
-tia miti ya viyambaza, die
  Wandpfähle[2] einsetzen.
-paka udongo viyambaza, die
  Wände mit Lehm bekleiden.
-ezeka paa, das Dach mit
  Stroh decken.
  -ezua nyumba, ein Haus
   abdecken.
  -ezeka na nyasi, mit Gras
   decken.
majengo (Pl.), Baumaterialien.
-chimba udongo, Lehm graben.
  -finyanga udongo, Lehm
   durchtreten.
-andika chokaa, mit Kalk
  abputzen.
-toboa madirisha, Fenster
  durchbrechen.
-vunja mawe, Steine brechen.

---

[1] -weka wazi mahali, einen Platz klären.
[2] Eines Lehmhauses.

-vunja matumbawe, Ko=
rallenstein brechen.
-fanya matufali, Ziegel strei=
chen.
　tufali* (V.), Ziegel.
-oka chokaa, Kalk brennen.[1]
　chokaa (III.), Kalk.
　chokaa Ulaya (oder ya
　kizungu), Cement.
-ikiza dari, das Dach (die
　Decke) legen.
　-ikiza nyumba boriti, die
　Dachbalken legen.
-chonga boriti, die Dachbalken
behauen.
boriti (III.), (Decken=)Balken.

mwamba, Pl. miamba,
　Firstbalken.
mhimili* (II.), Träger,
　Tragbalken.[2]
kombamoyo (V.), Dachsparren
　(beim Strohdach).
　upao (VI.), Dachlatte.
　ufito (VI.), Rute, dünne
　Latte.
-sakkifu* dari, -pigilia dari,
　-pigilia sakafu, die Beton=
　schicht des Daches herstellen.
-jengua, -vunja, -bomoa ny-
　umba, ein Haus abbrechen.
　-bomoka, einstürzen.
mwiko, Pl. miiko, Maurerkelle.

---

[1] tanuu* ya kuoka chokaa, Kalkofen.
[2] Der Tragbalken über Thüren und Fenstern, kikaza.

X. Abschnitt.

Schule. Bildung.

94. Unterricht. Allgemeines.

dárasa* (III.), mádrasa* (III.), Schule.

chuoni, in der Schule, nach der Schule; Schule.

-enda chuoni (-durusi), zur Schule gehen.

-tia chuoni, zur Schule schicken.

mwanafunzi, mwana chuoni, Schüler.[1]

mwallimu*, Pl. waallimu, Lehrer.

-funza, -fundisha, -elemisha*, lehren, unterrichten, erziehen.

mafundisho, Unterricht.

-somesha, lesen lehren.

-addibisha, -addibu*, -tia adabu, erziehen[2] (Gesittung bei= bringen).

hana adabu, er hat keine Erziehung.

-ji-funza, -fundishwa, lernen.

-someshwa, lesen lernen.

-soma kwa moyo, aus= wendig lernen.

tabia* (III.), Anlage, Natur= anlage.

ana mizungu, er hat Talent.

-sikiliza, zuhören, aufmerken.

usikizi, Aufmerksamkeit.

mtenda kazi, arbeitsam.

-ekevu, sorgsam, fleißig.

-enyi juhudi*, fleißig.

-enyi bidii*, eifrig.

-vivu, faul, träge.

uvivu, Faulheit.

-fanya (-piga) uvivu, faul= lenzen.

-me-chelewa, sich verspätet haben, zu spät kommen.

imtihani* (III.), kutazamia, Examen.

-uliza, fragen, examinieren.

mwenyi kutazamia, Exa= minator.

adhabu* (III.), Strafe.

-adhdhibu*, strafen.

-pata adhabu, Strafe be= kommen.

rukhsa* (III.), Ferien, Frei= viertelstunde.

-pata rukhsa, Ferien be= kommen; frei bekommen.

-khitimu*, -ikhtimu*, aus der Schule kommen, seine Schulzeit beendigen.

---

[1] Auch arabisch talamidhi* (III.).

[2] Erziehen im Sinne von groß ziehen ist -lea, die Erziehung malezi und ulezi.

95. Leſen.

-soma, leſen.
  somo (V.), Leſeſtück, Lek=
    tion.
kitabu*, Pl. vitabu; chuo,
  Pl. vyuo, Buch; Band.
fungu (V.), Abſchnitt.
bāb* (III.), Kapitel.
  sura*, (Koran=)Kapitel.
jalada* (III.), Einband.
  -jellidi, -jallidi, einbinden.

mshoni wa vyuo, Buch=
  binder.
gombo (V.), ukurasa, Blatt[1]
  (eines Buches).
-funua, aufſchlagen (ein Buch).
-funika, zumachen, zuklappen.
duka la vyuo, Buchhandlung.
  mwenyi anauza vyuo,
    Buchhändler.
kitabu cha kusomea, Fibel.

96. Schreiben.

-andika, ſchreiben.
  -pangilia, über die Zeile
    ſchreiben, einſchalten.
mwandiko (II.), maandiko
  (Pl. V.), Schreiben, Art zu
  ſchreiben, Handſchrift;
  Schriftſtück, Geſchriebenes.
  maandishi, Schreiben,
    Schrift.
mkono, Hand (=Handſchrift).
khatti* (III.), Schriftſtück.
mstari* (II.), Linie, Zeile;
  Lineal.
  -piga (-andika) mstari,
    eine Linie ziehen.
-nakkili*, abſchreiben, kopieren.
  nakl, nakili* (III.), Ab=
    ſchrift, Kopie.
  katibu* (V.), mwandishi,
    Schreiber.
dawati* (III.), Schreibzeug.
kalamu* (III.), (Rohr=)Feder,
  Griffel.

kalamu ya kizungu, eu=
  ropäiſche Feder.
kalamu ya chuma, Stahl=
  feder.
kalamu ya risasi, Blei=
  ſtift.
wino (VI.), Tinte.
  kidau cha wino, Tinten=
    faß.
neno (V.), Wort.
harufu* (III.), Buchſtabe.
  harufu ya kiarabu, ara=
    biſcher Buchſtabe.
  harufu ya kidachi, deut=
    ſcher Buchſtabe.
  harufu ya chapa, Druck=
    buchſtabe.
kartasi* (III.), Papier.
  ukurasa, ein Blatt Papier.
  daftari* (III.), Heft.
-futa, ausſtreichen, ausradieren.
mohorochoro, Schmierer.[2]

---

[1] Blatt Papier, ukurasa.
[2] mawaa ya wino, Tintenflecke.

97. Briefschreiben.

barua (III.), waraka, Pl. ny-
araka, Brief.
  -andika barua, einen Brief
  schreiben.[1]
imefika (imewasili) barua,
  es ist ein Brief angekommen.
barua hii ya nani? an wen
  ist dieser Brief?
kartasi ya barua, Briefpapier.
-andikiana, einander schreiben,
  im Briefwechsel stehen.
  mwandikiwa, Abressat.
tarikhi* (III.), Datum.
  -tia tarikhi, datieren.
-tia alama (sahihi), -tia jina

lake, -tia mkono wake,
unterschreiben, unterzeichnen.
alama* (III.), sahihi*
(III.), Unterschrift.
bakhasha* (III.), Briefum=
schlag. Couvert.
-tia (-piga) muhuri*, siegeln.
  muhuri (II.), chapa (III.),
  Siegel.
  lakiri, Siegellack.
anuani* (III.), Adresse.
  nataka jina lako na ma-
  hali gani unakaa, gieb
  mir deine Adresse!

98. Rechnen.

hisabu* (III.), Rechnen; Rech=
nung, Zahl.
  -hasibu*, -hisabu, rechnen,
  zählen.
  -fanya hisabu, rechnen.
tarakimu (III.), Ziffer.
  idadi* (III.), Zahl.
-jumlisha, abdieren, zusammen=
zählen.
  moja na tatu ni nne,
    1 + 3 = 4.
  alama ya kujumlisha,
  Additionszeichen.
  hisabu, Posten.
  jumla* (III.), Summe.
  mazidisho,   maongezo,
  Addition.
-toa, -punguza, abziehen, sub=
trahieren.
  katika kumi toa sitta,
  ziehe 6 von 10 ab.

kumi kutoa sitta, baki
  ngapi? 10—6 bleibt wie=
  viel?
hisabu ya baki, Sub=
  traktion.
baki* (III.), Rest.
-zidisha, -ongeza (na), mul=
tiplizieren (mit).
  saba fi tano ni ngapi?
  7 × 5 ist wieviel?
kizidisho, hisabu ya ku-
  zidisha, Multiplikator.
chakuzidishwa (IV.), hi-
  sabu ya kuzidishwa,
  Multiplikand.
kuzidisha, (hisabu ya)
  dháruba* (III.), Multi=
  plikation.
jumla (ya dharuba), Pro=
  dukt.

---

[1] Über die Form und die stehenden Phrasen derselben vgl. Gramm.,
S. 392—404.

-gawanya (kwa), bibibieren,
teilen (burch).
  gawanya ishrini kwa nne,
   teile 20 burch 4.
  kigawanyo, Diviſor.
  kigawanyiko, Dividend.
  mgawo, mkasama*, Di=
   viſion.

fungu (V.), Bruch.
kawaida ya kuzidisha, bas
  Einmaleins.
hakika* (III.), Probe.
  -hakkikisha, -thubutisha,
   bie Probe machen, veri=
   fizieren.

99. Rechtſchreibung.

kawaida ya kuandika, Recht=
  ſchreibung.
-ondeleza neno, ein Wort
  buchſtabieren.
sauti* (III.), Laut.
  tamko (V.), Silbe.
-kosa marra tatu, brei Fehler
  machen.
  kosa (V.), Fehler.
  -ondoa makosa, bie Fehler
   korrigieren.
  -sahihisha maandiko, bas
   Geſchriebene korrigieren.

hivi barabara, ſo iſt es richtig.
  sahihi, richtig, korrekt.
kituo (IV.), Interpunktions=
  zeichen.
  nukta* (III.), Punkt.
  nukta mbili, Doppelpunkt,
   Kolon.
  mkato, Komma.
  alama* ya kuuliza, Frage=
   zeichen.
  alama ya kusangaa, Aus=
   ruſungszeichen.

100. Grammatik.

kamusi* (III.), Wörterbuch.
  mukhtasari*, Bokabular.
nahao*, Grammatik (= Syn=
  tax).
sarufu*, Grammatik (= For=
  menlehre).
  -sarrifu* maneno, gram=
   matiſch richtig ſprechen.
chuo cha nahao (sarufu),
  Grammatik (= Lehrbuch).

usemi, masemo (Pl. V.),
  Rebeweiſe, Sprache, Stil.
maneno (Pl. V.), Rebe,
  Sprache.
lugha*(III.), maneno, Sprache
  (frembe), Dialekt.
  maneno ya kikwao,
   Mutterſprache.
neno (V.), a) Wort[1], b) An=
  gelegenheit.

---

[1] nina neno la kukuambia, ich möchte bir ein Wort (etwas)
ſagen; hatoi (hasemi) neno, er ſpricht kein Wort; kwa maneno
kidogo, in kurzen Worten; -kata maneno, eine Sache entſcheiden; —
bas letzte Wort (beim Handel), mwisho, ukomo, akhiri (III.); jm.
ſein Wort geben, -mw-ahidi*, -agana nae; ſein Wort halten, -timwiza
ahadi (maagano); ſein Wort brechen, -vunja ahadi; ein Mann von
Wort, mtu amini (mwamini, mwaminifu).

kauli* (III.), Wort, Ausspruch,
    Rede, Sprache.
lafudhi* (III.), Wort, Aus=
    druck.
(matangamano ya maneno),
    Satz.
jina (la mtu, la nyama, la

kitu), Hauptwort, Ding=
    wort.
    (neno la) sifa* (III.),
        Eigenschaft(swort).
    (neno la) hisabu, Zahlwort.
    neno la kutenda [1], Thä=
        tigkeitswort, Verb.

101. Fremde Sprachen.

(maneno ya) kisuahili, Sua=
    hili.
    kisuahili cha kale, ki-
      kale, Altsuahili.[2]
    -a kisuahili, suahili.
kigunya, das Suahili von
    Patta.[3]
kimvita, das Suahili von
    Mombassa.
kiamu, das Suahili von Lamu.
kimrima, das Suahili der
    Mrima.[4]
kiunguja, das Suahili von
    Sansibar.
wajua kusema kisuahili?
    Kannst du Suahili sprechen?
sisikii kisuahili, ich verstehe
    nicht Suahili.
kizungu, Europäisch.
kidachi, Deutsch.
kingreza, Englisch.
kif(a)ransa, kifransisi, Fran=
    zösisch.
kirenu, kiportugesi, Portu=
    giesisch.
kiarabu, Arabisch.

kihindi, Indisch.
kishenzi, Sprache der Inland=
    stämme.[5]
    kigogo, Sprache der Wa=
      gogo.
    kihehe, Sprache der Wa=
      hehe.
-tamka, aussprechen (= arti=
    kulieren).
    matamko (Pl. V.), Aus=
      sprache.
wasema upesi mno, du sprichst
    zu schnell.
sema polepole! sprich lang=
    sam!
unasikia maneno yangu?
    verstehst du, was ich sage?
sisikii vema, ich verstehe nicht
    deutlich.
kitu hiki jina lake nini?
    wie heißt das?
kitu hiki unakiitaje[6]? wie
    nennt man das?
neno hilo halinenekani sana,
    dieser Ausdruck ist nicht
    sehr gebräuchlich.

---

[1] Bezw. neno la tendeka, neno la kuwa.
[2] kingozi, die archaisierende Sprache der Poesie.
[3] Und der gegenüberliegenden Küste.
[4] D. h. der Küste gegenüber Sansibar, von Wanga bis Kilwa.
[5] Geringschätziger Ausdruck der Küstenleute.
[6] Oder unakiita jina lake nini?

maana* (III.), Bedeutung,
Sinn.
maana yake nini? was be=
deutet es?
mkalimani* (I.), Dolmetscher,
Übersetzer.

-fassiri*, -tafsiri*, a) erklären,
b) übersetzen, dolmetschen.
-fassirika, sich übersetzen
lassen.
-fanulia, übersetzen.[1]

102. Geometrie.

elimu ya kupima, Geometrie.
nukta* (III.), Punkt.
mstari* (II.), Linie.
  sawasawa, gerade.[2]
  tao (V.), pindi (V.), krum=
  me Linie.[3]
  sawa na timazi, lotrecht,
  senkrecht.
pembe (III.), Winkel, Ecke.
sanamu* (III.), Figur.
  upande, Seite.
  -wa sawa, gleich sein.
  -fanana, -shabihiana*,
  einander ähnlich sein.

sanamu yenyi pembe tatu,
Dreieck.
  -enyi pembe tatu, drei=
  eckig.
mrabba* (II.), Viereck.
  -a mirabba minne, vier=
  eckig.
mviringo; duara* (III.),
Kreis.
  mzingo, mzunguko wa
  mviringo, Umfang, Peri=
  pherie.
  kati (III.), Mittelpunkt.

---

[1] Übersetzung, ufafanusi, ufassiri.
[2] Auch -enyi kunyoka.
[3] Krumm sein, -wa na tao, fanya tao, -pindika.

XI. Abschnitt.
Die menschliche Arbeit.

Ackerbau und Viehzucht. Handwerk und Industrie. Handel und Verkehr.

103. Arbeit. Allgemeines.

kazi (III.), seltener ndima, Arbeit.

-fanya (-tenda) kazi, arbeiten.

-wa na kazi, zu thun haben.

mfanya kazi, mtenda kazi, Arbeiter.

shughuli*(III.), Beschäftigung, Obliegenheit, Geschäft.[1]

-wa na shughuli nyingi, viel zu thun haben.

fundi (V.), Handwerker.

mstadi* (I.), geschickter Handwerker.

kiwanda, Werkstatt.

vyombo (Sing. chombo), Werkzeug.

ujira*(III.), Lohn, Arbeitslohn.

mshahara*, Monatslohn.

104. Viehzucht.

nyama (Pl. III.), Vieh.

nyama ya nyumbani, Haustier.

-fuga ng'ombe na kondoo na mbuzi, Rinder, Schafe und Ziegen halten, Viehzucht treiben.

nyama ya kufuga, Vieh.

kundi (V.), Herde.

kundi la kondoo, Schafherde.

-lisha, zu fressen geben, füttern.

-wa-pa nyama chakula chao, den Tieren ihr Fressen geben.

-nywesha, tränken.

-chunga, auf die Weide führen, hüten, weiden.

-enda malishani, -enda machungani, auf die Weide gehen.[2]

-la majani, Gras fressen, weiden.

mchunga nyama, Hirt.

mchunga kondoo, Schäfer, Schafhirt.

mchunga ng'ombe, Rinderhirt.

nyumba ya ng'ombe, Rinderstall.

---

[1] Das man zu besorgen hat.
[2] Weide, machunga, malisha, malisho.

nyumba (III.), Stall.
zizi la ng'ombe, Rinderhürde.
zizi (V.), Hürde.
nyumba ya njiwa, Tauben=
schlag.
-funga, einsperren.
-toa, herauslassen.
-panda, decken, bespringen.

-pandisha, springen lassen.
-me-pandwa, gedeckt sein.
-wa na mimba, trächtig sein.
-zaa, werfen, kalben.
-atamia mayai, brüten[1] usw.
-safisha nyumba, den Stall
reinigen.
mboleo (III.), Mist.

105. Das Pferd. Reiten.

farasi* (III.), Pferd.
-lia, wiehern.
kwata (V.), Huf.
chuma (cha farasi), Huf=
eisen.[2]
-tia chuma mguuni mwa
farasi, ein Pferd be=
schlagen.
singa (Pl. VI.), Mähne.
usinga, ein Pferdehaar.
mkia wa farasi, Pferdeschwanz.
dume la farasi, Hengst.
jike la farasi, Stute.
-zaa, fohlen.
mtoto wa farasi, Füllen.
maksai wa farasi, farasi
maksai, Wallach.[3]
nyumba ya farasi, faja la
farasi, Pferdestall.
banda la farasi, Pferde=
stall.[4]
-sugua kwa burashi,
striegeln.
matandiko ya farasi, Pferde=
geschirr, Sattel.

seruji* (III.), Sattel.
kori, Kamelsattel.
-tandika, satteln.
lijamu* (III.), Zügel, Zaum.
khatamu* (III.), Halfter.
-tia lijamu, Zügel an=
legen.
rikabu* (III.), Steigbügel.[5]
mjelide* (II.), Peitsche.
-piga mjelide, mit der
Peitsche schlagen.
-panda farasi, zu Pferde
steigen; reiten.[6]
-shuka juu ya farasi, vom
Pferde steigen.
sogi (III.), shogi (III.), Pack=
tasche.
-enda delji*, -enda matiti,
traben.
selsi*, kurzer Trab.
-enda maguu manne, ga=
loppieren.
-enda (-piga) shoti, starken
Galopp gehen.

---

[1] Ausbrüten, -angua; gackern, -tetea; Eier unterlegen, -mw-
atamisha kuku mayai.
[2] Auch nali* (III.). — [3] Vgl. S. 33.
[4] Vorn offen, Schuppen.
[5] Rein Suahili: kikuku cha kupandia farasi.
[6] Auch -enda kwa farasi.

106. Jagd. Fischfang.

mawindo (Pl. V.), 1. Jagd. 2. Wildbret.

-winda nyama, jagen.

-piga nyama (ndege), Tiere (Vögel) schießen.

mwinda (nyama), mwinzi, mpiga nyama, Jäger.

-vizia nyama, einem Wild auflauern.

dungu, Wachthütte, Kanzel.

-saka nyama, treibjagen.

msako, Treibjagd.

msaka nyama, msakaji, Jäger.

-enda kupiga nyama, auf die Jagd- gehen.

-piga nyama, Wild schie-ßen.

uayo (VI.), Pl. nyayo, Spur, Fährte.

-mw-agua nyama, ein Wild aufspüren.[1]

-toa matumbo, ausweiden.[2]

nyama mwitu, nyama ya mwituni, wildes Tier, Wild.

rima (V.), shimo (V.), Fall-grube.

konzo (V.), ein spitzer Pfahl darin.

-kamata nyama, Tiere fangen.

uavu (VI.), Pl. nyavu, Jagd-netz.

-kamata kwa uavu, im Netz fangen.

mtego, Falle.

-kamata kwa mtego, in der Falle fangen.

-tega mtego, eine Falle stellen.

-tega ndege, Vögel fangen.

mtega ndege, Vogelsteller.

tundu (V.), Käfig.

marisaa (marisawa, Pl. V.), Schrot (Waffen, s. Ab-schn. 142).

-vua samaki, Fische fangen.

mvuvi, mvua samaki, Fischer.

ndoana (III.), Angel(haken).

mshipi, Schnur.

ufito, Rute.

-vua samaki kwa ndoana, angeln.

chambo (IV.), Fischköder, Lockspeise.

utupa, Fischgift.[3]

dema (III.), Reuse.

107. Ackerbau.

udongo, Boden.

nchi (III.), Land.

-enyi baraka* (nema*), fruchtbar.

nchi kavu[4], unfruchtbares Land.

-tia samadi, düngen.

---

[1] Vom Hunde.

[2] Zerlegen, -kata vipandevipande; abhäuten, -chuna ngozi.

[3] Zum Betäuben der Fische.

[4] nchi isiyozaa.

samadi* (III.), mboleo,
Dünger.
shamba (V.), Pflanzung, Feld,
Acker; Stück Kulturland;
Land.[1]
  -enda shamba, aufs Land
gehen.
  mtu wa shamba, Land=
mann, Bauer.
  -a kimashamba, ländlich.
-lima, ackern, kultivieren,
hacken.
  mkulima, nilimaji, Acker=
bauer, Bauer.
  malimo, makulima, ki-
limo, mlimo, Ackerbau.
  -limika, ſich beackern laſſen.
vyombo vya kulimia, Acker=
gerät.
jembe (V.), Hacke.[2]
  mpini (II.), Stiel.
gari la kulimia, Pflug.
  -lima kwa gari, pflügen.
  mfuo, msinji, Furche.
  donge la udongo, Erd=
ſcholle.
-chimba, graben.[3]
-panda, pflanzen, ſäen.
  -piga ko(r)ongo (V.), ein
Pflanzloch hacken.
mbegu (III.), Same.
  -mwaga mbegu (za), etw.
ſäen.

-ota, keimen.[4]
mche (II.), Sämling, Ableger.
  chipukizi (III.), uchipuko, Sprößling, Sproß.
-chipuka (-chupuka), ſprießen,
ſproſſen.
-bivu (-pevu), reif.
  -wiva, -pea, -pevuka,
reifen, reif werden.
  -tosa, faſt reif.
  -limbika matunda, das
Obſt auf dem Baume
reifen laſſen.[5]
-bichi, unreif.
mavuno (Pl. V.), Ernte.
  -vuna, ernten.
-goboa mahindi, Maiskolben
abpflücken.
  -konya, abbrechen, pflücken
(Mais, Früchte).
  -vuna, Sorghum=(Reis)=
Ähren abſchneiden.
  -angua, Kokosnüſſe ab=
brechen.
  -chambua, Stengel (von
den Nelken) pflücken.[6]
-chuma, -tunda, (Blumen
oder Früchte) pflücken.
-konyoka, -pukutika, abfallen
(Früchte).
-pukusa vitale, junge Nüſſe
abwerfen.[7]

---

[1] Im Gegenſatz zur Stadt.

[2] jembe la meno kubwa, Egge; -sawanisha shamba kwa jembe la meno kubwa, das Feld eggen.

[3] Eingraben, -fukia: ausgraben, -fukna, -chimbua; Grabſtange (hölzerne), mno, Pl. mino.

[4] -otesha, keimen laſſen, zum Keimen bringen.

[5] Im Gegenſatz zu -vumbika matunda, unreif abnehmen und nachreifen laſſen.

[6] Auch Schalen und Kerne von der Baumwolle abpflücken.

[7] Von Kokospalmen geſagt.

-pukusa mahindi, Mais
  entkörnen.
suke (V.), Ähre (volle).
  ukumvi, Ähre (leere).
  kumvi (V.) la mhindi,
    Maiskolben (leerer).
  kununu la mawele, leere
    Mawelekolben.
  makapi, uishwa, Spreu.
-fanya tuta la kupanda
  mbegu, ein Saatbeet an=
  legen.
  tuta (V.), Beet.

kibanda, Schutzdach.
-ng'oa vigugu (majani), das
  Unkraut ausjäten.
vigugu, magugu, Unkraut.
-angalia madudu, auf die
  Insekten acht geben.
-linda ndege, die Vögel ver=
  scheuchen.
-leta maji shambani, ein
  Feld bewässern.
  fereji* (III.), Graben.
kilimo, a) das Ackern, b) das
  Gepflanzte, c) die Ernte.

108. Gartenbau.

bustani* (III.), Garten.
  -fanya . bustani, einen
    Garten anlegen.
mlimaji wa bustani, Gärt=
  ner.
  mlimo wa bustani, Gar=
    tenbau.
  -tunza bustani, den Gar=
    ten pflegen.
-tia maji, gießen.
  -nywesha maji, -rashshi*
    (-rashsha), begießen.

ndoo ya kurashshia maji,
  Gießkanne.
-panda miti yenyi maua
  mazuri, Pflanzen mit schö=
  nen Blüten pflanzen.
-panda miti ya matunda,
  Obstbäume pflanzen.
-pandikia, verpflanzen.
  -pandikiza, aufpfropfen.
ua, Pl. nyua; boma (V.),
  Einzäunung.
  -fanya ua, einzäunen.[1]

109. Handwerk. Allgemeines.

kazi (III.), sanaa* (III.),
  Handwerk.
  kazi yako nini? Was
    bist du?
fundi (V.), Handwerker, Mei=
  ster.
  mwanafunzi, Lehrling.
  -fundishwa, lernen.
-mw-agiza kitu, etwas bei
  jm. bestellen.

kibarua (IV.), Taglöhner.
kiasi gani unauza . . . .? wie
  teuer verkaufst du . . . .?
  kiasi gani . . .? wie teuer
    ist . . .?
  wauzaje . . . .? wie ver=
    verkaufst du . . . .?
unitafutie dobi, besorge mir
  einen Wäscher.

---

[1] Auch -zungusha ua.

yuko hapa dobi? giebt es
hier einen Wäſcher?

wajua kazi hii? verſtehſt du
dich auf dieſe Arbeit?

si kazi yangu, das iſt
nicht meine Arbeit.

hodari (wa kazi), geſchickt.

mstadi*, ein geſchickter
Handwerker.

110. Handwerker.

mwashi, Pl. waashi, Maurer
(vgl. Abſchn. 93).

mwezekaji, Dachdecker [1] (für
Strohdächer).

mchongaji wa mawe, Stein=
metz.

-chonga, behauen.

mfanya bilauri, Glaſer.

bilauri* (III.), Fenſter=
glas, Trinkglas.

sermala (V.), Zimmermann [2],
Tiſchler. [3]

mkereza, Drechsler.

-kereza, brechſeln.

zikerezwao, Drechſelarbeit.

kerezo (V.), Drechſelbank.

sermala wa gari, Stellmacher,
Wagenbauer (vergl. Ab=
ſchn. 123).

fundi wa mapipa, Böttcher,
Faßbinder. [4]

pipa (V.), Faß, Tonne.

kipipa, Fäßchen.

mfanya masufuria, Keſſel=
ſchmied, Kupferſchmied.

mjume (I.), Schloſſer [5], Hand=
griffmacher, Waffenſchmied.

ujume, Schloſſerhandwerk.

fundi wa bati, Klempner.

-lehemu*, löten.

lihamu* (III.), Lötzinn.

makassi ya kukatia bati,
Blechſchere.

mhunzi, mfua chuma,
Schmied, Eiſenſchmied, Grob=
ſchmied.

-fua ſchmieden. [6]

kiwanda, Schmiede.

---

[1] Für Ziegeldächer, fundi wa kutia vigae vya paa; für Well=
blech, fundi wa kutia bati la paa. — Leiter, ngazi (III.).

[2] Axt, shoka (V.); kleine Axt, kishoka; ſpalten, -pasua; Säge,
msumeno (II.); ſägen, -kata kwa msumeno; Sägeſpäne, unga wa
mbau; Bohrer, kekee (III.), kidude cha kuzulia mti; bohren, -zua;
Loch, tundu.

[3] Hobel, randa (III.); hobeln, -piga randa; Meißel, Stemmeiſen,
tindo (III.), patasi (III.), chembeu (III., IV.); großes St., juba (III.);
Leim, embwe; leimen, -gandamiza, -ambatanisha, -unga(nisha).

[4] Daube, ubau wa mbavuni; Boden, chini; Reifen, duara (III.).

[5] Ein Schloß in Ordnung bringen, -tengeneza kitasa; ein
Schloß anbringen, -tia kitasa.

[6] Feile, tupa (III.); halbrunde Feile, ulimi wa ng'ombe; feilen,
-piga tupa; durchfeilen, -kata kwa tupa; Schraube, parafujo (III.);
Schraubſtock, jiriwa (V.); Draht, masango (Pl. V.), seng'enge (III.);
dünner Draht, udodiſ; Eiſendraht, uzi wa chuma; Silberdraht, uzi
wa fedha u. ſ. w.

ſuawe (V.), Amboß.

nyundo (III.), Hammer.

koleo (V.), Zange.

mifua (Pl. II.), Blaſebalg.

   kewa, deſſen Lehmmund=
   ſtück.

   -fuguta[1] mifua, den Blaſe=
   balg ziehen.

mjume wa visu, Meſſer=
ſchmied.

fundi wa kusubbu, Gießer.

   -mimina katika kalibu,
   in eine Form gießen.

   -subbu (mizinga, risasi),
   gießen (Kanonen, Kugeln).

   -yeyusha madini, Metall
   ſchmelzen.

   -yeyuka (intr.), ſchmelzen,
   flüſſig werden.

   kalibu* (III.), Gießform.

mfanya misumari, Nagel=
ſchmied.

   msumari* (II.), Nagel.

mfinyangi (mfinangi), Töp=
fer.[2]

mnoaji, Schleifer.

   -noa, ſchleifen.

   kinoo, cheree (III.),
   Schleifſtein.

msokota kamba, Seiler.

kamba (III.), Strick,
Seil.[3]

   -sokota kamba, ein Seil
   drehen.

   ugwe (Pl. ngwe), Bind=
   faden.

mfanya seruji, Sattler.

   ukanda, Riemen.

mshoni viatu, Schuhmacher,
Schuſter (vgl. Abſchn. 82).

mshoni nguo, Schneider (vgl.
Abſchn. 81.)

mfuma nguo, mfumaji, We=
ber.

   -fuma, weben.

   kitanda cha mfumi, Web=
   ſtuhl.[4]

fundi wa kushona majamvi,
Mattenflechter.[5]

fundi wa kuchovya rangi,
Färber.

   -chovya, -tia rangi, fär=
   ben.

muuza kofia, Hutmacher.

kinyozi, Barbier (vergl. Ab=
ſchnitt 78).

   duka la kinyozi, Barbier=
   laden.

   uembe, Pl. nyembe, Ra=
   ſiermeſſer.[6]

---

[1] = vukuta.

[2] Töpfe formen, -finyanga vyungu; Töpfe brennen, -oka vyungu; Brennofen, joko; Thon, udongo; zerbrechen (intr.), -vunjika; ſpringen, -pasuka; Sprung, ufa; Scherbe, kigai. — Töpfergewerbe, ufinyanzi.

[3] Hanfſeil, kamba ya kitani; Kokosſtrick, kamba ya mnazi; Baſtſeil, kamba ya mti.

[4] Hauptbeſtandteile ſind: marſaa*, faraka, mdoshi und mladi oder upanga. Vgl. Sacleux, Dictionnaire français-swahili, s. v. tisserand.

[5] Fußbodenmatten, majamvi; flechten, -shona; ukiri, Pl. kiri, Mattenſtreifen.

[6] si mkali, nicht ſcharf, ſtumpf; -nyoa mwenyewe, ſich ſelbſt raſieren.

-kata nywele, das Haar
schneiden.

muumishi, Baber, Schröpfer
(vergl. Abschn. 61).

mfanya mikate, Bäcker.[1]
-oka (-pika) mkate, Brot
backen.
unga, Mehl, Teig.
-kanda unga, den Teig
kneten.[2]
chachu (III.), Sauerteig.[3]

msaga unga, Müller.
-saga unga, Mehl mahlen.
kinu (IV.), Mühle.[4]

mchinja (ng'ombe, kondoo
u.s.w.), mchinjaji,(Rinder=,
Schaf=)Schlächter, Fleischer.
-chinja, schlachten.

mshoni wa vyuo, Buchbinder
(vgl. Abschn. 95).

mpiga chapa, Buchdrucker.
-piga chapa, drucken.

mfua dhahabu, Goldschmied.[5]
johari* (III.), Juwel.
kito (IV.), Edelstein.
lulu* (III.), (echte) Perle.

mfua fedha, Silberschmied.

fundi wa silaha, Waffen=
schmied.
fundi wa bunduki, Büch=
senmacher.

fundi wa saa, Uhrmacher.

fundi wa kuchora (oder wa
kupiga nakshi), Graveur,
Bildschnitzer.
-chora, -nakshi*, -piga
(-kata) nakshi, gravie=
ren, schnitzen.

mpiga sanamu, Photograph.
-piga sanamu, photogra=
phieren.

mwinyi kusokota uzi, Spinner.
-sokota(-pota)uzi, spinnen.[6]
dulabu*, Spinnrad.

dobi (III.), Wäscher (vergl.
Absch. 88).

dallali* (III.), Auktionator.
mnada* (II.), Auktion.
-uza kwa mnada, -nadi*,
verauktionieren.

hammali* (V.), Lastträger.
mchukuzi, Träger.
mpagazi, (Karawanen=)
Träger.

mlinzi, Wächter.

mla riba, Wucherer.
riba* (III.), Wucher(=zins).

mpiga bau, mpiga ramli*,
mpiga fali*, Wahrsager.[7]
bau la kuagulia, Wahr=
sagebrett.
-piga bau (ramli, fali),
-agua, -bashshiri*, wahr=
sagen.

muuaji, Scharfrichter.
-ua, hinrichten.

---

[1] Auch mpishi wa mkate, mwoka mkate.

[2] Backtrog, sanduku la kukandia unga.

[3] Seltener khamira*.

[4] Getreidemühle, kinu cha kusagia unga; Ölmühle, kinu cha
kushindikia mafuta; Zuckermühle, kinu cha kushindikia miwa;
Handmühle, mawe ya kusagia unga; Windmühle, kisulisuli, kisusuli.

[5] Vergolden, -chovya (maji ya) dhahabu, -paka dhahabu.

[6] Von der Spinne (dem Seidenwurm), -toa uzi; von der Katze,
-vuna.

[7] Allgemein: mwaguzi, mtambuzi; Wahrsagen, uaguzi.

111. Industrie.

-fanya, -fanyiza, fabrizieren, verfertigen.
  mfanya . . ., . . . fabrikant.
karakhana* (III.), Fabrik.
kinu (cha kizungu), Maschine.
  kinu cha moshi, Dampfmaschine.
  mchochea moto, mtia makaa, Heizer.
kinu cha kuchambulia, Reinigungsmaschine (für Baumwolle), Gin.
  -chambua pamba, Baumwolle reinigen (ginen).
  -tia ndani ya kinu, in den Gin schütten.[1]
kinu cha kusongea (oder cha kusbindikia), Presse (für Baumwolle).
  -songa, pressen.
  bamba la chuma, Eisenband.
kinu cha kushindikia mafuta, Ölpresse.
  -shindika, auspressen.
kinu cha kushindikia miwa, Zuckerpresse.[2]
  shamba la miwa, Zuckerrohrpflanzung.
  maji (Pl. V.), Saft.
-pika maji, den Saft kochen.
  -ganda, hart werden.

guru, sukari guru (III.), Rohzucker.
  -fanya sukari safi, Raffinade machen.
  sukari safi, reiner Zucker.
  sukari ya mawe, Kandis.
-anika bunni, den Kaffee trocknen.[3]
  -chagua, sortieren.
  -tia ndani ya magunia, in Säcke füllen.
-pasua nazi, Kokosnüsse spalten.
  -anika juani, in der Sonne trocknen.[4]
  nazi kavu, Kopra.
-paa sandarusi, Kopal reinigen.
  sandarusi safi (ob. iliyopaliwa), gereinigter Kopal.
  dawa (ya kupalia sandarusi), Säure zum Reinigen.
  -tia ndani ya sanduku, in Kisten thun.
mfanya kartasi, Papierfabrikant.[5]
madini*, Bergwerk, Grube.
  mfukuzi, Bergmann.
muunzi, Pl. waunzi, fundi wa kuunda chombo, Schiffbauer.
  -unda vyombo, Schiffe bauen.[6]

---

[1] uzi wa pamba, Stapel (Fadenlänge).
[2] Der Göpelarm, mdali (II.); die Göpel drehen, -sindika midali.
[3] Die Schalen gehen ab, maganda yanaambuka.
[4] Mit Rauch trocknen, -anika kwa moshi.
[5] Hiernach sind die Ausdrücke für bisher im Schutzgebiete nicht vertretene Zweige des Gewerbfleißes zu bilden.
[6] Ein Kanoe zimmern, -chonga mtumbwi.

112. Handel. Allgemeines.

-nunua kitu, etw. kaufen.

-m-nunulia kitu, etw. für jn. kaufen.

mnunuzi, mwenyi kununua, Käufer; Kunde.

ununuzi, Kauf.

-uza kitu, etw. verkaufen.

-mw-uliza kitu, jm. etw. verkaufen.[1]

mwenyi kuza[2], muuza, Verkäufer.

uuzi, uuzaji, bei* (III.), Verkauf.

biashara* (III.), Kauf und Verkauf, Handel.

-fanya biashara, Handel treiben.

-fanya biashara ya pembe, Elfenbeinhandel treiben, mit E. handeln.

-fanya ubazazi, handeln.

markebu ya biashara, Handelsschiff, Kauffahrer.

msharika* (I.), Teilhaber, Kompagnon.

-sharikiana*, ein Kompagniegeschäft miteinander haben.

-shariki*, Teilhaber sein.

-fanya shirika* na, sich mit jm. associiren.

dallali* (III.), Makler.

-churuza, Kleinhandel treiben, einen Laden haben.

-uza rejareja, einzeln verkaufen.

-uza shelabela, -uza jumla*, im ganzen verkaufen.

duka* (V.), Laden.

-fungua (-anza) duka, einen Laden eröffnen.

chapa (III.), Schild.

rās il māli*, asili ya mali, Kapital.

-tumia, ausgeben, verbrauchen.

matumizi, Ausgaben.

gharama*, masrufu*, sarifa*, kharja*, Ausgaben, Unkosten.

-gharrimu*, -sarrifu*, -khariji*, ausgeben.

-pata faida, Verdienst haben, verdienen.

faida* (III.), Nutzen, Verdienst; Zinsen.

mia kwa kumi, zehn Prozent.

-pata khasara, Verlust erleiden.

khasara (III.), Verlust.

soko* (V.), Markt.

-patikana, zu haben sein, erhältlich sein.

-uzika, verkäuflich sein.

-temboza, feil bieten, ausbieten.

-uzanya, guten Absatz haben (Ware), gut gehen.

kima* (IV.), thamani* (III.), Preis, Wert.

rakhisi*, billig.[3]

ghali*, teuer.[4]

---

[1] Vgl. hierüber meine Zeitschrift für afrikaniſche und ozeaniſche Sprachen, Jahrg. V, S. 158.

[2] Statt ku-uza.

[3] Billig machen, -rakhisisha; billig werden, -rakhisika.

[4] Teuer machen, -ghalisha.

-kubalika*, annehmbar
sein.[1]
... thamani yake rupia mia,
... koſtet 100 Rupien.[2]
... thamani yake nini?
was koſtet ...?
-filisi*mtu, für bankrott erklären.
-filisiwa, für bankrott er=
klärt werden.

-filisika, bankrott werden,
fallieren.
mwenyi kufilisika, Bank=
rottierer.
ufilisi, Bankrott.
biashara imenifanikia, nimepata biashara njema, ich
habe gute Geſchäfte gemacht.

113. Kaufleute.

tajiri* (V.), Kaufmann.
bazazi* (V.), Handelsmann.
mfanya biashara, Handel=
treibender, Händler, Kauf=
mann.
karani* (III.), Handlungsge=
hilfe, Kommis.
wakili* (V.), Vertreter, Be=
vollmächtigter; Geſchäfts=
führer, Prokuriſt.
-wakilisha, bevollmächtigen.

mwenyi anauza vyuo, Buch=
händler.
duka la vyuo, Buchhand=
lung.
mfanya dawa, fundi wa dawa,
Apotheker.
nyumba ya madawa,
Apotheke.
mkáhawa, Kaffeehausbeſitzer.
mwenyi kuuza nguo, Tuch=
händler.

114. Die Waren.

bidhaa* (III.), Waren, Güter.
bokhari* (III.), Warenlager
(mit Laden).
ghalla* (V.), Magazin,
Speicher.
-funganya, einpacken.
sanduku* (III.), Kiſte.
mtumba, Ballen (Zeug).
rob(o)ta* (V.), Pack, Paket,
Ballen.
-chagua, ſortieren.
killa namna mbalimbali,
jede Sorte für ſich.
namna* (III.), ginsi* (III.),
aina* (III.), Sorte.

-peleka, -chukua, transpor=
tieren, irgendwohin ſchaffen.
-pakia, beladen (Schiff); laden
(Güter).
-pakiwa kitu, etw. an Bord
haben, mit etw. befrachtet
ſein.
-shusha mali, Güter löſchen.
-shusha maligarini, Güter
abladen.
nauli (III.), Fracht(geld).
-ajjiri* chombo, ein Schiff
chartern (mieten).

---

[1] Annehmen, -kubali*; annehmen machen, -kubalisha*; Annahme,
kabuli* (III.).

[2] Auch -me-wakifu* rupia mia oder -me-simama rupia mia.

115. Geld.

fedha* (III.), a) Silber; b) Geld (Silber).
   mapesa (Pl. V.), Kupfergeld.
rupia (III.), Rupi = 16 Anna.
   anna (III.), Anna = 4 Pesa.
   pesa (III.), Pesa.
realo (III.), Dollar.

dokra (III.), Cent.
-fua fedha, Geld prägen.
   mfua fedha, Geldpräger.
   mghushshi wa fedha, Falschmünzer.
tas(i)limu*, nakudi*, fedha mkononi, Bargeld.
   -nunua taslimu, -nunua kwa nakudi, bar kaufen.[1]

116. Geldverkehr.

karani wa fedha, Kassierer.
   sanduku la fedha, Geldkasten.
-pata fedha, -pewa fedha, -pokea fedha, Geld einnehmen; empfangen, einkassieren.
   -pa mkononi, -kabidhi* mtu, einhändigen.
   -stakabadhi mikononi mwa, von jm. eingehändigt erhalten.
   wasili* (III.), pato (V.), Einnahme.

-lipa, bezahlen.
   -lipa kwanza, vorher bezahlen.
   -lipia, jm. bezahlen.
   -lipa deni yake, seine Schuld bezahlen.
-rudisha fedha, Geld zurückzahlen, wiedergeben.
-toza mtu fedha, jn. Geld bezahlen lassen.
   -toa mapesa, zahlen.
mudda umepita, die Frist ist abgelaufen.

117. Buchhaltung.

karani* (III.), Buchhalter.
mali* (III.), Aktiva, Vermögen.
   madeni, fedha ya kudaiwa, Schulden, Passiva.
mapato (Pl. V.). — gharama* (III.), Einnahmen. — Ausgaben.
hisabu* (III.), Konto, Rechnung; Abrechnung.

-tia katika hisabu, in Rechnung stellen, aufs Konto setzen.
-anza hisabu, ein Konto eröffnen.[2]
-timmiliza hisabu, ein Konto abschließen.
-jumlisha (tia pamoja) hisabu, ein Konto aufrechnen.

---

[1] -nunua mkono kwa mkono.
[2] Jm. ein Konto eröffnen, -m-kopesha.

mizani ya hisabu, ulingan-
yifu wa hisabu[1], Bilanz
eines Kontos.
  -fanya mizani ya hisabu,
  die Bilanz eines Kontos
  ziehen.
nimeandika deni yako reale
kumi, ich habe dich mit zehn
Dollars belastet.
  -mw-andikia, jm. etw. gut=
  schreiben.
mwenyi kudai, mwenyi ku-
wia, Gläubiger, Krebitor.
mwenyi deni, mwenyi ku-
daiwa, mwenyi kuwiwa,
Schuldner, Debitor.

daftari* (III.), Geschäftsbuch,
Kontobuch.
ordha* (III.), orodha* (III.),
Warenrechnung, Faktura.
  ni barabara, stimmt, ist
  in Ordnung.
  kuna tafauti, es ist eine
  Differenz da.
  jumla* (III.), der Betrag.
wasili* (III.), stakabadhi*
(III.), cheti cha wusuli,
Quittung.
  -andika wasili, eine Quit=
  tung schreiben.

118. Der Kredit.

uaminifu, Kredit.[2]
  mwamini(fu), kreditwür=
  dig.
  -aminiwa, Kredit haben
  (ob. genießen).
mudda* (mda), Pl. midda,
Zahlungsfrist; Kredit.
-kopa, auf Kredit nehmen, ent=
leihen, borgen.
  ukopi, a) Leihen; b) Ge=
  liehenes.
  -nunua kwa mudda, auf
  Kredit kaufen.
-kopesha, auf Kredit geben,
verkaufen, leihen.
m-karidhi fedha, jm. Geld
zinslos borgen.
  karadha* (III.), Darlehen.
  -twaa karadha kwa mtu,
  ein Darlehen von jm.
  nehmen.

-azima, a) borgen, entleihen
von jm.; b) borgen, leihen
jm.
  -azimwa, leihen, borgen
  von jm.
mla riba, Wucherer.
  riba* (III.), Wucher.
mimi namwia rupia kumi,
ich habe eine Schuldforderung
von 10 Rupien an ihn.
yeye awiwa kwangu (ober
nami), er schuldet mir.
  -wiana, Forderungen an
  einander haben.
deni*, Pl. deni u. madeni,
Schuld.
  -lipa deni, Schulden be=
  zahlen.
  sina deni naye, ich bin
  ihm nichts schuldig.
fedha ya kudai, Forderung.

---

[1] Ober uzani (ulinganyo) wa hisabu.
[2] Auf der Zahlungsfähigkeit.

-m·dai*, eine Forderung
an jn. (gerichtlich) geltend
machen.[1]
mdeni*, mwenyi deni*, mwenyi kuwiwa, mwenyi ku-
daiwa*, Schuldner.
mdai*, mwenyi kuwia, mwenyi kudai*, mdaa*, Gläu-
biger.

dhamana* (V.), Bürge.
-weka dhamana, Bürg-
schaft stellen.
-dhammini, für etw. bür-
gen, Bürgschaft leisten.
khatti ya deni, Schuldschein.
-andika khatti ya deni,
einen Schuldschein aus-
stellen.

119. Wechsler.

mvunja fedha, Wechsler,
Bankier.
sarifa*, sarf* (III.), Kurs,
Wechselkurs.
   sarifa ya sirkali, Regie-
   rungskurs.
kadri gani (thamani gani)
rupia? wie steht die Ru-
pi?
thamani imepanda, der Wert
(Kurs) ist gestiegen.
nyumba wa kubaddilisha
fedha, Wechselstube.

-vunja fedha,-baddili* fedha,
Geld wechseln.
   mvunjo wa (badili ya)
   fedha, sarufu* ya fedha,
   das Wechseln; die Wechsel-
   gebühr.
cheti (Pl. vyeti) cha fedha,
barua ya fedha, Check, An-
weisung.
hawala* (III.), hundi (III.),
Wechsel, Tratte.
   siku ya kulipa, Zahltag,
   Verfalltag.

120. Maße und Gewichte.

kiasi* (IV.), kipimo, cheo,
Maß.
   chenezo (IV.), Meßleine,
   Meßband.
   -pima, messen; wiegen.
   guni (III.), Winkelmaß.
mizani*, Wage.
   kitanga cha mizani,
   Wageschale.

   mawe ya mizani, die Gewichte.
mkono (II.), dhiraa* (III.),
Unterarmlänge, Elle.
   dhiraa konde, kleine Elle.[2]
   dhiraa kamili*, große
   Elle.[3]
wari (III.), wara (III.), zwei
dhiraa.

---

[1] Z. B. namdai Juma (oder nadai kwa Juma) rupia kumi, ich
habe eine Forderung von 10 Rupien an Juma.

[2] Vom Ellbogen bis zu den Faustknöcheln.

[3] Vom Ellbogen bis zur Spitze des ausgestreckten Mittelfingers.

shuka (III.), upande, vier
  dhiraa.
doti[1], acht dhiraa.
pima (III.), Klafter[2]; Faden
  (Wassermaß).
shibiri* (III.), Spanne.[3]
morta (mórita, III.), futuri
  (III), Spanne.[4]
wanda, Pl. nyanda, Finger=
  breite.
-pima ardhi, Land vermessen.[5]
pishi (III.), Einheitsmaß für
  Getreide[6] u. dgl.

kisaga = $^1/_2$ pishi (2
  Liter).
kibaba[7], = $^1/_2$ kisaga
  (1 Liter).
fara (ya miti) = 10 pishi,
jizla (III.), mzo (II.), = 60
  pishi.
uzani* (VI.), Gewicht.
ratli* (III.), Pfund.[8]
  wakkia (III.) = $^1/_{16}$ ratli.[9]
  manni (III.) = 3 ratli.
  frasila (III.) = 35 ratli.[10]
tola (III.), Silbergewicht.[11]

121. Hafen und Zollamt.

-chukua nje, ausführen, ex=
  portieren.
  mali yachukuliwayo nje,
  Ausfuhrgüter.[12]
-ingiza, einführen, importieren.
  mali yingizwayo, Ein=
  fuhrgüter.[13]
  -toka nje, aus dem Aus=
  land kommen.
bandari* (III.), Hafen.

bandari penyi fordha,
  Hafen mit Zollamt.
koodi ya bandari, Hafen=
  gebühr.
fordha* (III.), Zollamt.
  fordha kubwa, Hauptzoll=
  amt.
  fordha ndogo, Nebenzoll=
  amt.
ushuru* (wa fordha), Zoll.

---

[1] shuka und doti sind ausschließlich Zeugmaße.
[2] = zwei Meter.
[3] Zwischen Daumen und kleinem Finger.
[4] Zwischen Daumen und Zeigefinger.
[5] Landmaße (und Flächenmaße überhaupt) fehlen; man hilft sich durch Angabe der Breite (upana wake) und der Länge (urefu wake).
[6] Etwa = 4 Liter, Flüssigkeitsmaße giebt es nicht.
[7] Gehäuft, kibaba cha tele; gestrichen, kibaba cha mfuto.
[8] Nebenform rátel, rotli, rótel.
[9] Gewicht eines Maria=Theresia=Thalers, etwa eine (engl.) Unze.
[10] Ungefähr 16 Kilogramm.
[11] Für Gold= und Silberwaren (auch Seide, Ambra u. a. kost=bare Dinge) = dem Gewichte der Silber=Rupi.
[12] Auch mali yapakiwayo (yapakiliwayo), bidhaa zichukuliwazo u. s. w. — Exporteur, mwenyi kuchukua mali nje (oder mwenyi kupakia mali).
[13] Auch mali yatokayo nje, mali yashushwayo; — Importeur, mwenyi kuingiza mali.

-toa ushuru, -lipa ushuru,
Zoll zahlen.

-toza ushuru, jm. Zoll
abnehmen.

nyumba ya fordha, Zoll=
haus.

shughuli za ushuru, Zoll=
verwaltung, Zollgeſchäfte.

-fanya kazi ya ushuru,
Zollbeamter ſein.

wakili wa fordha, Zollbeam=
ter.

    bwana mkubwa wa ford-
ha, Zollamtsvorſteher.

    bwana mdogo, Aſſiſtent.

nguo ya fordha, Zoll=
uniform.

asikari wa fordha, Zollſol=
daten.

shehena* (III.), Ladung (des
Schiffes).

    -shuka, anlaufen.

    -pakia mali, Güter laden.

    -shusha mali, Güter
löſchen.

taarifu*, khatti (ya hisabu
ya mali), Deklaration.

-andika taarifu ya mali,
Güter deklarieren.[1]

namna ya taarifu, Dekla=
rationsformular.

-tazama mali, die Ware nach=
ſehen, revidieren.

    -angalia uzani, das Ge=
wicht prüfen.

    -angalia thamani, den
Wert prüfen.

-fanya hisabu ya ushuru,
den Zoll berechnen.

    -kosa katika hisabu, ſich
in der Berechnung irren.

khatti ya rukhsa, Paſſier=
ſchein, Erlaubnisſchein.

kitu cha kutoa ushuru, etwas
Zollpflichtiges.

    hakina ushuru, es iſt
zollfrei.[2]

ushuru wa matumio, Ver=
brauchsſteuer.

-iba ushuru, Zoll hinterziehen,
ſchmuggeln.

ushuru wa miti ni . . ., der
Zoll a u f Hölzer beträgt . . .

-kamatwa, konfisziert, be=
ſchlagnahmt werden.

122. Reiſe und Verkehr.

safari* (III.), mwendo, Reiſe.

    -wa safarini, auf Reiſen
ſein.

-safiri, reiſen; abreiſen.

    msáfiri*, Reiſender.

njia (III.), Weg, Fußſteig.

    njiani, unterwegs.

njia kuu (kubwa), Landſtraße.

njia ya vipengee, gewun=
dener Weg.

njia panda, (njia ya
mkingamo), Querweg.

-uliza njia, nach dem Wege
fragen.

    -onya (-onyesha) njia, den
Weg zeigen.

---

[1] hisabu ya robta, Zahl der Kolli; alama ya robta, Marke der
Kolli; nambari ya robta, Nummer der Kolli.
[2] Zollfrei eingehen, -ingia bila kutoa ushuru wa fordha.

-shika (-fuata) njia, einen
   Weg einschlagen.
-ng'oa safari, sich auf den Weg
   machen.
-ondoka, aufbrechen, sich ent=
   fernen.
-enda, reisen nach.
-fika (seltener -wasili*), an=
   kommen, anlangen.
     -fika salama, wohlbehalten
     anlangen.
     -fikia,-wasilia,anlangen in.
-rudi, -rejea*, zurückkehren,
   zurückkommen.
     marejeo*, Rückkehr.
mzunguko, njia ya kuzungu-
   ka, Umweg.
     -zunguka, einen Umweg
     machen.

njia ya kukata, Richtweg.
-pumzika, ausruhen, rasten.
-potea njiani, -kosa njia, den
   Weg verfehlen, sich verirren,
   irre gehen.
mbali, weit.
     hapa na Tanga mwendo
     wa saa ngapi? wie weit[1]
     ist es von hier nach T.?
-karibu*, nah.
     -karibia, -jongea, -sogea,
     sich nähern.
mwendo (II.), Marsch(dauer),
   Entfernung.[2]
-pita nchi, durch ein Land
   reisen.
     -pita njia, einen Weg
     gehen.
cheti, Pl. vyeti, der Paß.

123. Die Karawane.

-funga safari, eine Expedition
   ausrüsten.
msafara*, Karawane.
     -funga msafara, eine Ka=
     rawane ausrüsten.
mpagazi, Träger.
     mnyampara, Trägerchef.
     upagazi Trägerlohn.
-chukua, tragen.
     -pagaa, auf der Schulter
     tragen.
     -chukuza, -pagaza, jn.
     tragen lassen, ihn be=
     lasten.[3]

mzigo, Last.
     mtumba, Zeuglast.
     mdalla, Ballenlast, Stock=
     last.
     mti, mpiko (II.), Stange,
     Stock.
mzigo mkubwa, mdogo,
   mzito, mwepesi, große,
   kleine, schwere, leichte Last.
     -punguza mzigo, eine Last
     kleiner machen.
-chukua bidhaa, killa namna ya nguo, shanga, masango, Handelswaren, alle

---

[1] Wörtlich: ein Marsch von wieviel Stunden (toka Tanga mpaka
Wuga, von T. nach W.).
   [2] Zwischen zwei Orten.
   [3] Jm. eine Last auf den Kopf legen, -twika; auf die Schulter
legen, -tia begani.

Arten Zeug, Perlen[1], Draht
mitnehmen.
-faa, von Nutzen fein.
-funga mzigo, eine Laft packen,
fchnüren.
-andika wapagazi, Träger
engagieren.
-patikana, zu bekommen
fein.
-m-tafutia wapagazi, jm.
Träger beforgen.
kirongozi, Führer.
mwaminifu, zuverläffig.
msáfiri, gereifter Mann.
barua (III.), (Brief=)Zeug=
nis.
mshahara*, Monatslohn.
-ongeza, zulegen.
-m-tanguliza mshahara,
jm. den Lohn vorausbe=
zahlen.
bakhshishi*, Trinkgeld.
-pata (-pewa) mshahara,
Lohn erhalten.
posho (III.), Effensgeld, Ration.
. . . juu yangu, . . . habe
ich zu tragen, für . . . bin
ich verantwortlich.
-andikia mizigo alama, die
Laften zeichnen.
alama* (III.), Zeichen.
bendera*, Fahne.
-chukua, tragen.
-fuata bendera, der Fahne
folgen.
-tangulia, vorangehen.
-fuata nyuma, den Zug
fchließen.

-fuatana karibu, dicht auf=
gefchloffen gehen.
-enda kua miguu, zu Fuß
gehen.
-panda punda, einen Efel
reiten.
-kaza mwendo, den Marfch
befchleunigen, fchneller gehen.
-enda polepole, langfam
gehen.
-kaa nyuma, zurückbleiben.
-himiza, zur Eile antreiben.
mgogoro, Hindernis (im
Wege).
hatuwezi kupita, wir können
nicht durch.
-zama topeni, im Sumpf
verfinken.
-kata njia kwa miundu,
fich einen Weg mit Dorn=
hauen bahnen.
-vuka mto, über einen
Fluß fetzen.
-vuka ng'ambo ya pili,
überfetzen (intr.).
-vusha, überfetzen (tranf.).
kivuko, Furt.
-vuka kwa miguu, durch=
waten.
-jenga ulalo, einen Steg
bauen.
-fika kambini, ins Lager
kommen.
-tua (scil. mizigo), nieder=
legen (die Laften), raften.
kambi (III.), Lager, Lager=
platz; Lagergruppe.

---

[1] kuta, große, blaue; samesame (samsami), kleine, rote; eine
Schnur Perlen, timba ya shanga, koto (V.); ein Bündel Perlen,
shadda* (V.), fundo (V.).

-jenga (-piga) khema, das
Zelt aufschlagen.[1]
  khema* (III., V.), Zelt.
  -vunja khema, das Zelt
    abbrechen.

-fanya boma la miiba, einen
Dornzaun machen.
-kimbia, ausreißen.
  mtoro, Flüchtling.
-tupa mzigo, die Last fortwerfen.

124. Wagen, Eisenbahn.

gari, Pl. gari und magari,
Wagen, Karre.
  -enda kwa gari, in einem
    Wagen fahren (intr.).
  -m-peleka katika gari,
    jn. in einem Wagen fahren.
  -tuta (-chukua) kwa (ka-
    tika) gari, etwas auf
    einem Wagen transpor=
    tieren.
  -vuta gari, den Wagen
    ziehen.
gariwala (V.), Kutscher.
  mjelide* (II.), Peitsche.[2]
  -piga mjelide, mit der
    Peitsche schlagen.

matandiko (V.), Geschirr (vgl.
Abschn. 105).
-funga (ob. -tia) farasi garini,
einen Wagen bespannen.
  -tandika farasi, ein Pferd
    anschirren.
  -fungulia garini, aus=
    spannen.
duara* (III.), Rad.
usukani (VI.), Deichsel.
njia ya gari la moshi, Eisen=
bahn.
  gari la moshi, Bahnwagen,
    Lokomotive.
  magari, Zug.[3]

125. Schiffahrt.

merikebu* (III.), markebu*
(III.), Schiff, Fahrzeug.
chombo (Pl. vyombo), ein=
heimisches Schiff.
jahazi* (III.), Schiff.[4]
markebu ya vita, manwari[5],
Kriegsschiff.
markebu ya moshi, Dampf=
schiff, Dampfer.

mashua ya moshi, Dampf=
boot.
meli (III.), Postschiff (engl.
mail).
markebu ya matanga, Segel=
schiff.
markebu ya biashara, Kauf=
fahrer.

---

[1] miamba ya khema, vijiti vya khema, Zeltpflöcke; kamba za
pembe, Eckstricke; -simika nguzo za khema, die Zeltpfähle aufrichten.
[2] Auch mjeledi.
[3] Schienen, njia ya chuma; Fahrkarte, cheti (IV.); erste Klasse,
daraja ya kwanza; Abteil, chumba (IV).
[4] Besonders von Indern gebrauchte Bezeichnung.
[5] Vom engl. man of war.

markebu ya sirkali, Regie=
 rungsfahrzeug.
mashua (III.), Boot.
galawa* (III.), Canoe, Ein=
 baum (mit Ausleger).
mtumbwi (II.), Canoe, Ein=
 baum (ohne Ausleger).
dau (V.), Dau [1] (Einmaster
 mit lat. Segel).

mashua ya mvuvi, Fischer=
 boot.
-vuka mto, über einen Fluß
 setzen (intr.).
 -vusha, übersetzen (Per=
 sonen).
 mvushaji, Fährmann.
markebu ya milingote mi-
 tatu, Dreimaster, Vollschiff.

126. Teile und Zubehör eines Schiffes.

gubeti (V.), omo (V.), Bug.
 upande wa mbele, Vor=
 berteil.
shetri (III.), tezi (III. = tesi),
 Hinterteil, Stern, Heck.
ubavu, Pl. mbavu, Bordwand.
 merikebuni, chomboni,
 an Bord.
 -panda merikebuni, an
 Bord gehen.
 -pakia, an Bord bringen.
ubau wa mbavuni wa chom-
 bo juu, Reling.
upande wa joshini, upande
 wa juu, Luvseite.[2]
 upande wa demani(ni),
 upande wa chini, Lee=
 seite.[3]
upande wa kushoto, Back=
 bord.

upande   wa   kuume,
 Steuerbord.
mkuku, Kiel.
taruma (V.), Spanten, Rippen.
ayari* (III.), Wanten.
mbau za mbavu, Beplankung[4]
 (äußere).
ngama (III.), Laderaum,
 Schiffsraum.[5]
 shehena* (III.), Ladung.
 farumi, farumu* (III.),
 Ballast.
 -pakiwa mtama, mit
 Mtama befrachtet sein.
feuli (III.), Lastraum im
 Heck.
chumba (IV.), kipenu, Ka=
 jüte.
sitaha* (III.), Deck.[6]
mlingote, Mast.[7]

---

[1] Andere Schiffsarten: baghala* (III.), kotia (V.), batela (V.),
buti (V.), bedeni (V.), awesia (III.), betili (III.), mtepe (II.). Über
die Unterschiede vgl. v. d. Decken, Reisen in Ostafrika, I. S. 142.
[2] = die Windseite.
[3] Die dem Winde abgekehrte Seite.
[4] Innere, darumeti (III.); beplanken, -tia mbau ubavuni.
[5] banduru (III.), Bilsch (Stelle im Schiffsraum, wo das Wasser
ausgeschöpft wird).
[6] daraba (III.), Einfassungsbretter des Hinterdecks; giami (III.),
Pfosten an den vorderen beiden Enden des Hinterdecks.
[7] mstamu* (II.), Klotz am Schiffsboden, worin er steht; fundo
(V.), Querbalken zwischen den Bordwänden zum Halten; mwashiri

dasturi* (III.), Bugspriet.
-simika, aufstellen.
-laza, niederlegen.
tanga (V.), Segel.[1]
  tanga la mbele, die Fock.
  tanga la nyuma, Groß-
  segel.
-tweka matanga, die Segel hissen.
-tua matanga, die Segel niederholen, streichen.
-punguza matanga, die Segel reffen.
-pamba (-funga) matanga, die Segel anbinden.
-pindua matanga, die Segel übergehen lassen.
  -kaza demani, die Schoot einholen.
  -fungulia demani, die Schoot fieren.
foromali* (III.), Raa, Segel-stange.[2]
kamba (III.), Tau.
  dasi (III.), das in den Segelrand genähte Tau.
  amari ya nanga, Anker-tau.
  henza (III.), Fall.[3]

ujari, Pl. njari, Steuer-tau.
kamba ya kufungasia, Schlepptau.
dakawa (III.), Treibeltau.
sukani (V.), usukani, shikio (V.), Steuer.
  -shika sukani, das Steuer führen, steuern.
  -andika chombo, ein Schiff steuern.
  cherehe ya (cha) sukani, Steuerrad.
  kana (III.), Ruderpinne.
dira (III.), Kompaß.
  májira* (III.), Kurs.
-andika majira (ya jaa), (nördlichen) Kurs steuern.
-shika majira, Kurs halten.
-geuza majira, den Kurs ändern.
nanga, Anker.
-tia nanga, ankern, Anker werfen.
amari ya nanga, Anker-tau.
mnyororo wa nanga, Ankerkette.

(II.), Längsbalken über diesen Querbalken zu beiden Seiten des Mastes.

[1] Die breite Fläche desf., upaja (wa tanga); Hals vorn, joshi (III.); Schoot hinten, demani (III.); Hauptschoot, demani ya bohadini; Nebenschoot, demani ya tayari; die obere Ecke des Segels, upembe; die einzelnen Streifen, woraus das Segel besteht, fatika za tanga; das in den Rand eingenähte Tau, dasi (III.). — ein Notsegel, beru (V.), beberu (V.).

[2] hamarawi (III.), Tau am Vorderende; baraji (III.), Tau am Hinterende.

[3] Zwei Taue, die über die Mastspitze gehen und durch welche die Raa hinauf- und heruntergezogen wird. Sie gehen durch Rollen (roda, III.). An denselben ist ein Flaschenzug (jivari, III.) angebracht, durch welchen das jerari (III., Hauptfall) geht.

-ng'oa nanga, den Anker lichten.
   -puliza nanga, den Anker
    fallen laſſen.
   -shika, faſſen (v. Anker).
   mahali pa kutilia nanga,
    Ankerplatz.
duara* (III.), Spill.
kasia (V.), Ruder.
   kafi (V.), Paddel, Schaufel=
    ruder.
   -vuta makasia, rudern.[1]
upondo, Bootshaken; Stange
   zum Staken.

kapi, Pl. kapi und makapi,
   gofia (III.), jivari (III.),
   Flaschenzug, Block.
   roda (III.), Rolle.
batli* (III.), Log.
bildi* (III.), Lot.
   -tia bildi, loten.
kishwara, Schlaufen, Tau=
   öſen.
dirisha, Pl. dirisha und madirisha, Luke.
bendera* (III.) — koli (III.),
   Flagge. — Meßbrief.

127. Schiffsmannſchaft.

baharia* (III.), Seemann,
   Matroſe; Pl. die Schiffs=
   mannſchaft.
mwenyi chombo, Schiffs=
   eigner.
   mwenyi shehena, Eigen=
    tümer der Ladung.
   karani, Superkargo (An=
    geſtellter).
nakhoza (III.), Kapitän.

mwallimu*, Pl. waallimu,
   Schiffsoffizier.
ashikaye, sukani, Steuer=
   mann.
rubani (III.), Lotſe, Steuer=
   mann.
   -peleka, -ongoza chombo,
    ein Schiff lotſen.
uledi* (VI.), Schiffsjunge.
abiria*, Paſſagiere.

128. Seereiſe. Hafen.

safari* (III.), Reiſe.
   nauli* (III.), Paſſagegeld,
    Fahrgeld.
·kalfati*, kalfatern.
-tengeneza chombo, ein Schiff
   ausbeſſern.
-pandisha chombo pwani,
   ein Boot auf den Strand
   ziehen.
-tia rangi, anſtreichen (mit
   Farbe).

-pakia mizigo, Fracht ein=
   nehmen, laden.
-panda chomboni, an Bord
   gehen, ſich einſchiffen.
   -ingia chomboni, ſich ein=
    ſchiffen.
utaondoka lini? wann wirſt
   du abfahren, abſegeln?
sasa pepo mbaya, jetzt iſt
   der Wind ungünſtig.

---

[1] -kuza makasia, die Ruder anziehen (= ſtärker rudern); -zuia maji, ſtreichen; -acha makia, laufen laſſen.

-pata pepo mbaya, schlechten Wind bekommen.

pepo za mbisho, widriger Wind.

upepo mzuri wavuma, es weht ein günstiger Wind.

-pata pepo za mbele, den Wind von vorn haben.

-pata pepo za mbavu, den Wind von der Seite haben.

pepo za omo, Wind von achtern.

upepo unakuja, es kommt Brise auf.

-tulia, sich legen (Wind).

-kali, heftig, stark.

-pata dháruba*, Sturm be= kommen.

mvuto wa pepo, Windrichtung.[1]

shwari (III.), Windstille.

chombo chaelea, das Schiff ist flott.

-me - pwelewa, auf dem Trockenen liegen.

-pweleza, aufsetzen, trocken fallen lassen, auflaufen lassen.

mawimbi yenyi povu, ma= wimbi ya kuumka, Bran= dung, Brecher.

mawimbi ya mkoba, Dünung.

wimbi (V.), Welle, Woge.

tundu, Pl. tundu und ma= tundu, Leck, Loch.

-pata tundu, ein Leck be= kommen.

-ziba tundu, das Leck zu= stopfen.

-teka (-toa) maji kwa

sila, das Wasser mit dem Eimer ausschöpfen.

mwamba, Pl. miamba, Riff.

-panda (-pwelewa) katika mwamba, auf ein Riff auflaufen.

mashua inakaa, das Boot sitzt fest.

fungu (V.), Sandbank.

mkondo mkali, starke Strö= mung.

maji yakipwa, bei Ebbe.

maji yakijaa, bei Flut.

mlango, Durchfahrt, Einfahrt.

maji mengi, tiefes Wasser.

maji yapataje? wieviel Wasser steht?

-pata pima kumi, zehn Faden haben.

maji kidogo, wenig Wasser.

maangamizi (Pl. V.), Schiff= bruch.

-angamia, Schiffbruch er= leiden, scheitern (Schiff).

-vunjika, auseinander= brechen.

-tota, -zama baharini, unter= gehen.

-pinduka, umschlagen, kentern.

-pindukiza, umwerfen.

-fungasa, schleppen.

chombo cha kufungasia, Schlepper.

kamba ya kufungasia, Schlepptau.

-vuta, treibeln.

dakawa (III.), Treibeltau.

-vinjari, kreuzen.

merikebu ya vinjari, Kreuzer.

---

[1] Vgl. St. Paul=Illaire, l. c., S. 205.

-bisha, -pindua, wenden.
bandari* (III.), Hafen.
　　koodi ya bandari, Hafen=
　　gebühr.
pakushushia, Landungsſtelle.
-shuka pwani, -enda pwani,
　　an Land gehen, landen.
　　-shusha pwani, an Land
　　ſetzen.

-toka, ausſteigen.
pwani (III.), Küſte, Strand.
kando (III.), Ufer.
　　ng'ambo (ya pili), das
　　andere Ufer.
mnara* (II.), Leuchtturm.
chelezo (IV.), mlezo (mleza),
　　boya (III.), Boje.

129. Zeitung, Telegraph.

gazeti[1], Zeitung.
simm(u)*, telegrāf, Telegraph.
　　khabari ya simm(u),
　　Telegramm.
　　-a simm(u), -a telegrāf,
　　telegraphiſch.
-piga simm(u), telegraphieren.

-m-pigia simm(u), jm.
　　telegraphieren.
nguzo ya simm(u), Tele=
　　graphenſtange.
　　uzi wa simm(u), Tele=
　　graphendraht.

---

[1] Engl. gazette.

XII. Abschnitt.

Der Staat. Die Obrigkeit.

130. Das Volk. Die Nation.

nchi (III.), Land.

taifa* (III., V.), die Nation, das Volk.

kabila* (III.), Volksstamm, Volk.

watu (die Leute), kaumu* (der Haufe), das Volk, die Unterthanen.

jamia ya watu, die Bevölkerung.

   -enyi watu wengi, volk= reich, stark bevölkert.

nchi ya asili, Heimatsland, Vaterland.

kwetu, unsere Heimat.[1]

   kikwetu, heimatliche Sitte oder Sprache.

mzalia, kizalia, Eingeborener.

   mzalia wa Unguja, ein Eingeborener von Sansi= bar, ein geborener San= sibarer.

ugeni, Fremde, Ausland.

   mgeni, Fremder.

   -a kigeni, fremd (von Sachen).

131. Völker und Staaten.

Ulaya*, Europa.

   mzungu, Europäer.

   kizungu, europäische Spra= che oder Art.

   -a kizungu, -a Ulaya, europäisch (von Sachen).

barra (ya) Dachi, Deutsch= land.

   Dachi (V.), mdachi, Deutscher.

   kidachi, deutsche Sprache.

   -a kidachi, -a Dachi, deutsch (von Sachen).

barra ya Belji, Belgien.

ufransa, ufaransa, Frankreich.

   mfransa, mfaransa, Fran= sisi (V.), Franzose.

kif(a)ransa, kifransisi, französische Sprache.

   -a kifransa, französisch (von Sachen).

ungereza, England.

   mgreza, Engländer.

   kingreza, englische Sprache.

   -a kingreza, englisch (von Sachen).

utalyani, Italien.

   Talyani (V.), Italiener.

   kitalyani, italienische Sprache.

   -a kitalya, italienisch (von Sachen).

nchi ya Ostriani, Österreich.

   Ostriani (V.), Österreicher.

---

[1] Ebenso kwenu, kwao.

urenu, barra ya maportugesi,
　Portugal.
　　mrenu, Portugesi (V.),
　　Portugieſe.
barra ya Turki, barra ya
　Rūm, Türkei.
　　Turki(V.), Turaki, Türke.
(barra ya) Asia, Aſien.
Hindi*, barra ya Hindi,
　barra ya wahindi, Indien.

muhindi, Pl. wahindi,
　Indier.
　-a kihindi, indiſch (von
　Sachen).
Sini*, China.
　mtu wa Sini, Chineſe.
　kisini, chineſiſch.
(barra ya) Afrika, Afrika.
　mtu wa Afrika, Afrikaner.
Misri*, Ägypten.

132. Sociale Unterſchiede.

watu duni*, das niedere Volk.
sharifu*, Pl. masharifu,
　Edelmann, vornehmer Mann.
　usharifu, edle Abkunft.
　asili* bora, vornehme
　　Abſtammung.
m(u)ngwana, Pl. wangwana,
　Freigeborener, kultivierter
　muhammedaniſcher Küſten=
　neger.
mshenzi, heidniſcher, unkulti=
　vierter Bewohner des Binnen=
　landes.
　kiungwana, Art eines Frei=
　　geborenen.
　-a kiungwana, gebildet.
mtumwa, Sklave, Sklavin.
　utumwa, Sklaverei.
　-tia utumwa, in die Skla=
　　verei ſchleppen.
　-fanya mtumwa, zum
　　Sklaven machen.
-kamata watumwa, Sklaven
　rauben.
kuuza ao kununua watum-
　wa, Sklaven verkaufen oder
　kaufen.

-battili utumwa, die Sklaverei
　aufheben.
hurru*, Pl. mahurru, Frei=
　gelaſſener.
　-weka (-acha) hurru, frei=
　　laſſen.
-komboa, freikaufen, loskaufen.
　ukombozi, (mapesa ya)
　　makombozi, Freikaufs=
　　ſumme, Löſegeld.
　-ji-komboa, ſich freikaufen.
　mkombozi, Freikäufer.
bwana (III.), Herr.
mtwana, männlicher Sklave.
　kitwana, Sklavenjunge.
　mjoli, Mitſklave.
mjakazi, Sklavin.
　kijakazi, Sklavenmädchen.
-enyi mali, reich.
　tajiri* (V.), reicher Mann.[1]
mali* (III.), Hab und Gut,
　Vermögen.
　mtumwa huyu ni mali
　　yangu, dieſer Sklave
　　gehört mir.
mas(i)kini*,-kata, fakiri*(V.),
　fukara*, arm.

---

[1] Auch: Kaufmann.

umaskini, ukata, ufu-
kara, Armut.
-omba masikini, betteln.
sadaka* (III.), Almosen.[1]

-toa (-fanya) sadaka, Almosen
geben.
-m-pa sadaka, jm. Al-
mosen geben.

133. Herrscher und Unterthan.

saijidi* (V.), Herrscher, Herr.
mfalme, König.
ufalme, Königreich, König=
·tum.
-a kifalme, königlich.
sultani* (V.), Sultan, Kaiser.
mke wa sultani, Sul=
tanin.
binti sultani, mwana wa
sultani, Sultanstochter.
watu, Unterthanen.
mwasi*, Pl. waasi, Rebell,
Empörer, Aufrührer.
uasi, maasi, Rebellion,
Empörung, Aufruhr.

-asi*, rebellieren, sich em=
pören.
fitina* (III.), Verschwörung,
Aufstand.
-fanya fitina, sich ver=
schwören.
-kaidi*, widerspenstig, rebel=
lisch.
-khalifu*, sich widersetzen,
nicht befolgen, zuwider=
handeln.
-toka katika taa, den Ge=
horsam versagen, sich auf=
lehnen.

134. Der Sultan.

jumba la sultani, Sultans=
palast, kaiserliches Schloß;
Hof.
kiti cha ezi*, Thron.
ezi*(III.), Majestät, Würde,
Macht.
-kaa katika kiti cha ezi,
auf dem Throne sitzen.
mwana wa sultani, binsul-
tani, Sohn des Sultans.
khalifa* (III., V.), Nach=
folger.
-mw-acha khalifa yake,
jn. als Nachfolger hinter=
lassen.

barza ya sultani, die Um=
gebung des Sultans, der
Hof.
masuria, die Nebenfrauen.
nyumba ya waanawake,
Harem.
barza* (III.), baraza* (III.),
Audienzhalle; Audienz.
-fanya baraza, Audienz
abhalten.
-enda baraza, zur Audienz
gehen.
-barrizi*, Audienz abhalten
(oder haben).

---

[1] Das durch die Religion vorgeschriebene: zaka*.

135. Regierung, Verwaltung.

-tawalla*,-hukumu*,-miliki*, regieren, herrſchen.

 -tawallisha, einſetzen (als Beamten).

daulati* (III.), Regierung, Dynaſtie.

hukumu* (III.), Herrſchaft, Regierung(sform), Verfaſſung.

sirkali* (III.), serkali* (III.), Regierung (= die Behörden), Staat.

 mtu (mtawalli) wa sirkali, Beamter.

-simamia, vorſtehen (einer Verwaltung), beauffichtigen, verwalten.

 -simamia ushuru, die Finanzen verwalten.

usultani, usalme, uchi, Staat (= Reich).

waziri* (V.), Miniſter, Weſir.

uwaziri, Miniſteramt.

shauri*, Ratsverſammlung.

 -fanya shauri, Rat halten.

liwali* (V.), (arabiſcher) Gouverneur, Statthalter.

bwana mkubwa sana, guvernori, Gouverneur.

bwana mkubwa, Bezirksamtmann.

jumbe (V.), Dorfälteſter, Häuptling.

amri* (III.), Befehl, Anordnung, Verordnung, Erlaß.

 -am(u)ru, -amrisha, befehlen.

 -wa na nguvu, in Kraft (Geltung) ſein.

askari ya polfs, Poliziſt.

polfs, Polizei.

kazi, Amt.

daraja* (III.), cheo (IV.), Würde.

-ji-uzulu katika kazi, -ji-toa katika kazi, ein Amt niederlegen, abbanken.

-fanya kazi ya . . ., das Amt eines . . . bekleiden.

-m-fanya waziri, jn. zum Weſir ernennen.

koodi* (III.), ushuru* (VI.), Steuer.

 ushuru wa matumio, Verbrauchsſteuer.

 koodi ya miti, Holzſchlaggebühr.

136. Das Recht, der Prozeß.

hakki* (III.), Recht(snorm).

 dasturi* (III.), ada (III.), Gewohnheitsrecht, Uſance.

sheria* (III.), sharia* (III.), Geſetz, kobifiziertes Recht.

kanuni* ya hakki (oder ya sheria), Geſetzbuch.

 sheria ya chuo, geſchriebenes Recht.

amri ya muungu (w. Gottes Gebot), Naturrecht.

amri (w. Befehl, III.), Geſetz (ein einzelnes), Verordnung, Erlaß.

halali* (unveränderl.), geſetzlich erlaubt.

rukhsa*, rukhusa* (III.), Erlaubnis.

-pa rukhsa, erlauben, ge=
    statten.
    -pata rukhsa, Erlaubnis
    erhalten.
marfuku*, marufuku*, ver=
    boten.
    -piga marfuku, -kataza,
    verbieten.
-toa sheria, Gesetze geben.
    mwenyi kutoa sheria,
    Gesetzgeber.
elimu ya sheria, Gesetzeskunde,
    Rechtsgelehrsamkeit.
    mwallimu wa sheria,
    Rechtsgelehrter.
hukumu*, Rechtsprechung,
    Rechtspflege.
-enda sheriani, vor Gericht
    gehen.
hakimu* (V.), mwamuzi, Pl.
    waamuzi, Richter.
    kadhi* (V.), arabischer
    Richter.
-hukumu, -amua, -hakimu,
    jn. richten.
daawa* (III.), madai* (Pl.
    V.), Prozeß, Streitsache,
    gerichtliche Forderung.
    jambo la sheria, Rechts=
    geschäft.
mashtakiano (Pl. V.), Klage,
    Prozeß.
-m-dai, -m-shtaki, jn. ver=
    klagen, gegen jn. klagen.
    -daiana, -shtakiana, ein=
    ander verklagen, mit ein=
    ander prozessieren.
-pata hakki yake, sein Recht
    bekommen, den Prozeß ge=
    winnen.
    -shindwa, verlieren.

shtaka* (V.), mshtaka (II.),
    Anklage, Klage.
    mshtaki, mwenyi kush-
    taki, Kläger.
    aliyeshtakiwa, mshtaki-
    wa, mwenyi kushtakiwa,
    Beklagter, Angeklagter.
-leta mashtaka juu ya mtu,
    eine Anklage gegen jn. er=
    heben.
-mw-ita mbele ya kadhi (vor
    den Richter rufen), -m-pe-
    lekea jib-sheria (jm. eine
    Vorladung senden), jn. vor=
    laden.
    jib-sheria, Vorladung.
mdai*, Advokat.
-ji-kania, -ji-katalia, sich recht=
    fertigen, sich verteidigen.
-onya (thubutisha) hakki
    yake, sein Recht beweisen.
-kamata, ergreifen, festnehmen,
    verhaften.
gereza* (III.), chumba (IV.),
    Gefängnis.
    -tia gerezani (chumbani),
    ins Gefängnis setzen.
    -funga mtu, jn. gefangen
    setzen.
    mwenyi kufungwa, Ge=
    fangener.
pingu (III.), Handschellen, Fuß=
    schellen, Fesseln.
mnyororo (II.), mnyoo (II.),
    Kette.
bauwabu wa gereza, mngo-
    jezi wa gereza, Kerker-
    meister.
-uliza khabari (w. die Um=
    stände erfragen), einen Rechts=
    fall untersuchen.

-uliza mtu, jn. verhören.
maulizo (ya kadhi), Ver=
hör.
shahidi* (V.), shuhuda (V.),
Zeuge.
  -m-fanya shahidi, -shu-
hudisha, jn. als Zeugen
angeben.
  -wa na mashahidi, Zeu=
gen haben.
ushuhuda, ushahidi, Zeugnis;
Beweis.[1]
  -shuhudu*, zeugen[2], aus=
sagen.
  -pa ushuhuda, Zeugnis
ablegen.
ushuhuda wa uwongo,
falsches Zeugnis.
  -ona kwa macho, mit
eigenen Augen sehen.
-kirri*, -ungama, gestehen, ein=
gestehen, zugeben.
  -m-kirriza, jn. zum Ge=
ſtändnis bringen.
-kana, leugnen, ableugnen.
-apa, ſchwören.
  -apa uwongo, falſch ſchwö=
ren, einen Meineid leiſten.
  -apisha mtu, jn. ſchwören
laſſen, ihm einen Eid ab=
nehmen.
kiapo, Pl. viapo; uapo, Pl.
nyapo, yamini* (III.), Eid,
Schwur.

-la kiapo, einen Eid leiſten.
kiapo cha uwongo, zuri*
(III.), amini ya uwongo,
Meineid.
dhamana* (V.), Bürge.
  -dhammini*, bürgen,
Bürgſchaft leiſten.
hukumu* (III.), Urteil.
hukumu*, -amua, ur=
teilen.
-kata maneno, einen Streit
entſcheiden.
kosa (V.), Schuld (= Ver=
gehen).
  mwenyi kosa, aliyekosa,
der Schuldige.
-aili*, -ailisha*, -patiliza, -hu-
kumu aili, -sema mtu aili,
ſchuldig ſprechen, für ſchul=
dig erklären, verurteilen.
  aili*, ſchuldig.
hana dhambi, hakukosa, er
iſt unſchuldig.
  -sema hana dhambi, jn.
für unſchuldig erklären.
-akhkhirisha, -kawilisha, auf=
ſchieben, vertagen.
mapesa (ob. gharama) ya
meza, mapesa ya hakki,
Gerichtskoſten, Gebühren.
  mapesa ya jamvi, Ge=
richtskoſten.[3]
-toza, zu einer Geldſtrafe ver=
urteilen.

137. Verbrechen und Vergehen.

dhambi*, taksiri*, Verbrechen.
kosa (V.), Vergehen.

kosa lake nini? was hat
er verbrochen?

---

[1] Beweiſen: -onya, -bainisha*.
[2] Für oder gegen jn., -m-shuhudia.
[3] Wenn der Richter wie bei den Arabern auf einer Matte ſitzt.

-tenda dhambi (taksiri), ein
  Verbrechen begehen.
  -kosa, sich vergehen.
mtenda dhambi, mtenda
  taksiri, mdhambi, Ver=
  brecher.
-tangatanga,-wayawaya,-zun-
  gukazunguka, umherstrei=
  fen, vagabondieren.
  mtembezi, mzunguki,
    Landstreicher.
  hana kwao, er hat kein
    Domizil.
ayari*, mdanganya watu,
  mdanganyifu, Schwindler,
  Betrüger.
-khadaa*, -danganya, betrü=
  gen, beschwindeln.
  -khadaika, sich betrügen
    lassen.
khadaa (III.), madanganyo,
  udanganyifu, Betrug.
uwaji, Mord, Totschlag.
  muuaji, Mörder, Tot=
    schläger.
  -ua, töten, morden.
  -uawa, getötet werden.
  -ji-ua, sich töten.[1]

-m-lisha summu, jn. vergiften.
  -tia summu, (etw.) ver=
    giften.
  summu* (III.), Gift.
  -ji-ua kwa summu, sich
    vergiften.
mwenyi kutia (kuwasha)
  moto, Brandstifter.
  -tia (-washa) moto, Feuer
    anlegen.
mwizi, Pl. wezi; mwivi, Pl.
  wevi, Dieb.
  uizi, uivi, Diebstahl.
  -iba, stehlen.[2]
haramia* (V.), Räuber; See=
  räuber.
uzini, uzinifu, uzinzi, zina*,
  Ehebruch.
  mzinzi, mzinifu, Ehe=
    brecher(in).
-tukana mtu, jn. (wörtlich
  oder thätlich) beleidigen, be=
  schimpfen.
  matukano, matusi, Be=
    leidigung, Beschimpfung.
kofi* (V.), Ohrfeige.
  -piga kofi, eine Ohrfeige
    geben, ohrfeigen.

138. Strafen.

-adhdhibu*, strafen, bestrafen.
  -adhdhibisha, bestrafen
    lassen.
  -adhdhibiwa, -lazimish-
    wa, bestraft werden.
adhabu* (III.), Strafe.
  -pata adhabu, Strafe er=
    halten.

yampasa adhabu gani?
  welche Strafe hat er ver=
    wirkt (gebührt ihm)?
-m-hukumu auawe, jn. zum
  Tode verurteilen.
-m-hukumu afungwe, jn. zu
  Gefängnis verurteilen.

---

[1] kujiua, Selbstmord.
[2] jn. stehlen, -ibia; gestohlen werden, -ibiwa; gestohlen werden
können, -ibika.

apigwe, zu einer Prügel=
strafe.
adhahiriwe, zum Pranger=
stehen.
-kata kichwa, ben Kopf ab=
schlagen, enthaupten.
-ua, töten, hinrichten.
muuaji, mchinja watu,
Scharfrichter, Henker.
-tungika (tanzi la roho), hän=
gen.
-ji-tungika tanzi la roho,
sich aufhängen.
-sulubu*, -funga msalabani,
kreuzigen.
-kaba (kwaba), -songa roho,
kam(u)a roho, erdrosseln.
fukuza, -inga, -hamisha, -on-
doa katika nchi yake, ver=
bannen.

yakupasa upigwe fimbo ku-
mi, bu verdienst zehn Hiebe.
-pata khams'u ishrin, 25
bekommen.
atafungwa miezi miwili, er
wirb zwei Monate ins Ge=
fängnis kommen.
-lipa dia, Blutgeld zahlen.
dia* (III.), fidia* (III.),
Sühnegeld.
mkatale, Fußstock (zum An=
schließen).
-m-twalia mali zake zote, jm.
sein gesamtes Vermögen
konfiszieren.
-mw-ondolea daraja, begrabie=
ren.
-uzulu*, entlassen.

———

XIII. Abschnitt.

Krieg und Frieden.

139. Heer. Waffengattungen.

jeshi*, Pl. jeshi ob. majeshi,
  Heer, Armee.
askari* (III.) = asikari, Soldat.
  uaskari, Soldatenstand.
  -andika askari, Soldaten
    anwerben.
  -m-tia askari, jn. anwer-
    ben.
  -ji-tia askari, Soldat wer-
    den.
kazi yangu ni askari, ich bin
  Soldat.
  -fanya kazi (ya askari),
    dienen.
  kazi ya askari, Dienst.[1]
  -ingia kazini, eintreten.
-enyi nguvu. — dhaifu*,
  kräftig. — untauglich.
mkuu wa askari, akida*(III.),
  Offizier.
  mkubwa, Vorgesetzter.
kambi (III.), Lager.

askari wenyi kwenda kwa
  miguu, Fußtruppen, In-
  fanterie.
wapanda farasi, Kavallerie,
  Reiterei.
wapiga mizinga, Artillerie.
kompania (III.), Kompagnie.
mshahara*, Monatslohn,
  Sold.
-pata posho, Verpflegung
  (Essensgeld) bekommen.
  vyakula vya askari, Pro-
    viant.
  siku ya mshahara, Lohn-
    tag, Löhnung.
  -kata rupia mbili katika
    mshahara wake, zwei
    Rupien von seiner Löhnung
    abziehen.
mshahara wa miezi miwili,
  die Löhnung für zwei Monate.
nyumba ya askari, Kaserne.

140. Offiziere und Unteroffiziere.

mkuu wa askari, bwana
  mkubwa, Offizier.[2]
jemadari* (V.), General; Feld-
  herr; der Erste im Kom-
  mando.

akida* (III.), Hauptmann;
  der Zweite im Kommando.
söl (V.), Feldwebel-Leut-
  nant.

---

[1] Den Dienst kennen, -jua kazi ya askari.
[2] Die farbigen Offiziere führen den Titel efendi hinter dem
Namen.

betshawīsh(V.),=betsháush, Feldwebel.

shawīsh (V.), = shaush, bwana mdogo, Unteroffizier.[1]

ombasha (V.), Gefreiter.

daraja (III.), Rang, Charge.
　-pata daraja, eine Charge erlangen, avancieren, befördert werden.

nafr* (III.), Gemeiner.

-taka rukhsa, um Urlaub bitten.

-pata rukhsa, Urlaub bekommen.

cheti cha rukhsa, Urlaubspaß.

rukhsa kwenda kwao, Heimatsurlaub.

　-pa rukhsa, Urlaub geben.

-ondosha, -pa rukhsa kabisa, entlaſſen.

-toka kazini, den Dienſt verlaſſen.

141. Die Uniform.

nguo ya askari, Uniform.
　ina madoadoa, hat Flecken.
　-safisha, reinigen.
　-kukuu, abgetragen, alt.

ghalla* (III.), Magazin, Kammer.

kisibao, Rock, Jacke.
　-m-faa, jm. paſſen.
　kidogo mno, zu eng.
　kikubwa mno, zu weit.
　utepe, Streifen, Litze.

vifungo, Knöpfe.
　kitanzi, Knopfloch.

soruali* (III.), Hose.

mshipi, Gürtel, Koppel.
　-kaza, enger ſchnallen.

chapeo (III.), Helm.

kofia* (III.), Mütze.

beti* (III.), Patronentaſche.

mkoba, Torniſter(taſche).

tandiko (V.), Decke.
　-kunja, zuſammenlegen.
　-kunjua, auseinanderlegen.
　ukanda, Riemen.

viatu, Schuhe.

142. Waffen.

silaha* (III.), Waffe.
　-pa silaha, bewaffnen.
　-twaa silaha, die Waffen ergreifen.
　-weka, -acha silaha, die Waffen ablegen, niederlegen.

-tupa silaha, die Waffen fortwerfen.

bunduki*(III.),Gewehr[2],Flinte, Büchse.
　kasiba* (III.), mwanzi, Pl. mianzi, Lauf.
　tako (la bunduki), Schaft.

---

[1] Im allgemeinen, im Gegenſatz zum Offizier.

[2] Hinterlader, bunduki ya kushindilia kwa nyuma; Vorderlader, bunduki ya kushindilia kwa mbele: Feuerſteingewehr, bunduki ya gumegume; Steinſchloßgewehr, bunduki ya serbocha; Doppelflinte, bunduki ya buferekin; Luntenſchloßgewehr, bunduki ya meriki.

mdeke, Ladeſtock.

mtambo, Schloß, Feder.

kiguu (IV.), Abzug.

kifa (IV.), Piſton, Pfanne.

shabaha* (III.), Viſier und Korn.

tundu (la bunduki), mdomo, Mündung.

liwalo (V.), Kolbenblech.

mpakato (II.), Gewehrriemen.

kikuku, Gewehrring.

-shindilia bunduki, ein Gewehr laden.

-piga bunduki, feuern, Feuer geben, ſchießen.

risasi* (III.), Kugel.

marisaa (Pl. V.), Schrot.

fataki* (III.), Zündhütchen.

baruti* (III.), Pulver.

mtete, Pulvermaß.

-(e)lekeza bunduki, zielen[1] (mit dem Gewehr).

(e)lekeza mzinga, zielen (mit der Kanone), das Geſchütz richten.

-piga, -pata, treffen.

-kosa, fehlen.

-alisha mtambo, abdrücken.

kiasi cha bunduki, Patrone.

beti* (III.), Patronentaſche.[2]

kizibo, Pfropfen.

bastola (III.), Piſtole.

mzinga, Kanone, Geſchütz.

-piga mzinga, ſchießen, abfeuern.[3]

gurudumo (la mzinga), Laffette.

mshindo, kishindo, Schuß.

mrao (II.), Lunte.

kómbora (V.), Bombe, Granate.

mpiga mizinga, Kanonier, Artilleriſt.

upanga, Pl. panga, Säbel, Schwert.

kitara* (IV.), gerades Schwert.

sime (III.), kurzes Schwert, Bajonett.

jambia*, arab. Krummſchwert.

kisu, Meſſer, Seitengewehr.

ala, Pl. nyala od. maala; uo, Pl. nyuo, Scheide.

ukoa (VI.), Metallring daran.

mkuke, fumo (V.), sagai (V.), Speer, Lanze.[4]

ngao (III.), Schild.

upinde, Pl. pinde, uta, Pl. nyuta od. mata, Bogen.

upote (VI.), Sehne.

-pinda (-kaza, -pindisha) upinde, den Bogen spannen (d. h. die Sehne befeſtigen).

-vuta upinde, den Bogen spannen (d. h. die Sehne anziehen).

---

[1] Auch -twaa (-shika, -linga) shabaha; shabaha* (III.), Scheibe, Ziel; -piga shabaha, Scheibe ſchießen; banda, Sicherheitsſtand.

[2] beti ya risasi, Kugeltaſche, Schrotbeutel.

[3] -piga mzinga wa salám(u), Salut ſchießen.

[4] fumo iſt ein Speer mit breitem Blatt, sagai ein Wurfſpeer; der Schaft heißt uti, Pl. nyuti; Blatt, Klinge, kengea.

.-pandisha mshare, den
  Pfeil auflegen.
pengo, Kerbe.
mshare (mshale), Pfeil.[1]

podo (III.), Köcher.
uchungu, Pfeilgift.
kanzu ya chuma, deraya*
  (V.), Panzer, Harniſch.
rungu (III.), Keule.

143. Der Dienſt. Muſikkorps.

kazi ya askari, der Dienſt.
  -fundisha watu kazi ya
  askari, die Leute im Dienſt
  unterweiſen.
-cheza guaridi, exerzieren.
-simama. — -enda, ſtehen. —
  marſchieren.
amri (III.), Ordre, Befehl.
  -pata amri, Ordre be=
  kommen.
saffu* (III.), Glied, Reihe.
  -ji-panga, ſich aufſtellen.
  saffu ya pili, das zweite
  Glied.
-kaa zamu*, -ngojea kwa zamu, Poſten ſtehen, auf Wache
  ſein.
mwenyi zamu, askari wa
  zamu, der Poſten.
  askari wa zamu, die Leute
  der Wache.
  karakōl*, karakōn* (III.),
  Wachtmannſchaft[2], Wach=
  lokal.
-zamu*, Wache (= das Wache=
  ſtehen).
  -ngojea boma, das Fort
  bewachen.
-pokezana, einander ablöſen.

-lala katika zamu yake, auf
  Poſten ſchlafen.
-zunguka mjini, in der Stadt
  patrouillieren.
-piga shabaha, Scheibe ſchießen.
mkaguo wa askari, Truppen=
  beſichtigung.
  -kagua, beſichtigen.
  uonyesho (VI.), Parade.
mpiga tarumbeta, Trompeter,
  Spielmann.
  tarumbeta (III.), Trom=
  pete.
  -piga tarumbeta, die Tr.
  blaſen.
  ishara* (III.), Signal.
mpiga ngoma, mpigaji wa
  ngoma, Trommelſchläger,
  Trommler.
  -piga ngoma, trommeln.
kiwambo cha ngoma, uwam-
  bo wa ngoma, Trommelfell.
  mkwiro (II.), Trommel=
  ſtock.
ngoma, Trommel.[3]
  mganda, nganda, Kriegs=
  trommel,Karawanentrom=
  mel.[4]

---

[1] Im Norden auch mfi.
[2] Gewöhnlich askari wa karakōl.
[3] Große, goma; kleine, kigoma.
[4] Unten kegelförmig ſich verjüngend.

msondo, sehr große Trom=
  mel.[1]
vumi (V.), große Trom=
  mel mit vier Füßen.

chapuo (III.), kleine
  Trommel mit doppeltem
  Fell.[2]
-fanya salamu*, grüßen.

144. Militärische Kommandos.

simameni! stillgestanden!
jipangeni sawasawa! richt't
  euch!
huyu wa tano, nyuma ki-
  dogo (rudi kidogo)! der
  fünfte Mann etwas zurück!
  toka kidogo! etwas vor!
mguu wa kulia mbele ki-
  dogo! den rechten Fuß et=
  was vor!
mguu wa kushoto nyuma
  kidogo! den linken Fuß et=
  was zurück!
kunjua miguu! die Knie durch=
  drücken!
kichwa juu! den Kopf hoch!

jipindue[3] kwa mkono wa
  kulia! rechts um!
jipindue kwa mkono wa ku-
  shoto! links um!
jipindue nyuma! kehrt!
jipindue mbele! Front!
nendeni (mbele)! vorwärts
  marsch!
soo! halt!
saffu moja, haya! ein Glied
  formiert!
angalia (angalieni)! Achtung!
shikeni bunduki mbele!
  präsentiert das Gewehr!
tokeni! 'raus![4]
amri* (III.), Kommando.
-sema, kommandieren.

145. Krieg und Frieden.

vita (III.), kondo (III.), Krieg.
  -fanya vita, Krieg führen.
-m-vumbulia vita, jm. den
  Krieg erklären.
-enda vita, -enda vitani, zu Fel=
  de ziehen, in den Krieg ziehen.
-pigana, kämpfen, fechten.
adui*, Pl. adui u. maadui,
  Feind.
    uadui*(VI.), adawa*(III.),
    Feindschaft.

askari wa mbele, Vortrab.
pembe, upande, Flügel.
mapigano (Pl. V.), Gefecht,
  Schlacht.
-shinda, besiegen, überwinden.
  -ghilibu*, überwinden.
  mshindi, mshinda(ji).
  mghilibu, Sieger.
  mshindwa, mshinde, Be=
  siegter.

---

[1] Mit Füßen, in Mörserform.
[2] chapuo ya vumi, mit einem Fell und drei Füßen.
[3] Oder -pinduke (-zunguke); beim Befehl an mehrere, ji-pin-
dueni u. s. w.
[4] Die Kommandos bei der Schutztruppe werden deutsch gegeben.

ushinde, uvunjo, Nieder=
lage.
  -vunjika, -shindwa, eine
  Niederlage erleiden.
  -vunja, ſchlagen.
pa kupigania, Schlachtfeld.
  -uawa, fallen.
-sbambulia, angreifen, über=
fallen.
  ushambulio, Angriff.
-fukuza, -kimbiza, zurückſchla=
gen, in die Flucht ſchlagen.
-kimbia, fliehen; deſertieren.
  mkimbizi, Flüchtling.
  mtoro, Deſerteur.
marejeo, Rückzug.
  -rudi (-rejea) nyuma, ſich
  zurückziehen.
-saka, -fuasia, -fuata, ver=
folgen.
mateka, Kriegsgefangene.
  -kamata, -funga, gefangen
  nehmen.
-komboa, auslöſen.
  makombozi, ukombozi,
  a) Auslöſung; b) Löſe=
  geld.
-ji-ficha ndani ya majani
makubwa, ſich im hohen
Graſe verbergen.
-otea mtu, -vizia mtu, jm.

auflauern, einen Hinterhalt
legen.
-husuru*, -zungusha (mji), be=
lagern.
-piga makómbora, Bomben
werfen, beſchießen.
-omba (-taka) amani, ſich er=
geben.[1]
mpelelezi, mtumbuizi, Kund=
ſchafter, Spion.
vita kutulia, Waffenſtillſtand.
  -tuliza vita, einen Waffen=
  ſtillſtand ſchließen.[2]
amani* (III.), suluhu* (III.),
Frieden.
  -taka amani, um Frieden
  bitten.
  -fanya amani, Frieden
  ſchließen.
  mapatano ya amani, Frie=
  densvertrag.
-patana, mit einander Frieden
ſchließen, ſich vertragen.
  -patanisha, Frieden (zwi=
  ſchen Streitenden) ſtiften,
  ſie verſöhnen.
-pata thawabu*, eine Aus=
zeichnung bekommen.
-pata nishani, einen Orden
bekommen.
  nishani* (III.), Orden.

---

[1] W. um Frieden bitten.
[2] W. den Kampf ruhen laſſen, die Feindſeligkeiten einſtellen.

XIV. Abschnitt.
Kunst und Wissenschaft.

146. Die Wissenschaften.

elimu* (III.), Wissenschaft.
mwenyi elimu, Gelehrter.
hekima* (III.), Weisheit, Philosophie.
mwenyi hekima, Philosoph.
elimu ya tabia ya vitu, Physik.
nahao* (III.), Grammatik.
mwallimu wa nahao, Grammatiker.
tarikhi* (III.), Geschichte.
elimu ya nchi, Geographie, Erdkunde.
mnajjimu, mpiga falaki, mwaguzi wa nyota, Sterndeuter, Astrolog; Astronom.
elimu ya nyama, Zoologie.

elimu ya miti, Botanik.
elimu ya madini, Mineralogie.
utabibu, uganga, Heilkunde.
msannifu wa chuo, mwenyi kutunga chuo, Schriftsteller.
-tunga chuo, ein Werk verfassen.
mshairi*, mtunga mashairi, Dichter.
mashairi*, Gedicht.
utenzi (VI)., episches Gedicht.
-tunga mashairi, dichten.
shairi* (V.), Vers.
ushairi*, utungo, Poesie.

147. Die Künste.

msanii*, msanifu*, fundi (V.), Künstler.
usanifu, Kunst.
ujenzi, mjengo, Baukunst.
mjenzi, waria (V.), Baumeister.
fundi wa nakshi*, Bildschnitzer, Bildhauer.
kazi ya nakshi*; mchoro, machoro, Bildhauerei.
-chora, -kata nakshi, -pi-

ga nakshi, -nakkishi*, bildhauen, schnitzen.
fundi wa kuandika sanamu, mfanyiza sanamu, Maler.[1]
-andika, -taswiri*, malen, zeichnen.
sanamu* (III.), taswira* (III.), Bild, Gemälde.
kinanda, Mandoline.
-piga kinanda, die Mandoline spielen.

---

[1] Auch mwandika sanamu.

mpiga kinanda, Mando=
  linſpieler.[1]
tarumbeta (III.), Trompete.
zumari*, ufilimbi, Flöte,
  Schalmei.
    -piga zumari, Flöte blaſen.
kayamba (V.), Raſſel.[2]
kinubi (IV.), Harfe.
mbiu (III.), Büffelhorn.
   -piga mbiu, das Horn
    blaſen.

mpiga mbiu wa sultani,
  des Sultans Herold.
toazi (V.), Chmbel.
upato (VI.), Becken.[3]
zeze, Guitarre.[4]
   kifumwale, utembwe,
    umondo, Saite.
·imba, ſingen.
uimbo, Pl. nyimbo, Lied,
  Gesang.
   mwimbaji, Sänger.[5]

---

[1] Ein allgem. Ausdruck für Muſik, muſizieren und Muſiker fehlt.

[2] Mtamaſtengel, mit Körnern gefüllt, beim Tanz und bei Be=
ſchwörungen gebraucht.

[3] Eine runde Kupferplatte, die geſchlagen wird.

[4] Ein anderes Saiteninſtrument iſt der kabuzu; die Saite des=
ſelben heißt utari.

[5] Berufsmäßiger, malenga (III.).

XV. Abschnitt.

Vergnügungen. Spiele. Feste.

148. Vergnügungen.

mchezo, machezo (Pl. V.),
Spiel, Vergnügen.
-cheza (seltener -laabu*), spie=
len, sich ergötzen.
ngoma (eig. Trommel), Tanz=
vergnügen.
  -cheza (ngoma), tanzen.
  mcheza ngoma, mcheza-
  ji, Tänzer.
-tembea, spazieren gehen.
  matembezi, utembezi,
  Spaziergang.

-oga, ein Bad nehmen (vergl.
  S. 108).
  -ogelea, schwimmen.
-enda (ob. -ja) kuangalia mtu,
  jm. einen Besuch machen.
  -zuru*, -twesha, besuchen.
  maonano, uzuru*, Besuch.
-alika (-ita) wageni, Gäste
  einladen.
  mwaliko (II.), Einladung.
karamu*, Festmahl, Bankett.
  -fanya karamu, ein Fest=
  mahl veranstalten.

149. Spiele.

karata (III.), (Spiel=)Karten.
  -piga[1] karata, die Karten
  mischen.
  -gawa karata, die Karten
  geben.
  -tupa karata, eine Karte
  ausspielen.
  trufu, Atout, Trumpf.
dado (taro), Würfel.
-pinga[2] masharti (rupia moja), wetten (um einen Rupie).
  -shindwa, verlieren.
komari*, Glücksspiel.
sataranji* (III.), Schach.

sultani, König.
-cheza sataranji, Schach
  spielen.
  mchezo, die Partie.
kibao (cha kuchezea s.),
  Schachbrett.
-cheza dama, Dame spielen.
bao (la komwe), das Bao=
  spiel.
mchezo wa buibui (ob. ki-
  zuizui), Versteckspiel.[3]
mpira (II.), tufe, Ball.
fumbo (V.), kingozi, Rätsel.
  kitendawili, Rätselspiel.

---

[1] Ober -changanya. — [2] Auch -weka ober -fanya.
[3] Andere Spiele: fumbatafumbata (erraten, was der andere in
der Hand hat); agusaye mwenziwe ndiye mchawi (Erklärung s. bei
Sacleux, s. v. jeu) u. s. w.

150. Feste.

siku kuu, Festtag, Fest.
 -fanya siku kuu, ein Fest
  feiern.

siku ya mwaka, neruzi, Neu=
 jahrstag.[1]

idi* (III.), Beiramsfest.

---

[1] Des suahili-persischen Jahres.

Häufige Redensarten.

1. Fragende Sätze.

Wer bist du?

nani wewe (wee)? Wer bist
du?

mtu gani wewe? Was für
ein (Lands=)Mann bist du?

mtumwa wee ao mngwana?
Bist du ein Sklave oder ein
Freier?

mtu yule mtu gani? Was
für ein (Lands=)Mann ist
jener Mensch?

wewe nakhoza? Bist du der
Kapitän?

Was ist das?

nini hii? Was ist das?

ya nini hii? Wozu dient
das? Was für einen Zweck
hat das?

maana yake nini? Was hat
das zu bedeuten?

kuna nini (= kunani)?
Was giebt's? Was ist los?

chombo gani hiki? Was ist
das für ein Schiff?

Der Name?

jina lako nani? Wie heißt
du? Wie ist dein Name?

jina lake nani? Wie heißt
er?

nambie jina lako! Nenne mir
deinen Namen!

wanakwitwaje? Wie heißen
Sie?

nini hii kiunguja? Wie heißt
das auf Suahili?

mji ule jina lake nini? Wie
heißt jener Ort?[1]

Herkunft? Wohnung?

mnatoka wapi? Woher kommt
ihr?

umezaliwa wapi? Wo bist
du geboren?

anakaa wapi? Wo wohnt er?

mtu wa wapi wee? Woher
stammst du?

nyumba ya jumbe ipi? Wel=
ches ist das Haus des
Dorfschulzen?

nyumba ya jumbe iko wapi?
Wo ist das Haus des Dorf=
schulzen?

---

[1] Auch: mji ule unakwitwaje?

Das Alter?

umri wako wapataje? Wie alt biſt du?[1]

umri wako miaka mingapi? Wie alt biſt du?

miaka yako yapata mingapi? In welchem Alter ſtehſt du?

Das Geſchäft?

kazi yako nini? Was iſt dein Handwerk? Was biſt du?

mtu wa sirkali yeye? Iſt er ein Beamter?

Woher kommſt du?

umetoka (watoka) wapi? Wo= her kommſt du?

mmetoka Ujiji? Kommt ihr von Ujiji?

watoka nyumbani? Kommſt du aus dem Hauſe?

watoka kwake? Kommſt du von ihm?

Wohin gehſt du?

anakwenda wapi? Wohin geht er?

amekwenda wapi? Wohin iſt er gegangen?

wataka kwenda wapi? Wo= hin willſt du gehen?

Was willſt du?

anataka nini? atakaje? Was will er?

unatafuta nini? Was ſuchſt du?

haja yako nini? Was iſt dein Begehr?

wanitakiani? Was willſt du von mir?

Was koſtet das?

kiasi gani? (welcher Preis =) Wie teuer?

kima yake nini? thamani yake nini? Wieviel iſt es wert? Was koſtet es?

wakuza kisu hiki kiasi gani? Wie teuer verkaufſt du dies Meſſer?

wakuzaje kizu hiki? Wie verkaufſt du dies Meſſer?

Wann?

amekufa lini? Wann iſt er geſtorben?

atakuja lini? Wann kommt er?

utakwenda kwake lini? Wann gehſt du zu ihm?

wakati gani amerudi? Wann iſt er zurückgekommen?

wataka . . lini? Wann ge= denkſt du zu . .?

---

[1] Wörtlich: dein Alter (anlangend), was erreichſt du?

Wie? Wieweit? Wieviel? u. s. w.

u hali gani? Wie befindest du dich?

hu jambo? Wie geht es dir?

ginsi gani unawapa rukhusa? Wie kannst du ihnen das erlauben?

kutoka hapa kwenda mjini itapata saa ngapi? Wieweit ist von hier bis zur Stadt?

mwendo wa saa ngapi hatta tutafika kambini? Wie weit ist es, bis wir ins Lager kommen?

(tokea) hapa hatta Ujiji safari ya siku ngapi? Wieviel Tage gebraucht man von hier bis Ujiji?

punda achukua mizigo mingapi? Wieviel Lasten trägt ein Esel?

yapata siku ngapi toka hapo? Wie lange ist es her?

siku ngapi bado hatta nitapata kumwona? Wie lange wird es noch dauern, bis ich ihn sehen kann?

kisima hiki kwenda chini kwake kunapataje? Wie tief ist dieser Brunnen?[1]

.. urefu wake'wapataje? Wie lang ist . .?[2]

Vermischte Fragen.

kweli? Ist es wahr?

khabari gani? Was giebt es Neues?

wasemaje? Was sagst du?

mtu asemaje? Was sagt der Mann?

aliyekuambia nani? Wer hat dir (das) gesagt?

aliyenena hayo nani? Wer hat das gesagt?

umemwambia nini? Was hast du ihm gesagt?

unasemea nini? Wovon sprichst du?

umesikia? Hast du verstanden?

hukusikia? Hast du nicht verstanden?

unasikia maneno yangu? Verstehst du, was ich sage?

wajua kusema kisuahili? Verstehst du Suahili?

unaniuliza mimi? Fragst du mich?

kitu hiki mali yako? Gehört dir dies?

nyumba hii ya nani? Wem gehört dies Haus?

huyu mwana wa nani? Wessen Sohn ist dies?

wajua kuandika? Kannst du schreiben?

zimekuja barua? Sind Briefe gekommen?

amekuja mtu? Ist jemand da gewesen?

uko wali? Ist Reis da?

kuna chakula? Ist etwas zu essen da?

---

[1] Wörtlich: diesen Brunnen (anlangend), was erreicht seine Tiefe?
[2] Ebenso werden die Ausdrücke „wie breit?" „wie hoch?" u. s. w. wiedergegeben.

amekuwaje? Was iſt aus ihm
geworden?

wakti gani nije? Wann ſoll
ich kommen?

bwana yuko? Iſt der Herr
zu Hauſe?

unamjua alikokwenda? Weißt
du, wohin er gegangen iſt?

bwana fulani anakaa hapa?
Wohnt Herr N. N. hier?

unanitafuta mimi? Suchſt
du mich?

mbona hukuja zamani? Wa-
rum biſt du nicht ſchon früher
gekommen.

nifanyeje? Was ſoll ich thun?

chakula taiyari? Iſt das Eſſen
fertig?

chakula hakijawa tayari
bado? Iſt das Eſſen noch
nicht fertig?

una neno zayidi? Haſt du
noch etwas zu ſagen?

nifuatane nawe? Soll ich
mitgehen?

wajua kuogelea? Kannſt du
ſchwimmen?

mashahidi wako? Sind Zeu-
gen vorhanden?

(maneno yangu) yamekuelea?
Iſt dir das klar?

húnywi divai? Trinkſt du
keinen Wein?

umenunua hayo kwa nani?
Von wem haſt du das ge-
kauft?

leo tutakula nini? Was werden wir heute eſſen?

niseme kweli? Soll ich die
Wahrheit ſagen?

kengele haikupigwa? Hat es
nicht geklingelt?

kwa nini umetoroka? Wa-
rum biſt du entlaufen?

umempa punda maji? Haſt
du dem Eſel Waſſer ge-
geben?

waweza kuapa? Kannſt du
es beſchwören?[1]

sababu gani umetoka kazini?
Weshalb haſt du den Dienſt
verlaſſen?

mmemkamata mwizi? Habt
ihr den Dieb gefaßt?

dobi akaa wapi? Wo wohnt
der Wäſcher?

kosa lake nini? Was hat er
verbrochen?

umesafisha mikono yako?
Haſt du dir die Hände ge-
reinigt?

mmekwisha shauri lenu?
Habt ihr eure Beratung be-
endigt?

u macho? Biſt du wach?

mmepatana nini? Was habt
ihr vereinbart?

una wazimu? Biſt du ver-
rückt?

bwana ameondoka? Iſt der
Herr aufgeſtanden?

unaonaje maneno hayo? Wie
denkſt du darüber?

---

[1] Auch waweza kuapa yamini? Oder: waweza kufanya (ku-
shika, kula) kiapo?

2. Bejahende Sätze.

ndio, naam! ja!¹

kweli! wirklich!

hakika! wahrhaftig! in der That!

yakini! sicherlich!

hapana shakka! Kein Zweifel!

bila shakka! Ohne Zweifel! Zweifellos!

una hakki! Du hast recht!

ni barabara. Es stimmt! Es ist richtig!

akili yangu mimi, kweli! Nach meiner Ansicht verhält es sich so.

ninavyokuambia ni kweli. Was ich dir sage, ist die Wahrheit.

nikikumbuka vema. Wenn ich mich recht entsinne.

shauri lako njema. Dein Rat ist gut.

nimesikia watu wakisema. Ich habe die Leute sagen hören.

watu wasema. Es heißt. Man sagt.

nasaddiki maneno yako. Ich glaube, was du sagst.

kosa lako! Das ist dein Fehler! Daran bist du schuld!

ninaagana nawe ku- . ., nimekupa ahadi ya ku- . . Ich verspreche dir zu . .

ni wakati wa kuenda zetu. Es ist Zeit nach Hause zu gehen.

bwana yuko. Der Herr ist zu Hause.

ni wakati wa kutoka. Es ist Zeit zu gehen.

bado tuna nafasi. Wir haben noch Zeit.

nina maneno kukuambia. Ich habe dir etwas zu sagen.

nina shughuli nyingi. Ich habe Geschäfte. Ich habe zu sein.

ndiyo mali yangu. Das gehört mir.

amenipasha shukrani. Ich schulde ihm Dank.

sawa kwangu. Das ist mir einerlei.

nataka kununua . . Ich wünsche . . zu kaufen.

nina njaa. Ich habe Hunger. Ich bin hungrig. Mich hungert.

nina kiu. Ich habe Durst. Ich bin durstig. Mich dürstet.

nimechoka. Ich bin müde (= ermüdet).

nina usingizi. Ich bin müde (= schläfrig).

mimi mdachi. Ich bin ein Deutscher.

jina langu Hamedi. Ich heiße Hamedi.

nina miaka arbaini. Ich bin 40 Jahre alt.

mzee kuliko mimi (mkubwa wangu). Er ist älter als ich.

---

¹ Als Antwort auf einen Ruf oder Befehl: labeka* (labĕk); Untergebene sagen ewällah (ewah).

3. Verneinende Sätze.

hapana; hakuna. Es ist nicht
da. Nein.

hakuna hatta. Durchaus
nicht.

siye. Er ist es nicht.

siyo; sivyo. Es ist nicht so.

hapana mtu. Es ist niemand
da.

hapana mtu nyumbani. Es
ist niemand im Hause.

sina kitu. Ich habe nichts.

sitaki neno. Ich will nichts.

hakuja mtu. Es ist niemand
gekommen.

sikuona. Ich habe (es) nicht
gesehen.

sikusikia neno. Ich habe
nichts gehört.

sijui. Ich weiß (es) nicht.

sikusikii. Ich verstehe dich
nicht.

sikusikia. Ich habe nicht
verstanden.

sipati kukukumbuka. Ich
kann mich nicht erinnern.

si kitu (si neno, si hojja).
Es ist unwichtig. Es kommt
nicht darauf an.

si kitu kwangu. Es macht
mir nichts aus.

haidhurru. Es schadet nichts.

atoke, asitoke, haidhurru
kwangu. Ob er geht oder
nicht, macht mir nichts aus.

hayanipashi maneno hayo.
Das geht mich nichts an.

kuona kama si kitu. Für
unwichtig halten.

si neno kubwa. Es ist nichts
von Bedeutung.

hajui hatta neno. Es weiß
von nichts.

kama si (hapana) kitu. Als
wenn nichts wäre.

wala mimi (wala nami). Ich
auch nicht.

kana sina hakki, wala we
huna. Wenn ich nicht recht
habe, so hast du es eben-
sowenig.

hapana . . tena. Es ist kein . .
mehr da.

amekwenda zake asijibu neno
tena. Er ist fortgegangen,
ohne noch ein Wort zu antworten.

maneno yako si barábara.
Deine Rede stimmt nicht.

kitu hicho hakitoshi. Das
genügt nicht.

sina lazima nacho kitu hiki.
Ich brauche es nicht.

huna lazima kukaa; haiku-
pasa (haikujuzu) kukaa.
Du brauchst nicht zu bleiben.

hataki ku- . . er mag nicht
. ., er weigert sich zu . .

si mbali mno. Es ist nicht
sehr weit.

siwezi. Ich bin krank.

huna buddi utaniambia (ob.
kuniambia). Du kannst dich
nicht weigern, mir zu sagen.

haiwezekani. Es geht nicht.
Es ist unmöglich.

haifai ku- . . Es nützt nichts
zu . . Es ist unnütz (ver-
gebens) zu . .

jinsi ile haiwezekani. So
geht es nicht.

bado si **taiyari.** Es ist noch nicht fertig.

bado **hajaja.** Er ist noch nicht gekommen.

watu hawapatani katika hayo. Die Leute sind nicht einer Meinung darüber.

si kuzuri. Es ist nicht schön (das Wetter).

hukuniambia hatta neno. Du hast mir kein Wort (davon) gesagt.

bwana hayuko. Der Herr ist nicht zu Hause.

bibi hayuko. Die gnädige Frau ist nicht zu Hause.

matamko yako si mema. Deine Aussprache ist nicht gut.

saa hii haiendi vema. Diese Uhr geht nicht gut.

siwezi kukupa rukhsa. Ich kann (es) dir nicht erlauben.

kitu kile si kizuri kuona. Das sieht nicht gut aus.

nyumba hii haina sura ngema. Dies Haus sieht nicht gut aus.

uso wako mbaya. Du siehst nicht gut aus.

sisaddiki maneno hayo. Das glaube ich nicht.

sithubutu ku- . . . Ich wage (es) nicht zu . .

hatunzi shughuli zake. Er kümmert sich nicht um seine Geschäfte.

sina nafasi; sina faragha. Ich habe keine Zeit.

4. Befehle, Bitten.

nenda! Geh!

aende zake! Er soll gehen!

potelea mbali! Geh zum T. . .!

nenda tu! Geh nur!

nenda polepole! Geh lang=sam!

nenda uwapashe khabari hiyo! Geh und benachrich=tige sie davon!

njoo basi! njoo saa! njoo ati! Komm doch!

njoo upesi! Komm schnell!

karribu! Komm heran! Tritt näher!

njoo hapa kwangu! Komm hierher zu mir!

njoo na mapema kidogo! Komm etwas früher.

panda juu! Komm herauf!

shuka chini! Komm herunter!

tafadhdhali uingie sebuleni! Komm doch ins Zimmer!

utoke upesi! Komm schnell heraus!

ondoka basi! Steh doch auf!

nionyeshe njia kwenda kwa-ke! Zeige mir den Weg zu ihm!

uniambie! Sage mir!

umwambie! Sie mögen ihm sagen!

fuatana nami! Geh mit mir!

unipe basi! Gieb (es) mir doch!

piga kengele! Ziehe die Glocke!

bisha mlango! Klopfe an die Thür!

umwamshe! Wecke ihn!

mkarribishe! Laß ihn ein= treten!

nipe maji kidogo ninywe! Gieb mir einen Schluck Waſſer!

niingize sebuleni! Führe mich ins Empfangszimmer!

funga mlango! Mache die Thür zu!

funga dirisha! Schließe das Fenſter!

fuata (ob. andama) njia hii! Geh hier entlang!

lete chakula! Bringe das Eſſen!

andika meza! Decke den Tiſch!

pakua chakula! Richte das Eſſen an!

lete bakuli! Bringe eine Schüſſel!

ondosha taa! Nimm die Lampe fort!

tia hapa! Lege (es) hierher!

kaa kitako! Setze dich!

fanya chakula taiyari! Mach das Eſſen fertig!

washa taa! Stecke die Lampe an!

tafadhdhali, uzime taa! Bitte, löſche die Lampe aus!

piga pasi nguo hizi! Plätte dieſe Anzüge!

mwite dobi! Rufe den Wäſcher!

uvae nguo upesi! Ziehe dich ſchnell an!

tafakkari tena! Überlege (es) dir noch einmal!

umwambie aje hapa! Sag ihm, er ſoll herkommen.

mwite kuja hapa! Rufe ihn her!

mwulize! Frage ihn!

sema sana! Sprich laut!

sema marra ya pili! Sage (es) noch einmal!

nende katazame! Geh und ſieh!

unijibu! Antworte mir!

nipe rukhsa nende! Erlaube mir zu gehen!

5. Verbote, Abmahnungen.

usiogope! usifanye khofu! Fürchte dich nicht!

usimwamshe! Wecke ihn nicht!

usiingie! Geh nicht hinein!

usifanye haya! Geniere dich nicht!

usiningojee sana! Warte nicht lange auf mich!

usicheke vile! Lache nicht ſoviel!

usiende mbio! Laufe nicht!

usisimama pale! Bleibe dort nicht ſtehen!

usisahau ku- . . Vergiß nicht zu . .!

usipoteze! Verliere (es) nicht!

usimwambie mtu mwi= ngine! Sage es niemand anderem!

usinitendee vibaya! Thue mir nichts zu Leide!

usikasirike! usifanye hasira!

Werde nicht zornig! Nimm es nicht übel!

usichelewe mno! Verspäte dich nicht zu sehr!

usiingie katika maneno ya watu! Mische dich nicht in fremde Angelegenheiten!

6. Abschlagen, Verweigern.

haiwezekani, haiyamkini. Es geht nicht, ist unmöglich.

nitafanya juhudi, lakini naogopa sitapata kukuseyidia. Ich will mein Möglichstes thun, fürchte aber, ich werde dir nicht helfen können.

siwezi kufanya haya utakayo. Ich kann nicht thun, um was du mich bittest.

hakika, nasikitika sana kwa sababu siwezi. Es thut mir wirklich leid, daß es mir unmöglich ist.

ni taiyari kukutumia, kadri naweza, lakini hayo siwezi. Ich bin dir gern nützlich, soweit ich vermag, aber dies ist mir unmöglich.

7. Danken.

akhsanti (akhsánt). Ich danke!

-ambia akhsanti ob. -ambia marahaba. Dank sagen.

umenipasha (umenifanya) mema. Du hast mich zu Dank verpflichtet.

fadhili zako kubwa. Deine Güte ist groß. Du bist sehr gütig.

fadhili zako nyingi mno. Du bist zu gütig.

mema yako mengi mno. Ich bin dir sehr verbunden (w. deine Güte ist zuviel).

umezidi fadhili zako. Du bist sehr gütig.

umekuja kwangu, wanifurahisha, akhsanti. Ich bin dir dankbar, daß du mir das Vergnügen deines Besuches machst.

weye mtu mzuri mno. Du bist zu liebenswürdig.

marahaba, nitakuja inshalla, kwa ikhsani yako. Dank für deine Freundlichkeit, ich werde nicht ermangeln.[1]

ikhsani yako. Du bist sehr freundlich.

8. Ausrufe.

vema! Gut!

inshalla! So Gott will! Hoffentlich!

bas, basi! Genug!

upuuzi! Unsinn!

kelele! Was ist das für ein Lärm!

vizuri vizuri! Wie schön!

---

[1] Als Antwort auf eine Einladung.

hayajaonekana mamba hayo.
So etwas iſt mir noch nicht
vorgekommen!

mwendo wako nini! basi,
siwezi kusema. Dein Be=
tragen iſt wirklich unerhört!

hasara gani! taabu gani!
udhia gani! Das iſt ſchade!

jambo la kucheka! Das iſt
zum Lachen!

vibaya mno! Das iſt ab=
ſcheulich!

hapana mtu mwenyi ku-
saddiki! Das iſt unglaub=
lich!

9. Grüße, Erkundigung nach dem Befinden und Glückwünſche.

jambo? (korrekter hu jambo?)
Geht's gut? Wie geht es dir?

ham jambo? Wie geht es
euch?

shikamoo! Ergebenſter Die=
ner.[1]

u hali gani? Wie befindeſt
du dich?

waonaje? waonaje hali yako?
Wie iſt das Befinden?

hu jambo nyumbani? u
hali gani nyumbani? Wie
geht's zu Hauſe? Wie be=
findet ſich deine Familie?

baba yako ha jambo? Geht
es deinem Vater gut? Wie
geht es deinem Vater?

jambo (korrekter si jambo).
Es geht mir gut.

njema, ilhámdu lilláh! Gut,
Gott ſei Dank!

njema, lakini si njema sana.
Es geht ſo einigermaßen.

bibi na watoto hawa jambo?
Wie geht es deiner Frau
und den Kindern?

nisallimie baba yako. Grüße
deinen Vater von mir.

salaam sana baba yako!
Viele Grüße an deinen
Vater!

baba yangu anakusallimu.
Mein Vater läßt dich grüßen.

umpelekee baba yako salamu
yangu! Beſtelle einen Gruß
von mir an deinen Vater!

khabari ya siku nyingi? Wie
iſt es dir inzwiſchen ergan=
gen?

kwa kheri! kwa kheri sana!
Lebe wohl! Adien!

kwa kheri ya kuonana! Auf
Wiederſehen!

upate kurudi salama! Glück=
liche Reiſe![2]

---

[1] Von Sklaven und Frauen gegenüber Höherſtehenden gebraucht.

[2] Die auf das Befinden, das Wetter und die Zeit bezüglichen
Redensarten ſind auf den S. 88, 27 und 13 mit angeführt. — Außer=
dem ſei hier ausdrücklich auf die Geſpräche in meiner Suahili Kon=
verſations-Grammatik verwieſen auf S. 219, 231, 251, 278, 292, 302,
325, 337, 349 und 380.